Sigmund Freuds Werke
Wiener Interdisziplinäre Kommentare

Band 7

Herausgegeben von Marlen Bidwell-Steiner, Daniela Finzi,
Patrizia Giampieri-Deutsch, Christian Huber und
Herman Westerink
in Verbindung mit dem Sigmund Freud Museum

Wissenschaftlicher Beirat:
Klaus Davidowicz, Michael Rohrwasser, Felix de Mendelssohn †,
Wolfgang Müller-Funk, August Ruhs, Elisabeth von Samsonow

Die Bände dieser Reihe sind peer-reviewed.

Sigmund Freud

# Schriften zum Fetischismus

herausgegeben und kommentiert von
Victor Blüml und Matthias Schmidt

V&R unipress

Vienna University Press

## Sigm. Freud
MUSEUM

Gedruckt mit freundlicher Unterstützung der Sigmund Freud Privatstiftung, des Rektorats der Universität Wien, der Stadt Wien Kultur sowie des Hochschuljubiläumsfonds der Stadt Wien (Projektnummer H-313538/2019).

Bibliografische Information der Deutschen Nationalbibliothek
Die Deutsche Nationalbibliothek verzeichnet diese Publikation in der Deutschen Nationalbibliografie; detaillierte bibliografische Daten sind im Internet über https://dnb.de abrufbar.

**Veröffentlichungen der Vienna University Press
erscheinen bei V&R unipress.**

© 2025 Brill | V&R unipress, Robert-Bosch-Breite 10, D-37079 Göttingen, info@v-r.de,
ein Imprint der Brill-Gruppe
(Koninklijke Brill BV, Leiden, Niederlande; Brill USA Inc., Boston MA, USA; Brill Asia Pte Ltd, Singapore; Brill Deutschland GmbH, Paderborn, Deutschland; Brill Österreich GmbH, Wien, Österreich)
Koninklijke Brill BV umfasst die Imprints Brill, Brill Nijhoff, Brill Schöningh, Brill Fink, Brill mentis, Brill Wageningen Academic, Vandenhoeck & Ruprecht, Böhlau und V&R unipress.
Alle Rechte vorbehalten. Das Werk und seine Teile sind urheberrechtlich geschützt.
Jede Verwertung in anderen als den gesetzlich zugelassenen Fällen bedarf der vorherigen schriftlichen Einwilligung des Verlages.

Umschlagabbildung: © Arnulf Rainer
»Rainer über Freud« © Sigmund Freud Privatstiftung; s. S. 175 in diesem Buch.
Druck und Bindung: CPI books GmbH, Birkstraße 10, D-25917 Leck
Printed in the EU.

**Vandenhoeck & Ruprecht Verlage | www.vandenhoeck-ruprecht-verlage.com**

ISSN 2510-1269
ISBN 978-3-8471-1774-2

# Inhalt

Geleitwort . . . . . . . . . . . . . . . . . . . . . . . . . . . . . . . . . . . .  7

Freuds Schriften zum Fetischismus – Kommentar . . . . . . . . . . . . .  9
   Einführung . . . . . . . . . . . . . . . . . . . . . . . . . . . . . . . . . . .  9
   Die Erotisierung des Fetischismus – diskursive Voraussetzungen . . . .  12
      Fetischismus als Abstractum: Charles de Brosses . . . . . . . . . . . .  13
      Zur Karriere des Konzepts im 19. Jahrhundert . . . . . . . . . . . .  15
      Reprise: Fetischismus als »conträre Sexualempfindung« . . . . . . . .  17
   Rekonstruktion der Etappen der Freud'schen Fetischismus-Theorie . .  22
      1. Etappe: Vor-analytische Anfänge – sexualwissenschaftliche
         Betrachtung (1905/06) . . . . . . . . . . . . . . . . . . . . . . . . . .  22
      2. Etappe: Psychoanalyse des Fetischismus: Triebtheorie und
         Partialverdrängung (1909) . . . . . . . . . . . . . . . . . . . . . . . .  25
      Zwischenschritt: Fetisch als Ersatz des Penis der Mutter (1910) . . . .  28
      3. Etappe: Fetisch und Kastrationskomplex (1914) . . . . . . . . . . .  29
      4. Etappe: Fetischismus und Verleugnung (1927) . . . . . . . . . . . .  31
      5. Etappe: Universalisierung (1938) . . . . . . . . . . . . . . . . . . .  34
   Rezeption von Freuds Schriften zum Fetischismus . . . . . . . . . . . .  37
      Psychoanalytische Rezeption . . . . . . . . . . . . . . . . . . . . . . .  37
         Zeitgenössische Rezeption . . . . . . . . . . . . . . . . . . . . . . .  38
         Postfreudianische Entwicklungen . . . . . . . . . . . . . . . . . . .  43
      Zur Figur des Fetischismus in der Kulturtheorie . . . . . . . . . . .  50

Bibliographie zum Kommentar . . . . . . . . . . . . . . . . . . . . . . .  61

Editorische Vorbemerkung . . . . . . . . . . . . . . . . . . . . . . . . . .  69

*Drei Abhandlungen zur Sexualtheorie* (1905) [Auszüge] . . . . . . . . .  71

*Zur Genese des Fetischismus* (1909) . . . . . . . . . . . . . . . . . . . .  75

Briefe Freud – Abraham (18.2.1909; 24.2.1910) . . . . . . . . . . . . . . 87

*Ein Fall von Fußfetischismus* (WPV 11.3.1914) . . . . . . . . . . . . . . . 91

*Fetischismus* (1927) . . . . . . . . . . . . . . . . . . . . . . . . . . . . . . . . . 95

*Die Ichspaltung im Abwehrvorgang* (1940 [1938]) . . . . . . . . . . . . . 101

*Abriß der Psychoanalyse* (1938) . . . . . . . . . . . . . . . . . . . . . . . . . 105

Materialien . . . . . . . . . . . . . . . . . . . . . . . . . . . . . . . . . . . . . . . . 109
   Charles de Brosses: *Ueber den Dienst der Fetischgötter oder
   Vergleichung der alten Religion Egyptens mit der heutigen Religion
   Nigritiens* (1785) . . . . . . . . . . . . . . . . . . . . . . . . . . . . . . . . . 109
   Friedrich Max Müller: *Vorlesungen über den Ursprung und die
   Entwicklung der Religion* (1880 [1878]) . . . . . . . . . . . . . . . . . . 118
   Jean-Martin Charcot / Victor Magnan: *L'inversion du sens génital*
   (1882) . . . . . . . . . . . . . . . . . . . . . . . . . . . . . . . . . . . . . . . . 133
   Alfred Binet: *Le Fétichisme dans l'amour* (1887) . . . . . . . . . . . . 140
   Max Dessoir: *Der Fetischismus der Liebe* (1888) . . . . . . . . . . . . 152
   Richard von Krafft-Ebing: *Psychopathia sexualis mit besonderer
   Berücksichtigung der conträren Sexualempfindung.
   Eine klinisch-forensische Studie* (1890ff.) . . . . . . . . . . . . . . . . . 159
   Auguste Forel: *Die sexuelle Frage. Eine naturwissenschaftliche,
   psychologische, hygienische und soziologische Studie für Gebildete*
   (1905) . . . . . . . . . . . . . . . . . . . . . . . . . . . . . . . . . . . . . . . . 171

Rainer über Freud . . . . . . . . . . . . . . . . . . . . . . . . . . . . . . . . . . 175

Namenregister . . . . . . . . . . . . . . . . . . . . . . . . . . . . . . . . . . . . 177

# Geleitwort

Die Reihe »Sigmund Freuds Werke. Wiener Interdisziplinäre Kommentare« (SFW-WIK) kommentiert in mehreren, in unregelmäßigen Abständen erscheinenden Bänden das Werk Sigmund Freuds hinsichtlich seiner Aktualität im interdisziplinären Diskurs und verortet es dabei auch in seinem zeitgenössischen Wiener Kontext. Gegründet von Herman Westerink und Friedrich Schipper, der auch dieses Geleitwort mitverfasste, verfolgt diese Reihe somit drei wichtige Zielsetzungen. Erstens werden Freuds Werke nach ihrer aktuellen Bedeutung dargestellt und kritisch kommentiert. Diese aktuelle Bedeutung geht u. a. aus dem besonderen Charakteristikum der Psychoanalyse hervor, sowohl das Seelenleben des Einzelnen als auch kulturelle Phänomene aus der Perspektive einer klinischen Anthropologie zu erfassen und zu interpretieren. Zweitens hat die Reihe einen interdisziplinären Charakter: Aus den unterschiedlichen Perspektiven von Einzeldisziplinen und vor dem Hintergrund ihrer jeweiligen wissenschaftlichen Fragestellungen, Diskurse und Debatten wird in Form von wissenschaftlichen Kommentaren die aktuelle Bedeutung von Freuds Werken hervorgehoben. Drittens werden Freuds Werke in ihrem zeitgenössischen Wiener Kontext verortet. Es werden also das politische, gesellschaftliche, kulturelle, künstlerische und wissenschaftliche Wiener Umfeld skizziert, in dem die Werke Freuds entstanden sind. Keineswegs wird dabei die internationale Dimension vernachlässigt, ins Zentrum der Betrachtungen wird aber Wien als Lebens- und Schaffensmittelpunkt Freuds gerückt. Dies ist bislang noch nie in einer systematischen und umfassenden Weise geschehen und somit besteht hier eine eindeutige Publikationslücke, deren Schließung zum besseren Verständnis der Werke Freuds wesentlich beiträgt.

Die Reihe erscheint in der Vienna University Press, einem Imprint von V&R unipress. Die Wahl des Verlags ist Ausdruck der besonderen Verbundenheit zu Wien als dem primären Wirkungsort von Sigmund Freud sowie eines besonderen wissenschaftlich-universitären Anspruchs.

In Zusammenarbeit mit dem österreichischen Künstler Arnulf Rainer sind die Einbände der Reihe unter Rückgriff auf seine Serie von Übermalungen von

Portraitfotos von Sigmund Freud gestaltet. Die Fotos von Freud wurden dabei so ausgewählt, dass ihre Entstehung mit der Zeit der Erstpublikation des jeweiligen Bandes übereinstimmt.

Sigmund Freuds Werke sind bislang mannigfach und in verschiedener Weise sowie in zahlreichen Übersetzungen herausgegeben worden. Mit dieser Reihe kehren Freuds Werke nun erstmals dorthin zurück, wo sie ihren Ausgang genommen haben – nach Wien, die Stadt, die zusammen mit ihren Bewohner:innen bzw. Patient:innen Sigmund Freuds Erfahrungen, Forschungen und Publikationen geprägt hat. Um sowohl der geschichtlichen als auch der aktuellen Bedeutung gerecht zu werden, haben sich Wissenschaftler:innen verschiedener Wiener Universitäten sowie wissenschaftlicher Vereinigungen zusammengefunden und sich einer großen Aufgabe gestellt: der gemeinsamen, neu kommentierten Herausgabe von Sigmund Freuds Werken.

Marlen Bidwell-Steiner, Daniela Finzi, Patrizia Giampieri-Deutsch,
Christian Huber & Herman Westerink für das Herausgebergremium

# Freuds Schriften zum Fetischismus – Kommentar

## Einführung

Freuds Auseinandersetzung mit dem Phänomen des Fetischismus nimmt sowohl eine Sonderstellung innerhalb seines Werkes wie auch bezüglich der theoretischen Genese seines Denkens ein. Ohne Übertreibung lässt sich behaupten, dass der Fetischismus Freud von den frühesten psychoanalytischen Schriften an beschäftigt und bis zuletzt herausgefordert hat: Beginnend mit der frühen Studie der *Drei Abhandlungen zur Sexualtheorie* (1905d) bis zu den letzten Schriften des Londoner Exils (*Die Ichspaltung im Abwehrvorgang*, 1940e) kehrt die Figur des Fetischismus wieder und wird fortlaufend, gemäß der Entwicklung des psychoanalytischen Denkgebäudes, adaptiert, verfeinert und umgestellt. Obwohl es sich beim Fetisch – einer vordergründigen Einschätzung nach – um ein sehr überschaubares Phänomen handeln könnte, belegt die anhaltende Auseinandersetzung Freuds wie auch die Fülle der dabei aufgeworfenen Erklärungs- und Theoretisierungsaspekte den Umstand, dass der Fetisch zugleich mehr ist: Er muss als theoretisches Modell rekonstruiert, gelesen und interpretiert werden, das weitreichenden Aufschluss über die werkimmanente Genese, Transformation und Umgewichtung von Freuds Konzeption zentraler psychischer Mechanismen gibt.

Der Fetischismus erscheint aus klinisch-therapeutischer Perspektive zunächst als ein Randphänomen, weil er zumeist keinen Leidensdruck bei den Patient:innen erzeugt und von daher höchst selten Grund für das Aufsuchen einer psychotherapeutischen Behandlung ist (vgl. Freud 1927e, 311). Diese klinische Einschätzung steht jedoch in deutlichem Kontrast zu seiner Relevanz, die ihm als einem theoretischen Erklärungsmodell zukommt. Dort dienen Freuds unterschiedliche Theoretisierungen nicht nur dazu, das Phänomen der fetischistischen Objektwahl und -überschätzung zu beleuchten, sondern bilden ein weitreichendes Analyseschema, das hinsichtlich seiner Beschaffenheit einen modellhaften Wert für die Auseinandersetzung mit jeglicher Form von Perversion besitzt (Rosolato 1967). Einige Analytiker:innen erkannten in Elementen des

Fetischismus sogar das grundlegende Modell jeglicher Form von Objektbeziehung – ähnlich, wie scheinbar nebensächliche Irregularitäten (ein lückenhaftes Namensgedächtnis) paradigmatische Erklärungsschemata für die Funktionsweise des Unbewussten zu liefern imstande sind (Pontalis 1972). Freud selbst unterstreicht diese exemplarische Rolle des Fetischismus bereits im Jahr 1905, wo er – noch einer Ansicht Binets folgend – in jeglicher Liebesbeziehung einen graduell vorhandenen Fetischismus konstatiert (Freud 1905d). Die trennscharfe Analyse der Pathologie dient hierbei als eine überdeutliche Ausprägung des vermeintlichen ›Normalzustands‹, was allerdings zur Folge hat, dass keine stabile Norm angenommen werden kann, sondern der relative Abstand zwischen beiden Annahmen beständig befragt werden muss.

Während im Frühwerk vor allem die perverse »Überschätzung« eines Objekts im Kontext der Sexualtheorie im Mittelpunkt steht, verschiebt sich Freuds Fokus zunehmend auf eine allgemeine Erklärung des Phänomens Fetischismus, welche er zunächst in zwei unpublizierten Vorträgen (*Zur Genese des Fetischismus*, 1909; *Ein Fall von Fußfetischismus*, 1914) unternimmt. Die dort entworfene Perspektive wird nochmals gründlich überarbeitet und fast eineinhalb Jahrzehnte später als Aufsatz publiziert (*Fetischismus*, 1927e), worin eine deutliche Erweiterung des Phänomenbereichs stattfindet: Nunmehr fungiert der Fetischismus als ein Schlüssel, um zentrale psychische Mechanismen und Untersuchungsfelder zu adressieren, wozu unter anderem die Frage der sexuellen Differenz und des Kastrationskomplexes sowie die grundlegenden Abwehrmechanismen von Verleugnung und Ich-Spaltung zählen.

Im Zuge der erfolgten Umstellungen und Re-Perspektivierungen wächst der Fetischismus zu einem metapsychologischen Konzept an, das auf einen spezifischen Bezug zur (psychischen) Realität verweist. In diesem Sinne entwickelt das vormals als lokale Perversion betrachtete Phänomen einen explikativen Wert, der bis an die Tiefenstrukturen der Psyche heranreicht und eine zentrale Rolle innerhalb des psychoanalytischen Theoriegebäudes einnimmt (Bass 2017; Pontalis 1972). Die besondere Bedeutung des Fetischismus-Konzepts liegt insofern einerseits an seiner Schlüsselrolle für das Verständnis der immanenten Architektur und Gewichtung von Freuds Erklärungsmodellen. Andererseits auch an dem Umstand, dass die Umstellungen, die das Konzept erfahren hat, die Freud'sche Theoriegenese nicht nur widerspiegeln, sondern anhand einer konkreten Problemstellung nachvollziehbar und kritisierbar werden lassen. Entsprechend strahlen die Fragestellungen, die mit dem Fetisch – zu jedem werkgeschichtlichen Zeitpunkt – verbunden sind, über ihr engeres Bedeutungsgebiet hinaus, da sie neuralgische Kreuzungspunkte innerhalb der Freud'schen Theorie markieren. Es ist insofern kein Zufall, dass die wesentlichen argumentativen und konzeptionellen Stränge, die einander hier beggnen, oftmals den Grundlinien aktueller Debatten innerhalb des psychoanalytischen Diskurses entsprechen (u. a. Bass 2017; Dimen 2001; Hook 2005; Sweet 2014).

Obwohl die Relevanz des Fetischismus für das Verständnis von Freuds Theorie unstrittig ist, ist das Phänomen bis heute unübersichtlich und dadurch missverständlich geblieben. Hierfür gibt es zumindest drei Gründe: Erstens den Umstand, dass die genauen Einflüsse und Quellen, auf die Freud sich bezog, bisher nicht systematisch erschlossen oder interpretiert wurden. Hiermit ist der Kontext seiner Theoreme weitgehend im Dunkel geblieben und im zeitgenössischen Diskurs nur unzureichend verortbar. Zweitens blieben die beiden genannten Vorträge Freuds aus den Jahren 1909 und 1914 bisher unterbelichtet, da der frühere Vortragstext erst im Jahr 1992 der Forschung zugänglich gemacht wurde, während der zweite Vortragstext bislang unbeachtet geblieben ist. Eine erschöpfende Analyse der Genese des Konzepts und seiner jeweiligen Ausprägungen konnte daher bis heute, sowohl werkimmanent wie auch unter Bezugnahme auf den psychoanalytischen Diskurs der Zeit, nur bruchstückhaft erfolgen. Drittens besteht eine komplexe Wechselwirkung von Freuds Theoretisierungen und der teils zeitgenössischen, teils nachfolgenden Rezeption. Wie bei kaum einer anderen Denkfigur sind die späteren Bezugnahmen und das Verständnis der genuin Freud'schen Konzepte so weit miteinander verwoben, dass vor dem Hintergrund der ausufernden psychoanalytischen, kulturtheoretischen, literaturtheoretischen und semiotischen Rezeption erst – förmlich philologisch – geklärt werden muss, welche Interpretationen den unterschiedlichen Werkphasen Freuds, oder doch erst der nachfolgenden Aufnahme und Weiterentwicklung geschuldet sind.

Dieser dritte Umstand ist von besonderer Wichtigkeit, um die ideengeschichtliche Reichweite und die Bahnen, innerhalb derer der Fetisch aufgegriffen und fortgedacht wurde, zu ermessen und die tragenden Stränge der interdisziplinären Auseinandersetzung mit der Denkfigur überblicken und kritisch einschätzen zu können. Wie kaum ein anderes Konzept erlebte der Fetischismus im 20. und 21. Jahrhundert eine Konjunktur, die von der philosophischen Epistemologie, der Semiotik, der Literatur- und Kulturtheorie bis hin zur Soziologie reicht (einen ersten Überblick geben: Endres 2017; Böhme 2006); doch bildet der Fetischismus zugleich – ebenfalls wie kaum ein anderes Konzept – die Basis für eine lange Reihe von teils widersprüchlichen Interpretationen, je nachdem, welcher spezifische Aspekt der Denkfigur betont und als analytischer Schlüssel herausgestellt wird.

Die nachfolgenden Kontextualisierungen verfahren dabei in folgenden Schritten: Zunächst wird der diskursive Boden skizziert, auf dessen Basis ab den 1880er Jahren eine Erotisierung des Fetischismus erfolgen konnte. Darauf aufbauend werden dann Freuds Schriften zum Fetischismus rekonstruiert und unter Berücksichtigung der werkimmanenten Genese eingeordnet. Neben der zeitgenössischen Rezeption innerhalb der psychoanalytischen Forschung werden anschließend einige tragende Positionen der innerdisziplinären Rezeption nach Freud sowie produktive Weiterentwicklungen der Fetischismus-Figur in der Kulturtheorie vorgestellt. Die vorliegende Arbeit kann dies nur überblicksmäßig leisten, möchte gleichwohl den Boden für weiterführende Auseinandersetzungen mit dem Begriff bereiten, dessen Potenzial mit Sicherheit noch nicht ausgeschöpft ist.

## Die Erotisierung des Fetischismus – diskursive Voraussetzungen

>»Es ist klar, daß die Geschichte dieses Begriffs
>die Geschichte von Mißverständnissen,
>Versäumnissen und Sinnverschiebungen ist;
>aber auch die Sinnverschiebung hat einen Sinn.«
>(Pouillon 1972, 199)

Der aus heutiger Sicht wenig fragwürdig erscheinende Terminus eines *sexuellen* Fetischismus, den Freud in den *Drei Abhandlungen* im Rahmen der »Abweichungen in Bezug auf das Sexualziel« verwendet, war 1905 noch wenig selbstverständlich. Zwar konnte der Ausdruck als sexualwissenschaftlicher Terminus bereits als bekannt gelten, doch wäre es übertrieben, ihn als einen definierten, klar umrissenen Fachbegriff zu verstehen. Das heterogene Konzept des Fetischismus befand sich vielmehr noch auf disziplinärer Wanderschaft[1], da sowohl die akademische Religionswissenschaft als auch die Ethnografie es bereits seit Jahrzehnten aus ihrem begrifflichen Instrumentarium zu verbannen suchten[2], während die medizinische Psychologie seit Alfred Binets Studie *Le Fétichisme dans l'amour* (1887) mit einer diskursiven Aneignung beschäftigt war. Diese Wanderschaft erfolgte insofern mit erleichtertem Gepäck, als das ethnografische Konzept des Fetischismus in der zweiten Hälfte des 19. Jahrhunderts hinsichtlich seiner Trennschärfe und Explikationskraft nachdrücklich kritisiert und bezüglich seiner xenophoben Implikationen problematisiert wurde. Solche Revisionen führten allerdings nicht zum Verschwinden des Konzepts, sondern öffneten es für diskursive Neubestimmungen in anderen Forschungsbereichen.

---

1 Vgl. Pontalis 1972, Einleitung, 17 sowie, da der Fetischismus ein Paradebeispiel eines »travelling concept« darstellt, Bal 2016, 23–28.
2 Prominentes Beispiel für diesen ausdrücklichen Versuch ist zumeist Marcel Mauss, der das Konzept des Fetischismus 1907 nur als ein »ungeheure[s] Mißverständnis zwischen zwei Zivilisationen« bezeichnete. Zudem forderte er, dass der »Begriff Fetisch« aus der Wissenschaft »endgültig« verschwinden müsse, da er keinen explikativen Wert besitze. Vgl. Mauss 1907, 305–311; Mauss 1969, 244.

Nachdem der Ausdruck als Mittel der Beschreibung alteritärer kultureller Phänomene und Praktiken undienlich geworden war, konnte er, gerade wegen seiner Fluidität und Unschärfe, zu einem Werkzeug der kritischen Begutachtung des kulturell Vertrauten werden. So proliferierte neben der Marx'schen Kapitalismuskritik des Warenfetischismus (Marx 1962, 85–98) im 20. Jahrhundert vor allem die sexualwissenschaftliche und psychoanalytische Lesart des Fetischismus, während der ethnografische Begriff im 20. Jahrhundert seine Bedeutung weitestgehend verlor.[3] Dieser Transfer der Denkfigur des Fetischismus lässt sich dabei nicht als ein diskreter Paradigmenwechsel beschreiben, da es sich kaum um eine lineare Abfolge stabiler Konzepte handelte. Christine Weder spricht treffend von einem »Prozeß der Ausdifferenzierung, bei dem jeweils neue Stränge abzweigen und auch nicht isoliert verlaufen, sondern einander immer wieder kreuzen und gegenseitig verändern« (Weder 2007, 11). In diesem Sinn sollen wirkmächtige Bestimmungen und Problematisierungen, die der Fetischismus im Zuge seiner Erotisierung erfuhr, nachfolgend skizziert werden. Es zeigt sich dabei, dass viele der Motive, die die Denkfigur im Ausgangsdiskurs charakterisierten, mit einer gewissen Latenz fortwirkten, bis diese innerhalb der Psychologie und Psychoanalyse durch eigenständige Erklärungsmuster ersetzt oder überschrieben wurden.

Fetischismus als Abstractum: Charles de Brosses

Geprägt wurde der Ausdruck Fetisch*ismus,* der als abstraktes Konzept mehr zu beschreiben suchte als ein konkretes, materielles Kultobjekt, vom französischen Philologen und Justizbeamten Charles de Brosses, dessen Schrift *Du culte de dieux fétiches, ou Parallèle de ancienne Religion de l'Egypte avec la Religion actuelle de Nigritie* 1760 zunächst anonym erschien. Diese wurde bereits 1785 von Christian Brandanus Hermann Pistorius ins Deutsche übertragen[4] und auch im deutschsprachigen Raum breit rezipiert, sodass der Text für die nachfolgenden Beschäftigungen als impliziter oder expliziter Bezugspunkt unumgehbar und der Neologismus in Umlauf blieb. De Brosses, der als Enzyklopädist und Vertrauter Diderots eine konturierte Figur der europäischen Aufklärung war, entwickelt seine Vorstellung des Fetischismus vor dem Hintergrund eines universalistischen Fortschrittsnarrativs. Demnach stellt der Fetischismus eine infantile Vorstufe der Vernunftreligion dar, unter der de Brosses kurzerhand sämtliche Praktiken

---

3 Vgl. etwa Adler 1972, 217; Bonnafé 1972, 234.
4 Der Text erschien unter dem Titel *Ueber den Dienst der Fetischgötter oder Vergleichung der alten Religion Egyptens mit der heutigen Religion Nigritiens* und ist als Digitalisat über die Bayerische Staatsbibliothek verfügbar unter: https://mdz-nbn-resolving.de/details:bsb10434754.

subsumiert, die sich einer Form der Apotheose bedienen: »Diese göttlichen Fetische sind nichts anders, als der erste, der beste materielle Gegenstand, den eine Nation, oder ein Einzelner vor andern wählt und von ihren Priestern durch Ceremonien weihen läßt. Es kann ein Baum, ein Berg, das Meer, ein Stück Holz, ein Löwenschwanz, ein Kieselstein, eine Muschel, Salz, ein Fisch, eine Pflanze, eine Blume, irgend ein Thier, wie eine Kuh, eine Gemse, ein Elephant, ein Hammel seyn; oder sonst etwas dergleichen.«[5] Gerade weil die so unterschiedlichen Phänomene, die hier als verehrungswürdig versammelt werden, unter Absehung aller Differenzen einem homogenisierten Fetischismus zugeschlagen werden, kann de Brosses die These vertreten, dass fetischistische Praktiken in allen Kulturen und historischen Epochen ein vergleichbares Frühstadium der Religionsentwicklung ausmachen. Er schließt aus der selbsterrichteten Gemeinsamkeit, »daß alle diese Völker darüber eine gleiche Art zu denken hatten, weil sie eine gleiche Art zu handeln, die davon eine Folge ist, gehabt haben.«[6]

Dieser Versuch einer Universalisierung dient keinesfalls einer differenzierten Analyse im Sinne einer beschreibenden Ethnografie, sondern soll eine pauschale Diagnose defizitärer kultureller Entwicklungsstufen aus der Perspektive des aufgeklärten Denkens fundieren. Da de Brosses sämtliche Formen fetischistischer Objektverehrung gleichsetzt – zeitgenössische Berichte aus afrikanischen Ländern werden so kurzerhand mit griechischen Kulten der Antike verschwistert –, liegt es im Rahmen seiner Argumentation nahe, diese wie ein frühkindliches Entwicklungsstadium aufzufassen: »Einige Völker sind bis auf diesen Tag in diesem unausgebildeten Zustande geblieben. Ihre Sitten, ihre Ideen, ihre Beurtheilungskraft, ihre Handlungen, alles ist noch kindisch.«[7] Der darin enthaltene »Fetischismusvorwurf« (vgl. Endres 2017, 34) bündelt nun zumindest zwei Aspekte: Zum einen ist die Engführung von Phylo- und Ontogenese eng mit dem Konzept einer linearen Entwicklung verwoben, die es hier primär erlauben soll, zwei Etappen dieser Bewegung scharf voneinander abzugrenzen. Die attestierte Infantilität wird dabei weniger als Objekt einer lohnenswerten Betrachtung gezeichnet, dessen Studium zur Erkenntnis vermeintlich adulter Glaubensformen beitragen könnte. Vielmehr gerät sie zur rudimentären Vorstufe, deren Überwindung ein dezidiertes Ziel darstellen müsse.[8] Dies wird noch durch den zweiten

---

5 De Brosses 1785, 11 f. (in diesem Band: 113).
6 De Brosses 1785, 10 (ebd.).
7 Ebd., 9 (in diesem Band: 112).
8 Der Ansatz einer Parallelisierung von individueller und kollektiver Entwicklungslogik gehörte als argumentativer Topos schon seit der Antike – prominent aber spätestens seit Giambattista Vico – zum kulturtheoretischen Inventar. Während de Brosses es vor allem im Sinne einer zu leistenden Überwindung von Frühstadien bemüht, spielte es in der Naturwissenschaft des 19. Jahrhunderts eine tragende Rolle, da es die wechselseitige Plausibilisierung beobachtbarer individueller und zu beweisender evolutionärer Abläufe ermöglichte.

Aspekt verstärkt, dem zufolge der Fetischismus im Sinne von de Brosses nicht zur Religion im eigentlichen, aufklärerischen Sinne gezählt werden soll. Denn insofern es sich um eine quasi-kindliche Überschätzung einzelner Objekte handelt, könne keine qualitative Parallele zu einem rationalen, überzeitlichen Vernunftglauben behauptet werden. Es handle sich eher um ein individuelles, ja tendenziell dissoziatives Fehlverhalten, denn um eine sozial verbindende, reflektierte Praxis. Für ein solches Verständnis stellt Fetischismus bestenfalls einen proto-religiösen Irrtum dar, dem noch kein metaphysischer Wert im eigentlichen Sinne zugesprochen werden dürfe.

Selbst wenn die so nachgezeichnete Argumentation das Konzept des Fetischismus eher abwertend als ein »konstitutives Außen« der rationalen Religion zeichnet, so war der Effekt dieser Untersuchung gerade nicht die erhoffte Überwindung von Objektüberschätzung. Die Entkoppelung von eigentlich sakralen Riten ermöglichte es, den Fetischismus eben nicht als eine Fremdzuschreibung zu verstehen, sondern diesen als analytischen Begriff zur Beschreibung säkularer Phänomene zu gebrauchen. Insofern bildet de Brosses' Schrift eine fruchtbare Diskursgrundlage, da seiner schematischen Auffassung zunächst innerhalb der Ethnologie produktiv widersprochen wurde. Zudem war seine begriffliche Neuprägung offen genug angelegt, um über diese disziplinären Grenzen hinaus als ein Instrument zur kulturellen Selbstbeschreibung zweckentfremdet zu werden. Und nicht zuletzt entfaltet sein Versuch, ein unübersichtliches Phänomen begrifflich fassbar zu machen, einen großen diagnostischen Reiz, der retrospektiv auch als Tendenz zur epistemologischen Reflexivität gelesen werden kann: Indem die – zunächst pejorative – Feststellung eines Fetischismus stets eine theoretisch zu fundierende Distanznahme impliziert, verrät sie zugleich auch etwas über die erkenntnistheoretischen, kulturanalytischen, religionsphilosophischen Vorannahmen, die der jeweiligen spezifischen Verwendung zugrunde liegen.

### Zur Karriere des Konzepts im 19. Jahrhundert

In Nachfolge oder in direkter Auseinandersetzung mit de Brosses' Konzeption entwickelt der Fetischismus als Terminus eine reichhaltige Rezeptionsgeschichte[9], die von der Ethnografie rasch auf religionsphilosophische Gebiete

---

9 Für einen gerafften, systematisierenden Überblick vgl. Hartmut Böhmes Aufsatz »Fetischismus im neunzehnten Jahrhundert. Wissenschaftshistorische Analysen zur Karriere eines Konzepts« (Böhme 2000) sowie Pietz 1987.

übersprungt[10] und dort weiter popularisiert wird, wie etwa von Christoph Meiners extensiver Behandlung in der 1806 erschienen Schrift *Allgemeine kritische Geschichte der Religionen*. Die darin unternommene Systematisierung stellt über Jahrzehnte neben de Brosses einen zweiten wesentlichen Bezugspunkt für die Verwendung des Konzepts dar und diente nicht nur G.W.F. Hegel als Quelle für dessen geschichtsphilosophische Überlegungen (Hegel 1970, 123f.). Ab den 1830er Jahren wandert der Ausdruck zudem in die aufklärerische gesellschaftliche Selbstbeschreibung der aufkommenden Soziologie, prominent in Auguste Comtes *Cours de philosophie positive* [1830–1842] oder der politischen Ökonomie Karl Marx', wo der Fetischismus in säkularisierter Form zum Instrument einer analytischen Nabelschau, also Werkzeug zur Erhellung sozialer Zusammenhänge wird. Trotz der so fruchtbaren – hier nur angedeuteten – Dissemination erfolgt eine konzeptionelle Kritik erst vergleichsweise spät in Form einer Auseinandersetzung mit der ethnologischen und religionshistorischen Kategorie, die bereits auf die Verabschiedung des Konzeptes als wissenschaftlicher Begriff zielt. Der Philosoph Fritz Schultze versuchte etwa in seiner Dissertation *Der Fetischismus. Ein Beitrag zur Anthropologie und Religionsgeschichte* von 1871, den Fetischismus nicht als eine allgemeine Entwicklungsstufe oder gar transzendentale Voraussetzung zu verstehen. Dagegen entwickelt er den Ansatz einer empirischen Psychologie, innerhalb derer fetischistische Phänomene unabhängig von universalistischen Erklärungsansprüchen untersucht und hergeleitet werden. Wirkungsgeschichtlich relevant ist etwa seine These, dass die spezifische Objektwahl des Fetischisten nicht zufällig erfolge, sondern auf eine »first encounter«-Szene in der jeweiligen Jugend zurückzuführen sei (vgl. Schultze 1871, 91). Diese Annahme ist augenscheinlich vorbereitet durch die bei de Brosses und Comte prominent entwickelte Perspektive, wonach der Fetischismus einem kindlichen Entwicklungsstadium zuzurechnen sei. Obwohl Schultze damit das von ihm ersonnene »wilde Denken« – eine Objektökonomie, die er dem afrikanischen Kontinent zuschreibt – erneut recht breit mit infantilisierenden Erklärungsansätzen zu erhellen versucht, bereitet er so indirekt auch eine Partikularisierung und psychologische Kasuistik vor.

Eine systematische Abrechnung mit de Brosses und dessen »unglückselige[m] Buch über den Fetischismus« formulierte der Sprach- und Religionswissenschaftler Friedrich Max Müller in seinen 1878/1880 an der Universität von Oxford gehaltenen *Vorlesungen über den Ursprung und die Entwicklung der Religion*. Er dechiffriert die von de Brosses initiierte Diskursgeschichte als eine Reihe viel-

---

10 Ein so früher wie folgenreicher Einsatz des Konzepts erfolgt etwa in Immanuel Kants 1793 publizierter Schrift *Die Religion innerhalb der Grenzen der bloßen Vernunft*, wo er den Fetischismus ausdrücklich metaphorisch versteht, um den »Afterdienst« des zeitgenössischen institutionalisierten Glaubensverständnisses zu kritisieren. Vgl. Kant 1997, 869 und Weder 2007, 85ff.

sagender, da allem voran vorurteilsbehafteter Versuche der Fremdbeschreibung, die sowohl als Zeugnisse von fehlerhafter Kommunikation wie auch indirekter Selbstverherrlichung lesbar seien. Entsprechend problematisiert er, wie wirkmächtig diese oftmals leicht zu erhellenden Irrtümer werden konnten, rekonstruiert die viel zu »weite Ausdehnung, welche man der Bedeutung dieses Wortes gegeben hat« und versucht, den Begriff des Fetischismus endgültig nicht als religionshistorische Kategorie, sondern als individuell zu rekonstruierendes Phänomen zu verankern, das auf die eine oder andere Weise Bestandteil einer jeglichen religiösen Praxis ist. Sein Insistieren darauf, dass fetischistische Riten zwar oberflächliche Ähnlichkeiten aufweisen, jedoch »ihre Antecedentien fast nirgends dieselben gewesen« seien, verlagert den Fokus der Betrachtung nachhaltig auf den Prozess der Entstehung und die jeweiligen Entstehungsbedingungen von Fetischismen. Einer allgemein religionsphilosophischen Betrachtung ist damit nicht nur der Boden entzogen, sondern auch der Spiegel vorgehalten, da der sich als Wissenschaft verstehenden Projektion von Fremdbildern ebenso eine fetischisierende Tendenz innewohnt – und hier explizit formuliert wird. Diese Inversion, wonach auch die eurozentrische Zuschreibung dem Fetischismus nicht entkomme, wird von Müller verwendet, um gängige Annahmen zum Fetischismus zu entkräften: So verabschiedet er die Vorstellung, dass im Fetischismus eine verallgemeinerbare, ursprüngliche Stufe von Religion gesehen werden könne, die einer psychologischen Notwendigkeit entspringe ebenso wie die Annahme, »dass das im Fetischismus enthaltene psychologische Problem durch einen blossen Hinweis auf Kinder erklärt werden könne«, indem er auf die schlichtweg nicht vergleichbaren Voraussetzungen partikularer Fetischismen verweist. Müllers kritische Revision war dabei so erfolgreich, dass danach keine größeren religionsphilosophischen oder anthropologischen Deutungsversuche mehr unternommen wurden. Stattdessen wurde der epistemologisch relevante Imperativ formuliert, wonach ein belastbares Verständnis fetischistischer Phänomene darauf beruhe, Ursachen und Effekte nicht zu vertauschen, diese kontextsensibel und bezogen auf deren jeweilige Entwicklung zu beleuchten.

### Reprise: Fetischismus als »conträre Sexualempfindung«

Obwohl Müllers Metaperspektive auf die Forschung zum Fetischismus die wesentlichen Kritikpunkte für die Gebiete der Anthropologie und Religionsgeschichte formuliert, verschwindet die Thematik, wie erwähnt, erst im frühen 20. Jahrhundert aus diesen Disziplinen.[11] Müllers Versuch, einen methodisch reflexiven Überblick über die kursierenden Vorstellungen zu gewinnen, zeugt

---

11 Vgl. den bereits erwähnten Hinweis auf Mauss 1907, 305–311; Mauss 1969, 244.

gleichzeitig davon, dass die mit dem Fetisch assoziierten Motive und Interpretationsansätze ein breites, unübersichtliches Feld von Bedeutungen bespielten, auf dem eine gewisse Kontinuität hinsichtlich der am Phänomen problematisierten Aspekte, jedoch wenig Übereinstimmung bezüglich deren interpretativer Gewichtung und argumentativer Verkettung bestand. Diese Gemengelage gilt es im Blick zu behalten, wenn die Begründung der heute dominanten Lesart eines sexuellen Fetischismus im Zuge der 1880er Jahren rekonstruiert wird. Historisch betrachtet wird diese Resignifikation des Phänomens vorbereitet durch eine Beschreibung von medizinischen Fällen, die von Jean-Martin Charcot und Victor Magnan unter dem Titel *Inversion du sens génital et autres perversions sexuelles* in den *Archives de Neurologie* 1882 publiziert wurde.[12] Avant la lettre finden sich unter den dort zusammengetragenen Schilderungen bereits vier Schilderungen, die retrospektiv als frühe Darstellungen sexueller Fetischismen gelesen werden können, da sich sowohl die späteren Ausführungen von Alfred Binet wie auch die Darstellungen von Richard von Krafft-Ebings *Psychopathia sexualis* auf diese stützen. Während Krafft-Ebing im Jahr 1886 das in den *Archives* präsentierte Material zunächst unter der Rubrik der »paradoxen Handlungen als Aequivalente des sexuellen Aktes« anführte (Krafft-Ebing 1886, 47 f.), übernahm er ab der vierten Auflage die Bezeichnung »Fetischisten«.[13]

Bei Charcot und Magnan fehlt eine solche Bezeichnung 1882 noch, geboten wird aber eine detaillierte Schilderung von vier pathologischen Objektüberschätzungen: Neben diversen anderen Befunden spielt dort einmal die Fixierung auf die Gesäßregion eine große Rolle, einmal eine Vorliebe für Nägel in Stiefeletten, einmal für Nachtmützen und zuletzt für weiße Schürzen. In allen berichteten Fällen wird problematisiert, dass diese Objektfixierung den koitalen Ablauf stört oder ersetzt, sodass die betroffenen Männer einen sehr bewussten Umgang mit ihrer Vorliebe aufgebaut hatten, um der – wie es später bei Binet heißen wird – psychischen Impotenz beizukommen oder ihrer Vorliebe völlig frei von üblichen Verpflichtungen nachzugehen. Interpretiert und theoretisch entwickelt wird diese Verbindung aber eben erst von Charcots Schüler Alfred Binet, der 1887 seine einflussreiche Studie »Le fétichisme dans l'amour« vorlegt, die – stärker noch als Krafft-Ebings Schriften – die Erotisierung des Fetischismus begründete und das interpretative Feld vor Freuds Darlegungen prägte.

Binet unternimmt auf der Basis der Fälle von Charcot/Magnan, eigenen Beobachtungen und Beispielen aus der Literatur den Versuch, die pathologische

---

12 Vgl. S. 133–139 in diesem Band.
13 Vgl. Krafft-Ebing 1889, 62 f. Die Einführung dieses Terminus wird von Krafft-Ebing dahingehend kommentiert, als er den Begriff der Einleitung zur zweiten Auflage der italienischen Ausgabe seiner *Psychopathia sexualis* von Cesare Lombroso entlehnt habe. Dieser Verweis konnte nicht verifiziert werden, ab der fünften Auflage von 1890 wird Lombroso gemeinsam mit Binet als Quelle des Begriffs angeführt.

Ausprägung des Fetischismus, die er als »großen Fetischismus« bezeichnet, von einer alltäglichen, durchaus gängigen Form zu unterscheiden und gibt damit die investigative Richtung für die kommenden Jahrzehnte vor. Seine Grundannahme lautet dabei: »Der erotische Fetischismus, wie wir ihn schon definiert haben, ist die Verehrung von Dingen, die ungeeignet sind, unmittelbar den Zwecken der Fortpflanzung zu dienen.«[14] Während bestimmte übertriebene Objekt- oder Merkmalüberschätzungen zum allgemeinen Vokabular erotischer Verehrung gehören, lässt sich die Grenze zur Perversion laut Binet dort ziehen, wo es zur »Hypertrophie eines Elements« kommt, das – in dieser Rolle – dazu verleitet, von der Gesamtheit einer verehrten Person abzusehen und an ihrer statt zu treten: »Der erotische Fetischismus tendiert also dazu, das Objekt seines Kults ganz abzusondern und von allem, das es umgibt, zu isolieren; wenn dieses Objekt der Körperteil einer lebendigen Person ist, versucht der Fetischist aus diesem Teil ein eigenständiges Ganzes zu bilden« (Binet 1887, 142). Die hier geschilderte Logik der Metonymie, wonach die sexuelle Fetischisierung analog zur religiösen nach dem Schema *pars pro toto* erfolge, wird von Binet als »Abstraktion« gefasst. Genuin pathologisch allerdings sei an dieser Signifikationsbewegung, dass sie auch zu einer depersonalisierenden Verallgemeinerung des Liebesobjekts führe – was der Fetischist liebe, sei »kein Einzelobjekt, sondern ein *Genre*« (ebd., 144). Gefolgert wird aus dieser ausufernden Umbesetzung, dass ein Vollzug der »normalen Liebe« (ebd., 144) nicht mehr möglich sei, weshalb Binet von einer »Impotenz aus psychischen Gründen« (ebd., 146) spricht. Diese werde durch eine gesteigerte Phantasietätigkeit auszugleichen versucht, was indirekt auch rechtfertigt, dass zahlreiche Belege aus der Bekenntnisliteratur, prominent etwa von Jean-Jacques Rousseau, entnommen werden. Viele von Binet angeführte Beispiele fanden direkten Eingang in Freuds Darstellungen, wie etwa diejenigen des Zopfabschneiders oder der Deformation des weiblichen Fußes in China (ebd., 145, 148).

Wiewohl Binet sich induktiv von Fallschilderungen zur allgemeinen Beschreibung des Fetischismus bewegt, um die anvisierte Grenze zur Pathologie benennen zu können, wird auch das übergeordnete Moment der Genese auf bereits bekannte Art thematisiert: Unter Rückgriff auf die Fallgeschichte des Nachtmützen-Fetischisten von Charcot und Magnan konzediert Binet, dass hier zwei irrigerweise gedanklich assoziierte Ereignisse im frühkindlichen Alter zur Fetischbildung geführt hätten. Die Relation zwischen zwei »Tatsachen« wird hier allerdings als eine nicht weiter erschließbare Verbindung gefasst, deren zufällige Kontiguität bestenfalls rekonstruiert werden könne (Binet 1887, 166).

Die diskursive Vorgeschichte des Fetischbegriffs spielt an dieser Stelle nicht nur hinsichtlich einzelner Formulierungen eine Rolle, wenn etwa mit dem

---

14 Binet 1887, in diesem Band: 140f.

»Objekt seines Kults« religiöse Konnotationen anklingen. Bei Binet ist darüber hinaus deutlich spürbar, dass die Gesamtperspektive unentschieden zwischen einer psychopathologischen Pionierarbeit und einer weit ausgreifenden kulturhistorischen Diagnose schwankt. Über die tatsächlich beobachteten Fälle von Fetischismus hinaus werden beständig ethnografische Zeugnisse aus zweiter und dritter Hand eingeflochten, um der sexuellen Lesart des Fetischismus eine breitere Grundlage zu verschaffen und bis in die Gefilde der Anthropologie hinein zu verankern. Fast wie bei de Brosses können so Beispiele aus dem antiken Ägypten fast gleichrangig neben den Fallgeschichten aus Charcots Salpêtrière angeführt werden. Insofern gilt ein guter Teil von Müllers bereits referierter Kritik – die Binet kannte – an einer universalistischen Vorstellung von Fetischismus auch noch für dessen Darstellung, deren ausgreifende Belegsammlung an vielen Stellen Zeichen der Beliebigkeit trägt. Bemerkenswert ist beispielsweise auch, welche ungeahnten Transformationen sich auf Motivebene beobachten lassen: So schließt Binets Text mit einem rhetorisch pointierten Vergleich, um nochmals die Differenz zwischen großem und kleinem Fetischismus zu markieren. Der »normalen Liebe« entspreche dabei eine »Myriade von Erregungen«, die zusammen eine »polytheistische« »Symphonie« bildeten. Dem gegenüber stehe die »Krankheit«: »Auf den Polytheismus antwortet der Monotheismus. Die Liebe des Perversen ist ein Theaterstück, in dem ein Statist auf der Rampe nach vorne schreitet und die Rolle der Hauptfigur an sich reißt« (Binet 1887, 152). Es ist nicht ohne Ironie, dass die Rollenverteilung zwischen Monotheismus und Polytheismus hier gegenüber der aufklärerischen Infantilisierung des Fetischglaubens invertiert wird. War zunächst die Vernunftreligion gegenüber ihren vermeintlich atavistischen Vorstufen zum Maßstab erklärt worden, so gerät der Monotheismus hier zu einer Metapher für eine degenerierte Ausschließlichkeit. Diese Umkehrung ist umso beachtlicher, als der diagnostische Gestus, der aus beiden Formulierungen gleichermaßen spricht, vergleichbar bleibt. Bei Binet jedoch ist der sprachliche Exkurs in die Gefilde der Religion bereits reine Rhetorik, die einen Rückschluss auf die argumentative Flexibilität des tradierten Motivinventars zulässt.

In den deutschen Sprachraum wanderte der erotische Fetischismus als Terminus in weiterer Folge nicht, wie man nun annehmen könnte, über medizinische Fachliteratur ein, sondern über eine thematisch zentrierte Buchbesprechung, die unter dem Pseudonym Max Dessoir am 20.8.1888 im *Berliner Tageblatt* erschien (vgl. S. 152–159 in diesem Band). Der Verfasser dieser Rezension, der mit bürgerlichem Namen Ludwig Brunn hieß, unternahm es, die von Binet beschriebene Thematik seinem Publikum durch eine fiktive Gesprächssituation dreier Herren näher zu bringen. Obwohl Binets Text eher beiläufig erwähnt und hinsichtlich seiner Wissenschaftlichkeit kritisiert wird, variiert, paraphrasiert und popularisiert Brunns Darstellung im Wesentlichen Motive aus der französischen Vorlage.

Wie einflussreich diese feuilletonistische Berichterstattung dabei war, lässt sich etwa daran ablesen, dass Krafft-Ebing die von Brunn referierten Beispiele und übernommenen Wendungen bereits ein Jahr später als eigenständige Quellen in seine *Psychopathia sexualis* eingearbeitet hat und diese neben Binet als selbständige Belege für seine Darstellung verwendet. Für das junge Diskursfeld zur Erforschung des sexuellen Fetischismus bildet in weiterer Folge Krafft-Ebings Enzyklopädie sexueller Pathologien neben Binet den zweiten wesentlichen Bezugspunkt – und dokumentiert, im Verlauf der ständig erweiterten und kasuistisch ergänzten Auflagen, inwiefern die Zahl der beschriebenen bzw. aus der Literatur gewonnenen Fälle bis zur Jahrhundertwende zunahm. Die 1894 erschienene 9. Auflage, die auch Sigmund Freud benutzte und annotierte, konstruiert den sexuellen Fetischismus dabei erneut in direkter Analogie zu dessen religiöser Ausprägung als eine genuin männliche Perversion, die nur schwerlich von ihren alltäglichen, nicht pathologischen Spielarten zu unterscheiden sei. Krafft-Ebings später hinzugefügte Betrachtung zu einem spezifisch weiblichen Fetischismus fehlt in dieser Auflage noch – wenngleich auch dort nicht davon ausgegangen wird, dass es »krankhafte« Fälle von Fetischismus bei Frauen gebe – genannt werden eher harmlose Vorlieben männlicher Attribute (Krafft-Ebing 1912, 22).[15]

Das Verdienst von Krafft-Ebings Auseinandersetzung liegt weniger in einer argumentativen oder ätiologischen Erschließung des Phänomens denn in der Heuristik bestehender Interpretationsansätze. Er kompiliert aus allen ihm verfügbaren Quellen Aspekte zur Beschreibung des pathologischen Fetischismus und liefert so ein rezeptionsgeschichtlich wirkmächtiges Inventar psychopathologischer Elemente, das nicht selten auch widersprüchliche Bestimmungen enthält. Von Binet übernimmt er etwa die These, dass ein vorpubertäres »Ereignis« zu einer je individuellen Besetzung eines Gegenstandes oder Körperteiles führt (Krafft-Ebing 1894, 159). Zugleich geht er aber davon aus, dass pathologische Formen von Fetischismus ausschließlich auf der Basis einer »angeborenen allgemeinen psychopathischen Disposition« auftreten und gewissermaßen nur auf diesem Boden ›hinzuerworben‹ werden können (ebd., 158). Dies deckt sich nicht unbedingt mit Binets Schilderungen, führt aber vor Augen, dass die jeweilige Objektwahl für Krafft-Ebing nicht weiter erklärlich erscheint, da auch er vor allem von einer zeitlichen Koinzidenz im Zuge des »Ereignisses« der Fetischwahl ausgeht (ebd., 159). Parallel dazu referiert er durchaus auch Vermu-

---

15 Vgl. S. 159–170 in diesem Band. Die Ergänzungen nach der 9. Auflage, die in der von Freud verwendeten Ausgabe noch nicht enthalten waren, sind durch eckige Klammern gekennzeichnet.

tungen über inhaltliche Kriterien wie etwa den Faktor der Intimität beim Kleiderfetischismus (ebd., 175) oder, im Falle von Fußfetischismus, der Wunsch nach Erniedrigung und Demütigung, weshalb er diesen auch als »larvierten Masochismus« behandelt (ebd., 130f.). All diese Ansätze werden nicht synthetisiert oder zu einer konzeptuellen Grundannahme kombiniert, sondern bestehen als lose gebündelte Beobachtungen nebeneinander.

Die bei Krafft-Ebing über die Jahre zusammengetragenen Fälle von sexuellem Fetischismus bilden damit das Archiv und auch den Grundriss für die folgenden Auseinandersetzungen, wie sie etwa Iwan Bloch (1903, 1909) oder August Forel (1905) publizierten. Beide Autoren bereichern den Motiv- und Interpretationsbestand jedoch nur noch geringfügig und variieren ihre Vorlage in Form von extensiven Beschreibungen pathologischer Objektbesetzungen. Auf dieser Grundlage konnte Freud zu Beginn des 20. Jahrhunderts aufbauen, wobei auffallend ist, wie deutlich die diskursiven Wurzeln des »ethnografischen« und »religiösen« Fetischismus in diesen Texten noch zu Tage treten und bis in die argumentative Struktur hinein wirksam sind – auch diesbezüglich markieren Freuds Bezugnahmen auf den Fetischismus wesentliche Schritte einer weiteren disziplinären Aneignung des Phänomens.

## Rekonstruktion der Etappen der Freud'schen Fetischismus-Theorie

Die Freud'sche Beschäftigung mit dem Fetischismus umspannt beinahe seine gesamte Schaffensperiode. Mehr als 30 Jahre liegen zwischen der ersten schriftlichen Erwähnung des Fetischismus im Freud'schen Œuvre in der ersten Auflage der *Drei Abhandlungen zur Sexualtheorie* (Freud 1905d) und den letzten Ausführungen in seinem posthum erschienenen *Abriss der Psychoanalyse* (Freud 1940a [1938]). In dieser Zeitspanne kommt es zu bedeutenden Entwicklungen innerhalb des Freud'schen psychoanalytischen Theoriegebäudes, und somit ist es nur folgerichtig, dass sich diese Veränderungen auch in der Konzeptualisierung des Fetischismus widerspiegeln. Im Folgenden sollen nun die einzelnen Etappen dieser Auseinandersetzung im Sinne einer werkimmanenten Rekonstruktion detailliert nachgezeichnet und kommentiert werden.

### 1. Etappe: Vor-analytische Anfänge – sexualwissenschaftliche Betrachtung (1905/06)

Die erste schriftliche Bezugnahme auf das Phänomen des Fetischismus erfolgt in Freuds grundlegender Studie zum menschlichen Sexualleben, den *Drei Abhandlungen zur Sexualtheorie*, in der ersten Auflage von 1905 (Freud 1905d). Die

*Drei Abhandlungen* zählen (wie die *Traumdeutung*) zu jenen besonderen Werken, die Freud im Fortgang der Ausarbeitung der psychoanalytischen Theorie wiederholt in neuen Auflagen erweitert oder umgeschrieben hat, um sie stets auf dem neuesten Stand der sich rasch entwickelnden Wissenschaft zu halten. Diese oftmals bedeutsamen Adaptierungen lassen sich auch in den dem Fetischismus gewidmeten Passagen beobachten, und somit ist die Berücksichtigung der Auflage für die Periodisierung der Theorieentwicklung entscheidend.

Der Fetischismus wird in der Systematik der *Drei Abhandlungen* im ersten Buch »Die sexuellen Abirrungen« unter den »Abweichungen in Bezug auf das Sexualziel« in der Kategorie »Anatomische Überschreitungen« behandelt und allgemein als »ungeeigneter Ersatz des Sexualobjekts« charakterisiert. Alle anatomischen Überschreitungen (neben dem Fetischismus nennt Freud die sexuelle Verwendung der Lippen-Mund-Schleimhaut und der Afteröffnung) haben das Moment der Sexualüberschätzung gemein. Die Sexualüberschätzung bedinge, dass das Sexualobjekt als Ganzes (und alles mit ihm Assoziierte) als begehrenswert erscheint, wodurch die sexuelle Strebung in Konflikt mit der geforderten Einschränkung des Sexualziels auf die Genitalien gerät. Sie sei besonders augenfällig im Liebesleben des Mannes, bei Frauen komme ein analoger Mechanismus in deren Beziehung zum Kind zum Tragen. Die Sexualüberschätzung und in Folge davon der Fetischismus stellen für Freud also von allem Anfang an primär männliche Phänomene dar.[16]

Schon in der ersten Auflage der Schrift konstatiert Freud ein besonderes Interesse der Psychoanalyse am Fetischismus: »Keine andere ans Pathologische streifende Variation des Sexualtriebes hat so viel Anspruch auf unser Interesse wie diese durch die Sonderbarkeit der durch sie veranlaßten Erscheinungen« (Freud 1905d, 53). Dieses kann weniger durch die klinische Bedeutsamkeit des Fetischismus erklärt werden, sondern wird primär durch die beim Fetischismus zu beobachtenden fließenden Übergänge zwischen Normalität und Perversion bedingt – eine generell für die frühe psychoanalytische Sexualtheorie maßgebliche Tendenz. Die »Anknüpfung ans Normale« ist beim Fetischismus durch die »psychologisch notwendige Überschätzung des Sexualobjekts« vermittelt: »Ein gewisser Grad von solchem Fetischismus ist daher dem normalen Lieben regelmäßig eigen [...]« (Freud 1905d, 53). Freud verweist an dieser Stelle nun auch nicht auf einen klinischen Fallbericht, sondern zitiert Goethes Faust: »Schaff' mir ein Halstuch von ihrer Brust, Ein Strumpfband meiner Liebeslust!« Den Übergang zur Pathologie markiert Freud bei der vollständigen Loslösung des Fetischs

---

16 Der Fetischismus stellt in dieser Hinsicht keinen Einzelfall dar; für die große Mehrheit der in den *Drei Abhandlungen* untersuchten sexuellen Phänomene dient die männliche Sexualität als explizite oder implizite Grundlage. Eine eingehendere Beschäftigung mit der weiblichen Sexualität erfolgt erst sehr spät im Freud'schen Werk (Freud 1931b).

von der bestimmten lebendigen Person und Erwählung des Fetischs zum alleinigen Sexualobjekt. An dieser Stelle findet sich auch der einzige explizite Verweis auf den religiösen bzw. ethnologischen Gebrauch des Fetisch-Begriffs bei Freud: »Dieser Ersatz wird nicht mit Unrecht mit dem Fetisch verglichen, in dem der Wilde seinen Gott verkörpert sieht« (Freud 1905d, 52).

Kaum Beachtung finden in diesem frühen Text Fragen der Ätiologie und der psychodynamischen Genese des Fetischismus. Freud übernimmt hier gängige zeitgenössische Theorien, wonach eine gewisse »exekutive Schwäche des Sexualapparates« als konstitutionelle Voraussetzung für die Entwicklung eines Fetischs anzusehen sei. Zusätzlich wirke wohl eine frühzeitige Sexualeinschüchterung als akzidentelles Moment im Sinne einer frühkindlichen Fixierung. Hier knüpft Freud explizit an die Überlegungen Binets an, der die Auswahl des Fetischs durch sexuelle Eindrücke in der Kindheit bedingt sah – »on revient toujours à ses premiers amours«. Die Wahl des Fetischobjekts könne ferner auch durch eine häufig unbewusste »symbolische Gedankenverbindung« ihre Erklärung finden, wonach bspw. der Fuß als schon im Mythos bekanntes Sexualsymbol anzusehen sei. In diesen Überlegungen entlang der Binet'schen Konzeptualisierung bzw. der frühen psychoanalytischen Symbolik bleiben viele zentrale Aspekte in der Genese des Fetischismus unterbestimmt. Das große Interesse, das die Psychoanalyse dem Phänomenbereich nach eigenem Bekunden entgegenbringen sollte, ist zu diesem Zeitpunkt theoretisch noch nicht eingeholt. Die wiederholten Überarbeitungen dieses Kapitels der *Drei Abhandlungen* in folgenden Auflagen weisen darauf hin, dass sich Freud selbst dieses Umstandes bewusst war.

Das in der ersten Auflage der *Drei Abhandlungen* erreichte theoretische Verständnis des Fetischismus zeigt sich exemplarisch in Freuds Abhandlung *Der Wahn und die Träume in W. Jensens ›Gradiva‹* (Freud 1907a). Freud findet in der Geschichte des Archäologen Norbert Hanold, der durch das antike Relief einer schreitenden Frau mit besonderer Fußstellung in wahnhafte Zustände versetzt wird, einen Fall von Fußfetischismus in literarischer Form beschrieben. In seiner Werk-Analyse zeichnet Freud die Genese dieser wahnhaften Entwicklung nach und betont die Bedeutung von frühkindlichen erotischen Erlebnissen mit Hanolds Jugendliebe Zoe Bertgang, die verdrängt und somit zur psychischen Fixierungsstelle wurden. Wiederum verweist Freud in diesem Zusammenhang explizit auf die Theorien Binets zur Erklärung des Fetischs: »Fügen wir übrigens gleich hinzu, daß der Dichter sich bei der Ableitung der merkwürdigen Erscheinung des Fetischismus in voller Übereinstimmung mit der Wissenschaft befindet. Seit A. Binet versuchen wir wirklich, den Fetischismus auf erotische Kindheitseindrücke zurückzuführen« (Freud 1907a, 73).

## 2. Etappe: Psychoanalyse des Fetischismus: Triebtheorie und Partialverdrängung (1909)

Der nächste entscheidende Schritt in der Freud'schen Beschäftigung mit dem Fetischismus erfolgte im Jahr 1909 in Form eines Vortrags vor der Mittwoch-Gesellschaft der Wiener Psychoanalytischen Vereinigung am 24.2.1909. Das Protokoll dieses lange verschollenen Vortrags wurde im Nachlass von Otto Rank gefunden und erst 1988 publiziert (Freud 1988k [1909]; Rose 1988; Lobner 1992). Darin wird zum ersten Mal eine eigenständige, genuin psychoanalytische Konzeptualisierung des Fetisch-Phänomens sichtbar. Ganz im Sinne des grundlegenden Krankheitsverständnisses der Psychoanalyse in dieser Zeit wurde nun auch der Fetisch als Ausdruck eines Trieb-Abwehr-Konflikts verstanden. Schon im Vorfeld des Vortrags hatte Freud in Bezug auf den Fetischismus mit Karl Abraham brieflich korrespondiert. Abraham hatte Freuds Unterstützung zum Verständnis eines von ihm behandelten 6-jährigen Mädchens mit Fuß-Fetischismus erbeten (Brief 64 A, 14.2.1909; Freud / Abraham 2009, 163–166). In Freuds Antwort wird die noch in der ersten Auflage der *Drei Abhandlungen* angeführte symbolische Bedeutung des Fußes als Sexualobjekt und seine häufige Verwendung für onanistische Tätigkeiten als nicht ausreichende Erklärung erkannt, da diese Momente einzig die Verwendung des Fußes, nicht jedoch den Fetisch an sich erklären können (Brief 65 F, 18.2.1909; Freud / Abraham 2009, 166–169). Im Folgenden gibt Freud Abraham einen komprimierten Abriss seiner neuen auf der Triebverdrängung basierenden Theorie über die Genese des Fetischismus, die er einige Tage später ausführlicher der versammelten Mittwoch-Gesellschaft präsentiert.

### Zur Genese des Fetischismus

Freud eröffnet seinen Vortrag mit einer selbstkritischen methodischen Anmerkung, wonach er seine Darstellung nur auf eine sehr begrenzte Anzahl von Fällen (2 Fälle) stütze. Gleichwohl sei die Aufklärung des Phänomens von »so prinzipieller Natur«, weshalb er dies für dennoch zulässig erachte. Hier zeigt sich exemplarisch ein wesentlicher Zug des Freud'schen methodischen Vorgehens, nach welcher die tiefgehende Durchdringung des Einzelfalls die Aufdeckung universaler Mechanismen psychischen Funktionierens offenzulegen vermag (vgl. Midgley, 2006; Leuzinger-Bohleber, 1995), der Einzelfall also eine paradigmatische Funktion annimmt. Es bleibt jedoch zu berücksichtigen, dass es sich bei dem Vortrag um eine Präsentation in einem geschlossenen Kreis handelte und eine Publikation von Freud selbst aufgrund der zu erwartenden Kritiken durch das wissenschaftliche Establishment nicht geplant war. So sollte es auch noch beinahe 20 Jahre bis zur einschlägigen Veröffentlichung seiner Theorie des Fetischismus dauern (Freud 1927e).

Aus diesem Grund fällt auch die Rezeption des zeitgenössischen Stands der medizinischen Auffassungen des Fetischismus äußerst knapp aus. Freud verweist auf vier Autoren, die den Stand der Wissenschaft abbilden sollen: Alfred Binet, Richard von Krafft-Ebing, Auguste Forel und Iwan Bloch, wobei er einzig die dem Fetischismus gewidmeten Passagen aus Krafft-Ebings *Psychopathia sexualis* ausführlicher rezipiert. Wie erwähnt sah Krafft-Ebing den Fetisch in Kindheitserlebnissen begründet, die oftmals vergessen ihre Wirkung bis ins Erwachsenenleben bewahrt hätten.[17] Grundlegend sei für ihn jedoch eine pathologische konstitutionelle Disposition für die fetischistische Sexualbetätigung entscheidend, wodurch letztlich die Frage der sexuellen Konstitution bzw. das »Rätsel der Nervosität« weiterhin nicht aufgeklärt würde.

Freuds Beitrag zur Erhellung des Rätsels besteht in der Herausarbeitung eines zentralen Mechanismus, der als Ursache der Genese fetischistischer Phänomene fungiert. In Analogie zur allgemeinen psychoanalytischen Lehre von der Entstehung neurotischer Symptome sieht Freud auch die Entwicklung des Fetischismus in einem Trieb-Abwehr-Konflikt begründet: Der Fetisch ist das Produkt der Verdrängung eines Trieb-Wunsches und des damit verknüpften Lustgewinns. So sei der Kleiderfetischismus auf einen verdrängten (passiven) Schautrieb zurückzuführen, wobei ursprünglich die Nacktheit für große Lust sorgte (nackt gesehen zu werden), diese jedoch schließlich verdrängt und auf die Kleider verschoben wurde. Auch das zweite von Freud aus der eigenen Praxis angeführte Fetisch-Phänomen, ein Stiefelfetisch, findet durch denselben Mechanismus seine Erklärung, wobei es in diesem Fall zur Verdrängung einer ursprünglich stark ausgeprägten Riechlust kommen würde.[18] Generell unterstreicht Freud die Bedeutung der Analität bzw. koprophiler Tendenzen bei fetischistischen Phänomenen, insbesondere beim häufig auftretenden Fuß- bzw. Stiefel-Fetischismus.

An dieser Stelle führt Freud erstmalig eine spezielle Form der Verdrängung ein, die er als »Partialverdrängung« bezeichnet, und die er als spezifisch für den Fetischismus erachtet: »Ein Typus der Verdrängung, der mit der Spaltung des Komplexes eingeleitet wird. Ein Teil wird nun wirklich verdrängt, während der

---

17 Vgl. S. 168 in diesem Band.
18 Freud hat der Riechlust zeitlebens generell einen besonderen Stellenwert für die Genese neurotischer Erkrankungen zugeschrieben und hierbei wiederholt auch phylogenetische Überlegungen zur ursächlichen Bedeutung der Aufrichtung des Menschen und der damit verknüpften Verkümmerung des Geruchssinns bzw. der »organischen Verdrängung« der Riechlust für die Disposition zur Neurose angestellt. Vgl. etwa die zur selben Zeit wie der Fetischismus-Vortrag geschriebene Krankengeschichte des »Rattenmanns« (*Bemerkungen über einen Fall von Zwangsneurose*, Freud 1909d, 420).

andere Teil idealisiert wird, der eben in unserm Fall zum Fetisch erhoben wird« (Freud 1988k [1909], 13). Der Begriff »Partialverdrängung« hat sich in der psychoanalytischen Terminologie nicht durchgesetzt und wurde von Freud in seinem publizierten Werk auch kaum weiter verwendet.[19] Einzig in einigen Arbeiten seiner Schüler jener Zeit (Abraham 1911; Stekel 1914) findet er seine Anwendung in der Analyse von fetischistischen Phänomenen. Gleichwohl lässt sich der Begriff als erster Schritt auf dem Weg zur Bestimmung eines für den Fetischismus und darüber hinaus für die Perversionen generell spezifischen Abwehrmechanismus verstehen, der Freud in seinem Spätwerk zu seinen Überlegungen zur Verleugnung (Freud 1927e) und zur Ich-Spaltung (Freud 1940e [1938]) führen wird. Während man also in Bezug auf den Spaltungsmechanismus eine klare Kontinuität in Freuds Beschäftigung mit dem Fetischismus über die verschiedenen Schaffensperioden beobachten kann, gerät das Moment der Idealisierung, dem in dem Vortrag von 1909 noch eine zentrale Bedeutung für die Etablierung des Fetischs beigemessen wird, in der Folgezeit aus dem expliziten theoretischen Blickfeld. Auf diesen Umstand hat Chasseguet-Smirgel in ihrer grundlegenden Arbeit über die menschliche Perversion hingewiesen und für eine Re-Integration dieser frühen Freud'schen Überlegungen zur Bedeutung der Idealisierung in die psychoanalytische Theorie der Perversion plädiert (Chasseguet-Smirgel 1989).

Freud zeigt sich am Ende des Vortrags sehr optimistisch bezüglich des Erklärungswerts seiner Theorie und folgert, dass er wohl die »Auflösung des F. [Fetischismus]« in der folgenden knappen Formel gefunden habe: »Triebunterdrückung, partielle Verdrängung u. Erhebung des einen Stücks des verdrängten Komplexes zum Ideal« (Freud 1988k [1909], 16). Er benötige nur noch 5 oder 6 weitere derartige Fälle, »dann hätten wir das Rätsel des F. [Fetischismus] gelöst« (Freud 1988k [1909], 16). Es dürften jedoch nicht einzig die ausbleibenden verwertbaren Fälle gewesen sein, die zu dem Zögern Freuds führten, seine Theorie über den Fetischismus der breiteren (Fach-)Öffentlichkeit zu präsentieren. Denn bis zu der Publikation im Jahr 1927 sollten sich die Koordinaten seines Denkens noch mehrmals grundlegend verschieben – Einführung des Narzissmus, der finalen Triebtheorie aus Lebens- und Todestrieb sowie der Strukturtheorie des psychischen Apparats –, was nicht ohne Einfluss auf seine Theorie des Fetischismus bleiben konnte.

---

19 Eine kurze Erwähnung in der metapsychologischen Arbeit zur *Verdrängung* bildet die Ausnahme: »Ja, es kann, wie wir's bei der Entstehung des Fetisch gefunden haben, die ursprüngliche Triebrepräsentanz in zwei Stücke zerlegt worden sein, von denen das eine der Verdrängung verfiel, während der Rest, gerade wegen dieser innigen Verknüpftheit, das Schicksal der Idealisierung erfuhr« (Freud 1915d, 253).

Zwischenschritt: Fetisch als Ersatz des Penis der Mutter (1910)

In dem Fetischismus-Vortrag vom Februar 1909 findet ein Element, das später zentrale Bedeutung für Freuds Theorie des Fetischs bekommen sollte, noch keine Erwähnung: der Penis der Mutter. Die Vorstellung, dass alle Menschen, also auch die Mutter, einen Penis besitzen, war von Freud bereits ein Jahr zuvor als eine der wesentlichen infantilen Sexualtheorien beschrieben worden (Freud 1908c). Allgemein hatte Freud die Vernachlässigung der Geschlechterdifferenz als ein wesentliches Merkmal der kindlichen Phantasie- und Denktätigkeit hervorgehoben, als deren markanteste Manifestation der kindliche Glaube an die Universalität des Besitzes des Penis anzusehen ist. Freud hatte diese infantile Sexualtheorie explizit beiden Geschlechtern zugesprochen, doch dienten zweifellos die Vorstellungen des kleinen Knaben als Grundlage, wie Freud sie exemplarisch in der Behandlung des Kleinen Hans untersucht hatte (Freud 1909b).[20] Die außerordentliche Wertschätzung des Penis als lustspendendem Organ der infantilen Sexualbetätigung spielt hierbei eine entscheidende Rolle, kann sich doch der Knabe nicht vorstellen, dass jemand ohne diesen so wesentlichen Körperteil existieren könne. So kommt es initial beim Anblick der weiblichen Genitalien zu einer »Beugung« der Wahrnehmung (Freud 1908c, 176) und zum Festhalten an dem Glauben an die Universalität des Penisbesitzes. Nur widerwillig und häufig mit Schrecken oder gar Abscheu muss der Knabe schließlich doch die Wahrnehmung von der Penislosigkeit der Frau zur Kenntnis nehmen, wobei er hierbei nicht etwa die Realität der weiblichen Geschlechtsorgane erkennt, sondern diese kastriert glaubt. Die Angst, die diese Wahrnehmung begleitet, ist so zu einem guten Teil durch die dadurch real gewordene Möglichkeit der Kastration bedingt, die wiederum nachträglich die bislang ohne Glauben gebliebenen Kastrationsdrohungen schlagartig als ernstzunehmende Gefahr erscheinen lässt.

Die schrittweise Verknüpfung dieser infantilen Sexualtheorie mit dem Fetischismus erfolgt im Zuge von Freuds Arbeit über Leonardo da Vinci. Schon im Dezember 1909 präsentiert Freud vorläufige Ergebnisse dieser Studie im Rahmen der Mittwoch-Gesellschaft und stellt erste vorsichtige Vermutungen über den Zusammenhang des mütterlichen Penis mit der Entwicklung fetischistischer Praktiken an: »Dieser erste verlorengegangene Penis der Mutter spielt eine große Rolle, und auch der Fußfetischismus, den wir auf die Unterdrückung gewisser koprophiler Triebe zurückführen konnten, dürfte mit einem Suchen und glücklichen Wiederfinden dieses verlorenen Penis der Mutter zusammenhängen« (Nunberg & Federn 2008a, 309). Freud folgert, dass es sich bei dem Wie-

---

20 Auf die zahlreichen kritischen Debatten, die sich an diesem Teil der Freud'schen Lehre entzündeten, kann an dieser Stelle nicht näher eingegangen werden. Für einen Überblick siehe Chasseguet-Smirgel 1974; Mitchell 2000; Rohde-Dachser 2013.

derfinden eigentlich um einen Akt der Projektion handelt, wonach der kleine Knabe der Mutter seinen eigenen Besitz, seinen Penis, zuerkennt. Auch in einem Brief an Abraham vom Februar 1910 weist Freud neben der bekannten Verdrängung der koprophilen Riechlust auf diese neue ätiologische Überlegung zum Fetischismus hin: »Überdies ist zu betonen, daß der Weiberfuß wahrscheinlich den schmerzlich vermißten, prähistorisch postulierten Penis des Weibes ersetzt« (Brief 84 F, 24. 2. 1910; Freud / Abraham 2009, 199).

Die Veröffentlichung der Leonardo-Studie ebenfalls im Jahr 1910 stellt im Folgenden die erste Erwähnung dieser Auffassung im publizierten Werk Freuds dar (Freud 1910c):

> »Die erotische Anziehung, die von der Person der Mutter ausging, gipfelte bald in der Sehnsucht nach ihrem für einen Penis gehaltenen Genitale. Mit der erst spät erworbenen Erkenntnis, daß das Weib keinen Penis besitzt, schlägt diese Sehnsucht oft in ihr Gegenteil um, macht einem Abscheu Platz, der in den Jahren der Pubertät zur Ursache der psychischen Impotenz, der Misogynie, der dauernden Homosexualität werden kann. Aber die Fixierung an das einst heißbegehrte Objekt, den Penis des Weibes, hinterläßt unauslöschliche Spuren im Seelenleben des Kindes, welches jenes Stück infantiler Sexualforschung mit besonderer Vertiefung durchgemacht hat. Die fetischartige Verehrung des weiblichen Fußes und Schuhes scheint den Fuß nur als Ersatzsymbol für das einst verehrte, seither vermißte Glied des Weibes zu nehmen [...]« (Freud 1910c, 165–166).

Schließlich finden diese Überlegungen auch Eingang in die 2. Auflage der *Drei Abhandlungen* von 1910, wo in Bezug auf den Fußfetischismus ohne weitere Erklärungen festgehalten wird: »Der Fuß ersetzt den schwer vermissten Penis des Weibes« (Freud 1905d, 54). Der im Vortrag vom Februar 1909 herausgearbeitete Mechanismus der Partialverdrängung findet hingegen keine Berücksichtigung. Freud spricht allgemein von Trieb-»Verdrängung« in der Entstehung des Fetischismus und hebt dabei wiederum die Bedeutung der koprophilen Riechlust hervor.

### 3. Etappe: Fetisch und Kastrationskomplex (1914)

Fünf Jahre nach dem ersten dem Fetischismus gewidmeten Vortrag im Rahmen der Mittwoch-Gesellschaft hält Freud am 11. März 1914 einen weiteren Vortrag zu dem Thema, der ebenfalls unveröffentlicht bleiben sollte und nur in Form des Protokolls der Sitzung erhalten geblieben ist. Er kündigt an, »ein neues Licht auf die Genese dieser Perversion« (Nunberg & Federn 2008b, 236) zu werfen, wobei aus dem kurz gefassten Protokoll nicht eindeutig hervorgeht, worin Freud selbst dieses Neue im Vergleich zu dem früheren Vortrag erkennt. Deutlicher als zuvor grenzt sich Freud von der bestehenden Lehrmeinung zum Fetischismus in Form von Binets Betonung der Bedeutung des »Kindheitstraumas« ab, wonach der Fetisch auf rein zufällig-assoziative Weise mit einem prägenden Ereignis in der Kindheit zusammenhänge. Demgegenüber betont Freud ein Zusammenspiel von konstitutionellen und akzidentellen Faktoren in der Genese des Fetischismus.

Freud berichtet in dem Vortrag über einen erfolglos behandelten Fall eines 47-jährigen Fußfetischisten und leitet aus dieser Krankengeschichte einige allgemeine Aspekte der Entstehung der fetischistischen Perversion ab. Er greift dabei zum einen auf Elemente zurück, die er bereits in dem Vortrag von 1909 betont hatte. So betont er die Rolle des Schautriebs, der sich auf das Genitale richten will, jedoch durch Verbot von dort abgedrängt und »geographisch« auf den Fuß regrediert. Er weist auch auf die erhöhte Erogenität des Fußes aufgrund einer vorzeitigen Sexualreizung (durch eine wohl selbst perverse Mutter, wie Freud vermutet) hin. Vor allem knüpft er jedoch an seine Überlegungen aus der Leonardo-Studie an und deutet den Fetisch in bekannter Weise als Ersatz für den in Folge der Kastration vermissten Penis der Frau. Freud misst nun in diesem Zusammenhang dem Moment der Sexualeinschüchterung eine besondere Bedeutung für die Entstehung der Perversion bei. Im konkreten Fall habe eine zweifache Sexualeinschüchterung in der Kindheit und in der Pubertät zu einer Libidoregression und zur fetischistischen Sexualbetätigung geführt. Insbesondere die infantile Sexualeinschüchterung in Form der Kastrationsdrohung gepaart mit dem Anblick des weiblichen (in der Fallgeschichte: schwesterlichen) Genitals wird nun zum zentralen Bezugspunkt für die Entstehung der perversen Dynamik: »Das bedeutsamste Moment ist das Verhalten des Kindes gegen die Sexualeinschüchterung: es wird sich einerseits sträuben und seinen Penis verteidigen, andererseits die Kastration annehmen und sich in die weibliche Rolle finden« (Nunberg & Federn 2008b, WPV 237). Die Reaktion des Kindes ist für Freud von der konstitutionellen Bisexualität des Menschen und der jeweiligen Stärke des aktiven bzw. passiven Elements abhängig. In diesem Sinne erachtet Freud an dieser Stelle den Fetischismus als »Unterart des Masochismus« und beschreibt den Fußfetischisten kondensiert als »masochistischen Geheimseher« (Nunberg & Federn 2008b, 237).

Die ambivalente Reaktion des Kindes auf die Kastrationsdrohung – einerseits Anerkennung, andererseits Ablehnung – stellt nach den Ausführungen zur Partialverdrängung einen nächsten Schritt auf dem Weg zur Bestimmung eines für den Fetischismus und darüber hinaus für alle Perversionen spezifischen Abwehrmechanismus dar. Hier sind bereits deutlich die Konturen des Mechanismus der Verleugnung vorgezeichnet, der in der Arbeit von 1927 seine exakte Bestimmung erhalten wird. Aus metapsychologischer Perspektive lässt sich eine zunehmende Zentrierung der Frage der Perversionen auf den Kastrationskomplex und den damit eng verwobenen Ödipuskomplex beobachten. Die Genese des Fetischismus wird so zunehmend mit den Fragen der Anerkennung der Geschlechter- und Generationendifferenz in Verbindung gebracht, worin ein Gutteil der paradigmatischen Bedeutung des Fetischismus im Freud'schen theoretischen System begründet liegt. Bevor diese Implikationen im Spätwerk jedoch voll entfaltet werden, beschränken sich die Erwähnungen des Fetischismus in den kommenden Jahren auf knappe Hinweise oder illustrative Darstellungen, ohne theoretische Weiterentwicklungen zu bringen.

In der dritten und vierten Auflage der *Drei Abhandlungen* von 1915 bzw. 1920 nimmt Freud dementsprechend nur kurze Ergänzungen vor, wobei erstaunlich ist, dass er die in dem Vortrag von 1914 gewonnenen Erkenntnisse kaum einarbeitet und bspw. die Bedeutung des Kastrationskomplexes keine Erwähnung findet. So fügt er 1915 einzig die Rolle des Schautriebs zum Fetisch-Kapitel hinzu und die Ergänzungen von 1920 beschränken sich auf eine nun explizit auch im publizierten Text vorgebrachte Kritik an der Binet'schen Konzeption von der Wichtigkeit infantiler Eindrücke für die Auswahl des Fetischs. Diese können nie die ursprüngliche Genese der Bedeutung des Fetisch-Objekts erklären, vielmehr wird diese bei Binet immer schon als gegeben vorausgesetzt. Ebenso verlegt Freud die entscheidende Phase der fetischistischen Entwicklung in die früheste Kindheit, wobei die bewussten Erinnerungen an prägende Kindheitseindrücke meist nur als »Deckerinnerungen« für noch frühere Erfahrungen anzusehen sind, »deren Rest und Niederschlag der Fetisch also darstellt« (Freud 1905d, 54).

In den *Vorlesungen zur Einführung in die Psychoanalyse* greift Freud in der 22. Vorlesung (*Gesichtspunkte der Entwicklung und Regression. Ätiologie*; Freud 1916–17a, 361–362) auf denselben Fall eines Fußfetischisten wie in dem Vortrag von 1914 zurück, um dem Publikum die Bedeutung der Fixierung der Libido zu veranschaulichen, wobei es Freud in dieser Vorlesung vorrangig um die Entstehung der Neurosen geht und keine weiteren Überlegungen zum Fetischismus oder den Perversionen angestellt werden. Auch in Freuds wichtiger Arbeit zur Entstehung der Perversionen *Ein Kind wird geschlagen* (Freud 1919e) wird der Fetischismus nur am Rande erwähnt.

## 4. Etappe: Fetischismus und Verleugnung (1927)

Es sollte bis 1927 dauernd, bis Freud seine Überlegungen zum Fetischismus in einer eigenständigen Arbeit darlegt. Darin greift er zum einen auf die unveröffentlicht gebliebenen Vorarbeiten von 1909 und 1914 zurück, zum anderen fließen seine Anfang der 1920er Jahre neu gewonnenen Erkenntnisse zum Aufbau des seelischen Apparats (Strukturmodell; Freud 1923b) und zum Wesen der Triebe (Freud 1920g) in seine Ausführungen ein. Über den genauen Entstehungskontext des Artikels und die Beweggründe, die Freud schließlich zur Niederschrift und Veröffentlichung veranlassten, ist wenig bekannt. Pontalis weist darauf hin, dass es keineswegs selbstverständlich ist, dass Freud dem Fetischismus eine eigene Arbeit gewidmet hat (Pontalis 1972, 13–14). Der Artikel stellt in dem Sinne eine Ausnahme dar, als Freud üblicherweise einzelne Krankheitsentitäten nicht in eigenständigen theoretischen Artikeln behandelte, sondern zumeist grundlegende Mechanismen bzw. metapsychologische Aspekte oder konkrete Fallgeschichten untersuchte. Pontalis argumentiert überzeugend, dass Freud unter diesem Gesichtspunkt in seiner Arbeit zum Fetischismus auch primär ein metapsychologisches Erkenntnisinteresse leitete und hebt dabei drei Aspekte hervor (Pontalis 1972, 14): 1. Die Bedeutung des Kastrationskomplexes; 2. Den Mechanismus der Verleugnung; 3. Die Ichspaltung.

Der Artikel steht somit in einer gewissen Kontinuität mit mehreren Schriften der 1920er Jahre, in denen Freud versucht, die Implikationen der umwälzenden Neuerungen des Strukturmodells der Psyche und der Einführung von Lebens- und Todestrieben für die psychoanalytische Krankheits- und Entwicklungslehre auszuarbeiten. Hier sind zum einen seine Arbeiten zur Sexual- und Geschlechtertheorie *Die infantile Genitalorganisation* (Freud 1923e) und *Einige psychischen Folgen des anatomischen Geschlechtsunterschieds* (Freud 1925j) zu nennen, in denen mit der Einführung der phallischen Phase der infantilen Sexualentwicklung und der detaillierten Analyse des Kastrationskomplexes zentrale Elemente der Fetischismus-Konzeption eine signifikante Überarbeitung erfahren. Zum anderen steht die Arbeit in Zusammenhang mit den Arbeiten zur Psychose von 1924 (*Neurose und Psychose*, Freud 1924b; *Der Realitätsverlust bei Neurose und Psychose*, Freud 1924e), in denen Freud seine Auseinandersetzung mit der Frage nach strukturellen Unterschieden bei den großen nosographischen Kategorien im Lichte des Strukturmodells der Psyche wiederaufnimmt. Dabei kommt dem Bezug zur Realität eine besondere Bedeutung zu, der in dem Fetischismus-Aufsatz seine weitere Ausarbeitung findet.

Freud eröffnet die Fetischismus-Arbeit mit der Feststellung, dass es sich beim Fetisch in der Regel um einen Nebenbefund in der psychoanalytischen Praxis handelt, da er zumeist nicht mit einem Leiden, sondern eher mit einer »Erleichterung des Liebeslebens« verknüpft sei. Wiederum zeigt sich, dass es nicht primär klinische Aspekte sind, die das schon in den *Drei Abhandlungen* hervorgehobene große Interesse Freuds an dem Phänomen bedingen. Er hält sich auch nicht mit einer Bestandsaufnahme der bestehenden Literatur zum Fetischismus auf, wie er sie in seinen Vorträgen zumindest noch in Ansätzen präsentiert hatte, sondern kommt schnell zur bereits vertrauten Formel, wonach »… der Fetisch […] der Ersatz des Phallus des Weibes (der Mutter) [ist], an den das Knäblein geglaubt hat und auf den es […] nicht verzichten will« (Freud 1927e, 312). Der Knabe – es ist wiederum nur männliches Fallmaterial, auf das sich Freud in seinen Überlegungen stützt – weigert sich, die Wahrnehmung der Penislosigkeit der Frau zur Kenntnis zu nehmen. Das Motiv für diese Weigerung liefert die Kastrationsangst, da ja bei der Anerkennung der Wahrnehmung auch der eigene Penis bedroht wäre. Freud kommt hier zum wiederholten Male auf diese für den Kastrationskomplex zentrale Konfiguration zu sprechen und findet im Fetischismus seine bisher überzeugendste exemplarische Ausgestaltung.[21] Insbesondere nimmt er nun auch eine klare begriffliche Differenzierung vor. So betont er, dass es sich nicht um eine »Skotomisierung« (ein Begriff von René Laforgue, einem Pionier der französischen Psychoanalyse) der Wahrnehmung handle, da ja eine Wahrnehmung stattgefunden habe, diese jedoch nicht in ihrer Bedeutung anerkannt wird. Freud bezeichnet diesen Vorgang spezifisch als »Verleugnung« und grenzt diese nun wiederum von der »Verdrängung« ab. Die Verleugnung ziele auf die Wahrnehmung bzw. Vorstellung, wohingegen die Verdrängung den damit zusammenhängenden Affekt betrifft. Dies ist eine Umkehrung der bisherigen Verwendung des Verdrängungs-Begriffs (Freud 1915d), der bis zu diesem Zeitpunkt für die Abwehr von unliebsamen Vorstellungen reserviert war. Auf der anderen Seite erhält der Begriff der Verleugnung hier schließlich einen fixen Platz im Freud'schen metapsychologischen System, nachdem er ihn zuvor in einer unsystematischen, am Alltagsgebrauch orientierten Verwendung benutzt hatte.[22]

Als »Verleugnung« hatte Freud auch schon den psychotischen Mechanismus der Loslösung von der Realität beschrieben (Freud 1924e, 364), bei dem sich das Ich vom Es fortreißen lässt und von der Realität abwendet. Doch hatten die von Freud beschriebenen Fälle von Fetischismus keine psychotische Entwicklung genommen und auch zwei weitere Fälle, von denen Freud in der Arbeit berichtet, die den Tod des Vaters in der Kindheit verleugnet hatten, litten nicht unter einer psychotischen Störung. Den Schlüssel für die Erklärung dieses Sachverhalts liefert der sehr spezifische Umgang mit der Realität, den der Fetischist an den Tag legt, und der sich paradigmatisch im Umgang mit dem Anblick des Genitals der Mutter zeigt: »Es ist nicht richtig, daß das Kind sich nach seiner Beobachtung am Weibe den Glauben an den Phallus des Weibes unverändert gerettet hat. Es hat ihn bewahrt, aber auch aufgegeben [...]« (Freud 1927e, 313). Die logische Unmöglichkeit der gleichzeitigen Bewahrung und Aufgabe des Glaubens an die infantile Sexualtheorie vom Penis der Mutter löst Freud durch die Suspendierung der Vorstellung von der Einheitlichkeit der psychischen Person. Schon die grundlegende Entdeckung des Unbewussten hatte die Vorstellung von der Transparenz und Einheit des Psychischen erschüttert. Die Einführung des Strukturmodells mit den verschiedenen Instanzen (Ich, Es und Über-Ich), die

---

21 So empfiehlt Freud das Studium des Fetischismus explizit all denen, die noch an der Existenz und Bedeutung des Kastrationskomplexes zweifeln sollten (Freud 1927e, 315).
22 Vgl. den Eintrag im *Vokabular der Psychoanalyse* (Laplanche & Pontalis, 1972). Freud hatte in seiner Arbeit *Die infantile Genitalorganisation* (Freud 1923e) begonnen, den Begriff in einem spezifischeren Sinn zu verwenden.

den seelischen Apparat aufbauen, hatte dann zu einer weiteren Zergliederung geführt. Schließlich führen die im Fetischismus-Aufsatz begonnenen Überlegungen zum Mechanismus der Verleugnung zu einer weiteren Radikalisierung dieser Tendenzen, wonach selbst das bisher durch seine Synthesebestrebungen gekennzeichnete Ich als durch Spaltung und Fragmentierung bedroht erscheint. So wendet Freud die beim fetischistischen Knaben und dessen Haltung von »Bewahren und Aufgeben« gewonnenen Erkenntnisse auf die Erklärung der zwei Fallbeispiele von Männern an, die den Tod ihres Vaters in der Kindheit verleugneten, jedoch keine Psychose entwickelten: »Es war nur eine Strömung in ihrem Seelenleben, welche den Tod des Vaters nicht anerkannt hatte; es gab auch eine andere, die dieser Tatsache vollkommen Rechnung trug; die wunschgerechte wie die realitätsgerechte Einstellung bestanden nebeneinander« (Freud 1927e, 316). Es sei hier also zu einer »Spaltung« im Seelenleben gekommen, wobei Freud an dieser Stelle den Begriff der Spaltung eher beiläufig verwendet und erst in seinen letzten Schriften die Implikationen aus den hier angestellten Überlegungen ausarbeitet (s. u.).

In Bezug auf den Fetischismus selbst hebt Freud die komplexe Kompromiss-Funktion des Fetisch-Objekts hervor. Da die Wahrnehmung der Kastration nicht komplett skotomisiert wurde, müssen beständig energische Aktionen zur Aufrechterhaltung der Verleugnung unternommen werden. Der Fetisch ist ein ambivalentes »Denkmal«, er »[...] bleibt das Zeichen des Triumphs über die Kastrationsdrohung und der Schutz gegen sie [...]« (Freud 1927e, 314). In »ganz raffinierten Fällen« ist im Fetisch-Objekt selbst die Verleugnung und die Behauptung der Kastration verkörpert: »Ein solcher Fetisch, aus Gegensätzen doppelt geknüpft, hält natürlich besonders gut« (Freud 1927e, 316). In diesem Sinne kommt dem Fetisch eine zusammenhaltende Funktion zu, die in sich erregend-lustvolle und angstabwehrende Qualitäten vereinigt. Auch in der Behandlung des Fetischs lassen sich oft die beiden Strebungen der Verleugnung und der Akzeptanz der Kastration in der Form von sowohl zärtlichem als auch feindseligem Verhalten dem Fetisch gegenüber beobachten, wofür Freud den Zopfabschneider und die gebundenen Füße chinesischer Frauen als Beispiele anführt.

5. Etappe: Universalisierung (1938)

Es ist bemerkenswert, dass Freud in zwei seiner allerletzten Schriften erneut auf den Fetischismus zu sprechen kommt. Sowohl in seiner Arbeit *Die Ichspaltung im Abwehrvorgang* (1940e [1938]) als auch in seinem großen, unvollendet gebliebenen Vermächtnis *Abriss der Psychoanalyse* (Freud 1940a [1938]) werden Aspekte der in der Fetischismus-Arbeit erarbeiteten Position aufgenommen und weiterentwickelt. Über die Beweggründe, die Freud an seinem Lebensabend zur Beschäftigung mit diesem Phänomenbereich drängten, kann nur spekuliert werden. Es erscheint plausibel, ein zunehmendes Bewusstsein für die Fragilität der Ich-Integration als einen wichtigen Faktor hierfür anzunehmen. Grubrich-Simitis bringt dies in Zusammenhang mit einer Re-Aktivierung frühkindlicher Traumatisierungen Freuds durch die Nazi-Verfolgung, die bekanntermaßen zur erzwungenen Emigration Freuds nach London im Jahr 1938 führte. Dadurch ausgelöste Gefühle von hilfloser Abhängigkeit und tödlicher Bedrohung hätten zu einer erhöhten Sensibilisierung und Interesse für traumabedingte Ich-Veränderungen und Ich-Spaltungen geführt, die als wesentliche theoretische Neuerungen in den letzten Werken Freuds angesehen werden können (Grubrich-Simitis 1993, 285–286). Es ist nun auch nicht mehr das spezifische Interesse am Fetischismus leitend, vielmehr erachtet Freud ihn nur »als ein besonders günstiges Studienobjekt« (Freud 1940a [1938], 134) für diese archaischen psychischen Prozesse. Es lässt sich in diesem Sinne eine Universalisierung der zuerst in Bezug auf den Fetischismus beschriebenen Mechanismen beobachten, die auf den metapsychologischen Status des Konzepts im Spätwerk Freuds verweisen. Pontalis vergleicht den Fetischismus in dieser Hinsicht mit dem Narzissmus und dem Masochismus als eine der »Grundstrukturen des ›Seelischen‹« (Pontalis 1972, 13–14), deren Enthüllung auf die gesamte psychoanalytische Theorie ausstrahlt.

Interessanterweise beginnt Freud seine Arbeit *Die Ichspaltung im Abwehrvorgang* mit einem Moment des Zweifels ob des Neuigkeitswerts der gemachten Beobachtungen: »Ich befinde mich einen Moment lang in der interessanten Lage nicht zu wissen, ob das, was ich mitteilen will, als längst bekannt und selbstverständlich oder als völlig neu und befremdend gewertet werden soll. Ich glaube aber eher das letztere« (Freud 1940e [1938], 59). Chasseguet-Smirgel konstatiert hier ein eigentümliches »Vergessen« der im Fetischismus-Aufsatz bereits angestellten Überlegungen und eine Form von »unheimlichen Wiedererinnern«, das mit den oben erwähnten äußerst schwierigen Lebensumständen Freuds zu dieser Zeit in Verbindung gebracht werden könnte (Chasseguet-Smirgel 1989). Während der im Folgenden beschriebene Mechanismus der Ich-Spaltung in der Tat schon in der Schrift von 1927 zumindest vorgezeichnet ist, erscheint das spezifisch Neue am ehesten in der veränderten Perspektive und der Ausweitung des Wirkungsbereichs der dort erstmals beschriebenen Vorgänge zu liegen. Denn Freud spricht nun ganz allgemein von einer Form der Konfliktlösung zwischen Triebanspruch und Realität bei Einwirkung eines psychischen Traumas, in der einerseits die Realität der Gefahr anerkannt, andererseits jedoch auch die Triebbefriedigung nicht aufgegeben wird. Als konkretes Fallbeispiel dient Freud wiederum ein Knabe, der auf den Anblick des weiblichen Genitals mit der Entwicklung eines Fetischs antwortete, der in bekannter Weise als Ersatz für den Penis der Mutter dienen sollte. Dadurch konnte einerseits die Realität der Kastration geleugnet werden und die Masturbationstätigkeit weitergeführt werden, da ja nun der Kastrationsdrohung kein Glaube geschenkt werden musste. Andererseits deutete die Entwicklung einer neurotischen Symptomatik gleichzeitig auf die Anerkennung der Kastration hin, die sich in einer intensiven Angst vor dem Vater sowie einer ängstlichen Empfindsamkeit der kleinen Zehen gegen Berührungen zeigte.

Freud legt den Schwerpunkt auf zwei Aspekte dieses Geschehens. Zum einen auf den spezifischen Umgang mit der Realität, den Freud als »geschickte Lösung« (Freud 1940e [1938], 60) bzw. »kniffige Behandlung der Realität« (Freud 1940e [1938], 62) bezeichnet. Die Nähe zur psychotischen Ablösung von der Realität ist zwar gegeben, jedoch erfolgt in diesem Fall keine vollständige Loslösung: »Der Knabe hat nicht einfach seiner Wahrnehmung widersprochen, einen Penis dorthin halluziniert, wo keiner zu sehen war, sondern er hat nur eine Wertverschiebung vorgenommen, die Penisbedeutung einem anderen Körperteil übertragen [...]« (Freud 1940e [1938], 61). Hier siedelt Freud den fetischistischen Mechanismus eindeutig auf einer symbolischen Bedeutungsebene an im Gegensatz zur konkretistischen psychotischen Lösung, die ganz auf der Ebene der Wahrnehmung verbleibt. Die Folgen dieser Realitätsverleugnung sind dennoch gravierend, wie Freud an der zentralen Stelle des Textes vermerkt: »Der Erfolg [der Konfliktlösung, VB] wurde erreicht auf Kosten eines Einrisses im Ich, der nie wieder verheilen, aber sich mit der Zeit vergrößern wird. Die beiden entgegengesetzten Reaktionen auf den Konflikt bleiben als Kern der Ichspaltung bestehen« (Freud 1940e [1938], 60). Die Spaltung betrifft in dieser Konzeption nicht eine Teilung entlang der Grenzen der verschiedenen Instanzen – bspw. zwischen Ich und Überich oder in den Formulierungen der ersten Topik zwischen Bewusstsein und Unbewusstsein –, was als ein intersystemischer Abwehrmechanismus angesehen werden kann, sondern sie führt zu einer Beeinträchtigung und Zerteilung innerhalb des Ichs selbst, also ein intrasystemischer Prozess. Die im Strukturmodell zu den Wesensmerkmalen des Ichs gehörenden Synthesebestrebungen werden hier als nicht selbstverständlich erkannt: »Die so außerordentlich wichtige synthetische Funktion des Ichs hat ihre besonderen Bedingungen und unterliegt einer ganzen Reihe von Störungen« (Freud 1940e [1938], 60). Auf einer vertiefenden Untersuchung dieser primitiven Stufen der Ich-Entwicklung und deren Störungen beruhen eine Vielzahl der wesentlichen postfreudianischen Weiterentwicklungen der psychoanalytischen Wissenschaft, wie sie sich bspw. in den Arbeiten von Melanie Klein, Donald Winnicott oder Wilfred Bion finden.

Freud greift diese Überlegungen zum Fetischismus unter diesen Gesichtspunkten noch einmal in seinem postum veröffentlichten *Abriss der Psychoanalyse* (1940a [1938]) auf, in dem er im Angesicht der realen Gefahr der Auslöschung der psychoanalytischen Bewegung durch den Nationalsozialismus versucht, die wesentlichen Erkenntnisse der Psychoanalyse für die Nachwelt zu sichern. Während der Großteil des Werks Bekanntes in kondensierter Form präsentiert, finden sich im 8. Kapitel »Der psychische Apparat und die Außenwelt« noch neuartige Überlegungen, die paradigmatisch beim Fetischismus beschriebene Vorgänge betreffen. Wiederum verweist Freud auf den Mechanismus der Verleugnung, der zur Ichspaltung im Sinne eines Nebeneinanderbestehens sowohl realitätsgerechter als auch realitätsabgewandter Einstellungen führt. An dieser Stelle erweitert Freud nun den Anwendungsbereich dieser Beobachtungen über das Feld des Fetischismus bzw. der Perversionen hinaus:

> »Man darf nicht glauben, dass der Fetischismus einen Ausnahmsfall in Bezug auf die Ichspaltung darstellt, er ist nur ein besonders günstiges Studienobjekt dafür [...] Solche Verleugnungen fallen sehr häufig vor, nicht nur bei Fetischisten, und wo immer wir in die Lage kommen, sie zu studieren, erweisen sie sich als halbe Massregeln, unvollkommene Versuche zur Ablösung von der Realität. Die Ablehnung wird jedesmal durch eine Anerkennung ergänzt, es stellen sich immer zwei gegensätzliche von einander unabhängige Einstellungen her, die den Tatbestand einer Ichspaltung ergeben« (Freud 1940a [1938], 134–135).

Diese Formulierungen markieren den Abschluss der über drei Jahrzehnte umfassenden Auseinandersetzung Freuds mit dem Fetischismus. Das Erkenntnisinteresse an dieser spezifischen Sexualpathologie wird letztlich in der Universalisierung als metapsychologische »Grundstruktur des Seelischen« (Pontalis 1972) aufgehoben.

## Rezeption von Freuds Schriften zum Fetischismus

Psychoanalytische Rezeption

Die Rezeptionsgeschichte von Freuds Schriften zum Fetischismus innerhalb der psychoanalytischen Gemeinschaft spiegelt in ihrer Mannigfaltigkeit einerseits den Facettenreichtum der Freud'schen Beschäftigung mit dem Phänomen und andererseits die Komplexität der Entwicklung der psychoanalytischen Lehre nach Freud wider. In Übereinstimmung mit der Bewegung innerhalb Freuds Werk, in welchem der Fetischismus zunächst als spezifische Sexualpathologie untersucht wird, bevor er schrittweise eine Bedeutung als »Grundstruktur des Seelischen« annimmt, das in weite Teil der Freud'schen Metapsychologie ausstrahlt, fächert sich auch die innerpsychoanalytische Rezeption entlang dieses breiten Spektrums auf. Aufgrund des Umfangs der einschlägigen Literatur muss sich dieser kurze Überblick auf eine schlaglichtartige Darstellung einiger zentraler Positionen und Themen beschränken.

Zeitgenössische Rezeption

Die sich in den Anfangsjahren der psychoanalytischen Bewegung um Freud formierende Gruppe zeigte spätestens seit dem Erscheinen von Freuds *Drei Abhandlungen zur Sexualtheorie* (1905) großes Interesse an Fragen der menschlichen Sexualität und den Perversionen. Die publizierten Ausführungen Freuds zum Fetischismus blieben über lange Zeit auf die knappen Passagen in besagter Schrift beschränkt, in welchen Freud zwar das große mit dem Fetischismus verknüpfte Erkenntnisinteresse hervorhob, dieses gleichwohl noch nicht näher bestimmte. Die Verbreitung der wesentlichen Ideen Freuds zum Fetischismus blieb so zunächst auf die mündliche Vortragstätigkeit im Kreise seiner engsten Mitstreiter der Mittwoch-Gesellschaft bzw. der Wiener Psychoanalytischen Vereinigung sowie den brieflichen Austausch – vor allem mit Karl Abraham – beschränkt.

*Karl Abraham*
Den intensivsten inhaltlichen Austausch zum Fetischismus in diesen Anfangsjahren gab es mit Karl Abraham. Dieser wendet sich im Februar 1909 an Freud, um dessen Ansichten bezüglich eines Falls von Fuß-Fetischismus (ein 6-jähriges Mädchen, das gegenseitige Onanie mittels Fuß mit dem Bruder betrieben hatte) einzuholen (Brief 64 A, 14.2.1909). Freud antwortet ausführlich mit einer Kurzfassung der Thesen, die er einige Tage später in seinem Vortrag »Zur Genese des Fetischismus« in der Mittwoch-Gesellschaft vortragen sollte, insbesondere zur Bedeutung der Partialverdrängung von Schau- und Riechtrieben (Brief 65 F, 18.2.1909). Im Mai 1909 erkundigt sich Abraham nach Freuds Einschätzung der therapeutischen Beeinflussbarkeit eines von ihm behandelten Falls von Fuß- und Kleiderfetischismus (Brief 72 A, 15.5.1909), wobei im veröffentlichten Schriftverkehr keine diesbezügliche Antwort von Freud zu finden ist. Der Fetischismus ist schließlich auch ein Thema in den persönlichen Gesprächen zwischen den beiden im September 1909, als Freud Abraham für einige Tage in Berlin nach der Rückkehr von seiner Amerika-Reise besuchte. Im Februar 1910 verweist Abraham in einem Brief (83 A, 22.2.1910) auf diese Gespräche und bittet Freud um die damals zugesagte Überlassung von Fall-Material für einen von ihm geplanten Vortrag zum Fetischismus. Freud antwortet bereitwillig mit einem Überblick über einen von ihm behandelten Fall von Kleider- und Stiefelfetischismus, der als Beleg für die Bedeutung der Verdrängung der koprophilen Riechlust dient. Ebenso weist er Abraham auf die Bedeutung des Fetischs als Ersatz für den schmerzlich vermissten supponierten Penis der Frau hin, die Freud im Zuge seiner Arbeit an der Leonardo-Studie erkannt hatte (Brief 84 F, 24.2.1910).

Abraham hält schließlich im März 1910 auf der 2. Internationalen Psychoanalytischen Tagung in Nürnberg seinen Vortrag *Bemerkungen zur Psychoana-*

*lyse eines Falles von Fuß- und Korsettfetischismus.* Darin präsentiert er die Fallgeschichte eines 22-jährigen Studenten mit fetischistischen Vorlieben für enggeschnürte Korsette, hochhackige Stiefel und Frauenfüße sowie dem Wunsch, eine Frau zu sein bzw. sich wie eine Frau zu kleiden. Die Deutung erfolgt streng nach den von Freud im Briefwechsel skizzierten Theorien, die zumindest den Wiener Teilnehmer:innen des Kongresses von Freuds Vortrag vom Februar 1909 bekannt waren. Als konstitutionelle Grundlage erkennt Abraham eine abnorme Stärke mehrerer Partialtriebe, nämlich Schautrieb, sadistischer Trieb und der koprophilen Riechlust. Diese unterliegen einer je unterschiedlich gelungenen Partialverdrängung: »Die *gemeinsame Verdrängung der koprophilen Riechlust, der Schaulust und der sexuellen Aktivität* hat zur Entstehung von *Ersatzbildungen* geführt; eben diese bilden die charakteristischen Eigentümlichkeiten des Fußfetischismus« (Abraham 1911, 237). Abraham betont wie Freud die grundlegende Bedeutung der Analerotik sowie die Rolle der Idealisierung (der Fäzes, …) in der Herausbildung des Fetischs. Schließlich greift Abraham auch Freuds Hinweis zur Deutung des Fetischs als Ersatz für den vermissten Penis des Weibs zustimmend auf. Abrahams ein Jahr später im *Jahrbuch für psychoanalytische und psychopathologische Forschung* veröffentlichter Vortrag (Abraham 1911) kommt aufgrund der engen Anlehnung an Freuds Theorien, die ja großteils unveröffentlicht blieben, ein exemplarischer Charakter für das frühe (Freud'sche) psychoanalytische Fetisch-Verständnis zu. In Abrahams späterem Werk spielt der Fetisch keine Rolle mehr und auch in der Korrespondenz mit Freud findet er nach 1912 keine Erwähnung mehr.

*Isidor Sadger und Hermine von Hug-Hellmuth*
Schon am ersten internationalen psychoanalytischen Kongress in Salzburg 1908 präsentierte Isidor Sadger, seit 1906 Mitglied der Mittwochsgesellschaft / Wiener Psychoanalytischen Vereinigung, unter dem Titel *Zur Ätiologie der konträren Sexualempfindung* den Fall eines männlichen Homosexuellen mit Handschuhfetischismus, ohne jedoch theoretisch näher auf den Fetischismus einzugehen (Sadger 1909). Sadger war anschließend anwesend bei Freuds Vortrag zur *Genese des Fetischismus* (1909) in der Wiener Psychoanalytischen Vereinigung und brachte sich mit dem erwähnten Fallbeispiel in die anschließende Diskussion ein. Gestützt auf die Freud'schen Überlegungen intensivierte Sadger seine Auseinandersetzung mit dem Fetischismus in mehreren Arbeiten (1913a, 1913b, 1914), wobei er bis auf die Betonung der engen Verbindung von Fetischismus mit Masochismus und Narzissmus kaum eigenständige Akzente setzte, sondern vorrangig Bestätigung für die Freud'schen Theorien anhand von ausführlichen Kasuistiken vorbrachte. So betonte er nun beim schon am Salzburger Kongress vorgestellten Patienten die Bedeutung der Schau- und koprophilen Riechlust, die der Verdrängung unterlag, sowie der infantilen Masturbation, die zu unsauberen

Händen geführt hatte: »Die nackte, unsaubere Hand wird verdrängt, dafür aber der sie bedeckende Handschuh zum Fetisch erhoben« (Sadger 1913a, 200). In einer Überblicksarbeit zum psychoanalytischen Wissensstand zur Perversion (Sadger 1914) referiert Sadger ausführlich die bis dahin unpublizierten Positionen Freuds zum Fetischismus von dessen Vortrag von 1909: »Den Kern seiner Ausführungen will ich hersetzen. Es handle sich bei dieser Perversion um eine partielle oder völlige Verdrängung eines oder zweier sexueller Teiltriebe (Riech-, Schaulust, masturbatorische Betätigung ad membrum), dann ferner um Spaltung des Komplexes, auf den sich jene Triebe beziehen, und endlich auch meist noch um eine Verschiebung. Bei der Spaltung wird ein Stück verdrängt, der Rest hingegen ohne oder mit Verschiebung des Objektes zum Fetisch erhoben, d. h. idealisiert« (Sadger 1914, 308–309). Ebenso erwähnt Sadger Freuds Theorie, dass es sich beim Fetisch um ein Ersatzobjekt für den schwer vermissten Penis des Weibes handle. Diese Grundbausteine einer Fetisch-Theorie sieht er durch die nachfolgende psychoanalytische Forschung bestätigt und verweist hier zum einen auf die angeführten eigenen Arbeiten, zum anderen auf die Studien Karl Abrahams.

Hermine von Hug-Hellmuth, eine Analysandin Sadgers und eine der Pionierinnen der Kinderanalyse, publizierte 1915 einen der ersten psychoanalytischen Berichte über einen Fall von weiblichem Fetischismus (von Hug-Hellmuth 1915). Der kurze Artikel über einen *Fall von weiblichem Fuß-, richtiger Stiefelfetischismus* beschränkt sich vorrangig auf eine Beschreibung des Phänomens mit kurzen Verweisen auf die bekannten Freud'schen Deutungsmuster (vermittelt über Abrahams Fetisch-Aufsatz). Dennoch leistete von Hug-Hellmuth mit ihrer Arbeit einen – weitgehend unbeachtet gebliebenen (Richards 1990) – frühen Beitrag zur kontroversen psychoanalytischen Debatte über das Wesen bzw. die Existenz von Fetischismus und Perversionen bei Frauen (Becker 2002; Welldon 2008).

*Wilhelm Stekel*
Die zweifellos umfangreichste Beschäftigung mit dem Fetischismus der frühen Psychoanalyse findet sich bei Wilhelm Stekel, einer schillernden Persönlichkeit mit einem konfliktreichen Verhältnis zu Freud und zur institutionalisierten Psychoanalyse. Als einer der ersten und engsten Weggefährten Freuds war er Gründungs-Vizepräsident der Wiener Psychoanalytischen Vereinigung und Schriftleiter des Zentralblatts für Psychoanalyse bevor es 1912 nach Konflikten auf mehreren Ebenen (persönlich, vereinspolitisch, wissenschaftlich) zum Bruch mit Freud kam. Stekels in mehreren Artikeln (Stekel 1914) und schließlich in einem umfangreichen Buch (Stekel 1923) veröffentlichte Ansichten zum Fetischismus entfernen sich inhaltlich in vieler Hinsicht weit von den sich parallel konstituierenden metapsychologischen und technischen Grundannahmen der

Freud'schen Psychoanalyse. So betont Stekel insbesondere eine religiöse Komponente in der Genese der Fetischismus, den er als eine Form von »Christusneurose« erachtete: »Der Fetischismus ist eine Ersatzreligion. Er bietet seinem Träger in Form einer Perversion eine neue Religion, in der er seinem Bedürfnis nach Glauben gerecht werden kann. Er entspringt aus einem Kompromisse zwischen einer übermächtigen Sexualität und einer starken Frömmigkeit« (Stekel 1914, 268). Stekels Schriften zum Fetischismus beinhalten eine enorme Menge an Fallmaterial und vielfältige, sich stark auf die Traumanalyse stützende Deutungsansätze, wobei sich eine übergeordnete Synthese im Sinne einer systematischen Theoriebildung kaum erkennen lässt. Dies gilt insbesondere für sein fast 600 Seiten umfassendes Buch *Fetischismus, dargestellt für Ärzte und Kriminologen*, das als Band VII seines Hauptwerks, den *Störungen des Trieb- und Affektlebens (Die parapathischen Erkrankungen)*, 1923 erschien. Freud hatte schon vor dem offiziellen Bruch 1912 ein äußerst ambivalentes Verhältnis zu Stekel, wobei er dessen große Intuition für das Unbewusste anerkannte, jedoch große Zweifel an dessen Fähigkeiten zum wissenschaftlichen Arbeiten hegte. So schrieb er bereits 1909 an Jung: »Er [Stekel] ist ein zucht- und kritikloser Mensch, der alle Disziplin verdirbt [...]. Das Malheur ist nur, dass er von uns allen die beste Spürnase für den Sinn des Unbewussten hat. Denn er ist ein absolutes Schwein, und wir sind eigentlich anständige Leute, die sich doch nur widerwillig der Evidenz ergeben [...]« (Brief 160F, Freud/Jung, 285). Und anlässlich der Veröffentlichung von Stekels Buch *Die Sprache des Traumes* 1911 schrieb Freud wiederum an Jung: »Stekels neues Buch ist wie immer inhaltsreich – das Schwein findet Trüffeln – aber sonst eine Schweinerei, ohne Versuch einer Zusammenfassung voll von hohlen Allgemeinheiten und neuen schiefen Verallgemeinerungen, mit einer unglaublichen Schlamperei gemacht. [...]. Er repräsentiert das unkorrigierte, perverse Unbewusste [...]« (Brief 240F, Freud/Jung, 446). Man darf vermuten, dass Freud eine ähnlich scharfe Kritik auch Stekels Buch zum Fetischismus gegenüber geäußert hätte, wenn er es gelesen hätte. Doch das wollte Freud unbedingt vermeiden, als er sich 1927 an die Abfassung seines Artikels über den Fetischismus machte. Freud wendet sich in dieser Sache an Fritz Wittels, den Autor der ersten unautorisierten Freud-Biografie, der eine Analyse bei Stekel absolviert hatte und in engerem Kontakt mit diesem stand.[23]

---

23 Dieses Vorgehen erwähnt Freud auch in einem Brief an Ferenczi vom 5. August 1927: »Ein merkwürdiger Umstand zwingt mich, das Manuskript [den Fetischismus-Aufsatz] noch zurückzuhalten. Stekel hat bekanntlich ein dickes Buch über den Gegenstand geschrieben; ich kann mich nicht überwinden, es zu lesen, und muß doch wissen, ob nicht zufälligerweise meine Lösung bei ihm gestreift wird. So habe ich an Wittels um Auskunft geschrieben und muß seine Antwort abwarten. Ich kann mir vorstellen, daß jemand in ein Zimmer seines Hauses nicht hineingehen kann, weil ein anderer auf die Schwelle etwas hingemacht hat« (Freud/Ferenczi, 159). Zum wechselhaften Verhältnis zwischen Freud und Wittels, bei dem

Brief an Wittels vom 31. Juli 1927 (Timms, 153):

*Lieber Herr Doktor*
*Sie werden sich vielleicht wundern, daß ich Sie um eine literarische Gefälligkeit bitte, aber Sie werden mich gewiß bald verstanden haben. Ich habe in diesen letzten Jahren mehrere Analysen von Fetischismus anstellen können u. dabei jedesmal eine überraschend einfache Lösung gefunden. Diese will ich nun zum Gegenstand einer kleinen Mitteilung machen. Es gibt aber jemand, der ein dickes Buch über den Gegenstand geschrieben hat. Nach allen Regeln des wissenschaftlichen Betriebs sollte ich das Buch lesen u. mir wenigstens die Sicherheit holen, daß der findige jemand nicht schon meine Lösung gefunden hat, so wenig wahrscheinlich dies auch sein mag. Allein – ich bringe mich nicht dazu, kann einen inneren Widerstand von der Art eines Reinlichkeitsinstinktes nicht überwinden. Ich weiß schon, daß dies nicht recht ist, aber im Alter wird man leicht absonderlich und sucht seinen Eigensinn festzuhalten.*
*Was ich an Ihrer Vergangenheit sonst so sehr bedauere wird mir diesmal verwertbar. Sie kennen gewiß das Buch von Stekel über den Fetischismus. Läßt es sich machen, daß Sie mir in wenigen Sätzen angeben, zu welchem Ergebnis dieser Autor über die Natur u. Absicht des Fetisch kommt? Die Bitte besteht natürlich nur für den Fall, daß er ein solches Ergebnis ausspricht und daß es Ihnen nicht zu beschwerlich wird, es herauszuschälen, im anderen Falle sagen Sie mir auf einer Postkarte ab, in jedem Falle schweigen Sie aber gefälligst über dies Eingeständnis meiner Idiosynkrasie, die ich mir schwer erworben habe.*
*Mit herzlichem Gruß*
*Ihr Freud*

Wittels teilt Freud daraufhin mit, dass Stekel den Fetisch auf zehn verschiedene Determinanten im Unbewussten des Perversen zurückführt (Timms, 154), woraufhin Freud ihm dankend zurückschreibt:

Brief von Freud an Wittels vom 8. August 1927 (Timms, 154):

*Lieber Doktor*
*Ich danke Ihnen sehr. Sie haben mir einen guten Dienst geleistet und meine Publikation erst ermöglicht. Ich will Ihnen dafür gerne verraten – aber behalten Sie es für sich, daß der Fetisch nichts zehnfaches sondern etwas recht einfaches ist, nämlich der Ersatz für den einst geglaubten und so hoch geschätzten Penis des Weibes (der Mutter), also eine Schöpfung des Trotzes gegen die Kastration und ein Schutz gegen die Homosexualität.*
*Mit herzlichem Gruß*
*Ihr Freud*

---

wiederum dessen Verhältnis zu Stekel eine entscheidende Rolle spielte, siehe Timms (1996) und Götz (2008).

## Postfreudianische Entwicklungen

### Objekte des Fetischismus

Das Erscheinen des von Jean-Bertrand Pontalis als Nummer 2 der *Nouvelle Revue de Psychoanalyse* herausgegebenen Sammelbands *Objets du fétichisme* (*Objekte des Fetischismus*, Pontalis 1972) stellt zweifellos einen Meilenstein in der postfreudianischen Rezeptionsgeschichte des Fetischismus dar. Pontalis versammelt darin zum einen zentrale psychoanalytische Arbeiten zum Fetischismus aus dem französischen und englischen Sprachraum, zum anderen finden sich darin auch einschlägige Texte von Ethnologen, Kulturwissenschaftlern und Philosophen, die die interdisziplinäre Fruchtbarkeit des Fetisch-Konzepts bezeugen.

In seinem einleitenden Beitrag nimmt Pontalis die Frage nach dem Grund des großen psychoanalytischen Interesses am Fetischismus auf, wo doch das Phänomen selbst für die Klinik wenn überhaupt die Rolle eines Nebenbefundes spielt. Er sieht diesen zum einen im Anschluss an Binet und Freud in der Verknüpfung mit dem universellen Phänomen der Liebe gegeben, wonach jeder in der Liebe ein wenig Fetischist sei. In diesem Sinne könne »[…] der Fetischismus […] dem psychoanalytischen Zugriff der Objektbeziehungen als *Modell* dienen, so wie z. B. eine Randerscheinung wie das Vergessen von Namen von exemplarischen Wert für die Zergliederung der Mechanismen war, nach denen sich die Bildungen des Unbewußten formen« (Pontalis 1972, 9). Zum anderen weist Pontalis darauf hin, dass Freud explizit das theoretische Interesse hervorhebt, das die Aufklärung des Fetischismus begleitet (Freud 1927, 315). Er kritisiert in diesem Sinne auch eine von ihm beobachtete verbreitete Tendenz der postfreudianischen Analytiker, die von Freud aufgestellte Gleichung »Fetisch = mütterlicher Penis« nur immerfort um prägenitale Ingredienzen zu erweitern, ohne die in der Fetischismus-Analyse berührten metapsychologischen Dimensionen ausreichend zu berücksichtigen. Diese setzen sich für Pontalis vorrangig aus drei Elementen zusammen:

1. Die Betonung der Bedeutung des Kastrationskomplexes und der symbolischen Wirksamkeit des Geschlechtsunterschieds.
2. Die Herausarbeitung einer spezifischen Form des Glaubens, der auf der Verleugnung gegründet ist.
3. Der Bezug des Ichs zur Realität, der durch eine Ich-Spaltung gekennzeichnet ist und nebeneinanderstehende, nicht dialektisch aufeinander bezogene psychische Einstellungen umfasst.

Pontalis argumentiert, dass es für die fruchtbare Weiterentwicklung des Freud'schen Erbes hilfreich sein könnte, diese Aspekte nicht stets als Komplex zu betrachten, sondern auch das begriffliche Potenzial der einzelnen Elemente gesondert voneinander auszuloten. Hier verweist Pontalis exemplarisch auf Freuds bereits im Fetischismus-Aufsatz vollzogene Anwendung des Begriffs der Verleugnung auf den Umgang von zwangsneurotischen Patienten mit dem Tod naher Angehöriger. Man könnte zu dem Schluss gelangen, dass diese Vorschläge von Pontalis bei den nachfolgenden Psychoanalytiker:innen Gehör gefunden haben, lässt sich doch in den seit dem Erscheinen des Sammelbands vergangenen gut 50 Jahren eine rückläufige Tendenz in der explizit dem Fetischismus gewidmeten psychoanalytischen Forschung beobachten, wohingegen die einzelnen von Freud im Fetisch-Kontext entdeckten Mechanismen – (Ich-)Spaltung, Verleugnung, verzerrter Realitätsbezug – weiterhin im Zentrum der aktuellen psychoanalytischen Debatten stehen.

Im selben Band unternimmt Dorey (1970) eine Periodisierung der Freud'schen Beschäftigung mit dem Fetischismus, die jedoch durch das spätere Erscheinen von wichtigen zuvor unveröffentlichten Beiträgen, insbesondere die Vorträge von 1909 und 1914, nur mehr eingeschränkt zutreffend ist. Dennoch liefert er daran angelehnt einen beachtenswerten Versuch der thematischen Gliederung der englischsprachigen psychoanalytischen Studien zum Fetischismus, an die auch der hier vorgelegte Überblick angelehnt ist. Die von Dorey herausgearbeiteten zentralen Themen beinhalten zunächst die Frage nach der Natur des Fetischobjekts, wie sie vor allem in den frühen Freud'schen Schriften vorgezeichnet ist. Der nächste Themenbereich umfasst die Bedeutung des Kastrationskomplexes und den Stellenwert prägenitaler Faktoren in der Ätiologie des Fetischismus. Ein weiterer Schwerpunkt wird durch die genauere Analyse des Ichs des Fetischisten gesetzt, was eine Untersuchung der dominierenden Abwehrmechanismen und Identifizierungen miteinschließt. Der letzte Themenkomplex besteht aus der nosologischen Frage nach dem Status der Perversion zwischen Neurose und Psychose, wie sie in Freuds letzten Schriften gestellt wird.

*Die prägenitale Dimension des Fetischismus*
In Freuds Verständnis des Fetischismus als klinischem Phänomen blieb dieser stets auf den Kastrationskomplex und damit die phallische Libidoentwicklungsphase bezogen. Dem Fetisch kommt die doppelte Funktion der Verleugnung und Anerkennung der Kastration zu. Im Zuge anwachsender klinischer Erfahrung sowie allgemeiner Verschiebungen der psychoanalytischen Metapsychologie erkannten nachfolgende Psychoanalytiker:innen zunehmend die Bedeutung prägenitaler Konflikte für die Genese des Fetischismus. Aufbauend auf den Arbeiten von Melanie Klein und Donald Winnicott rückten Aspekte der infantilen, präödipalen Beziehung zur Mutter bzw. zum Primärobjekt ins Zentrum der Überlegungen. So betonte Sylvia Payne (1939) die Schutzfunktion des Fetischs gegen prägenitale sadistische Strebungen und die damit verknüpften Ängste vor der Zerstörung des Objekts (vgl. auch Gillespie 1940). Aus Ich-psychologischer Perspektive unterstrich Robert Bak die Bedeutung verstärkter

Trennungsangst aufgrund einer ausgeprägten Ich-Schwäche sowie prägenitale Fixierungen (Analerotik) für die Ausbildung eines Fetischs (Bak 1953). Phyllis Greenacre untersuchte in mehreren einflussreichen Studien die Rolle eines gestörten Körperbildes für die Genese einer fetischistischen Perversion (Greenacre 1953, 1955, 1960). Nach Greenacre führen gestörte Beziehungserfahrungen in den ersten Lebensmonaten zur Entwicklung eines instabilen Körperbildes mit unsicheren Grenzen und dem Persistieren von körperlichen Desintegrationsängsten. Dem als unwandel- und unzerstörbar angenommenen Fetischobjekt kommt in diesem Modell primär eine das Körperbild stabilisierende Funktion zu. Im Anschluss an Winnicott arbeitet Greenacre ferner die Unterschiede zwischen dem Übergangsobjekt und dem Fetischobjekt heraus (Greenacre 1969, 1970; vgl. auch Smirnoff 1970). Dem Übergangsobjekt kommt bekanntlich in Winnicotts Überlegungen eine progressive Rolle in der normalen Entwicklung in Richtung auf reife Beziehungen mit als getrennt wahrgenommenen »objektiven« Objekten zu, die mit einer graduellen Abnahme an Omnipotenz und zunehmender Desillusionierung verknüpft ist (Winnicott 1969). Demgegenüber verkörpert das Fetischobjekt einen gescheiterten Desillusionierungsprozess und dient der Aufrechterhaltung der omnipotenten Kontrolle über die Objekte. Auch für Masud Khan ist die fetischistische Perversion mit einem kollabierten Übergangsraum assoziiert. Eine frühkindliche Fehlanpassung bzw. ein übermäßiger Verstoß (»impingement«) durch das (mütterliche) Objekt führt zu kompensatorischer vorzeitiger Ich-Entwicklung und zur Bildung eines montierten inneren Objekts in der psychischen Realität an Stelle des Übergangsobjekts in der normalen Kindesentwicklung (Khan 1969). Dieses montierte innere Objekt drängt nach Externalisierung und Aktualisierung in einem realen, externen Objekt im Sinne des perversen sexuellen Geschehens. Khan betont die Bedeutung der im Fetisch verkörperten omnipotenten Kontrolle zur Abwehr archaischer Ängste vor Vernichtung oder Getrenntheit bzw. allgemeiner zum Schutz vor einem psychotischen Zusammenbruch (Khan 1965).

Exemplarisch für eine Kleinianische Perspektive auf den Fetischismus kann ein Artikel von Betty Joseph (1971) gelten, der vor allem behandlungstechnische Aspekte in der Arbeit mit Patient:innen mit einer fetischistischen Perversion in den Blick nimmt. Der Fetischismus ist darin eng mit einer narzisstischen Charakterstruktur (Rosenfeld 1971) assoziiert und Omnipotenz sowie die Abwehr von Gefühlen von Neid und Abhängigkeit dominieren das klinische Bild. Der ursprünglich von Freud in Zusammenhang mit dem Fetischismus erstmalig beschriebene Mechanismus der Spaltung ist im Kleinianischen Verständnis einer der grundlegenden Abwehrmechanismen, der auf infantiler Ebene in der normalen Entwicklung oder in pathologischer Form bei schweren Persönlichkeitsstörungen oder psychotischen Erkrankungen zum Einsatz kommt (vgl. auch Katan 1964). Unerträgliche Gefühle oder Persönlichkeitsanteile (bspw. Neid,

Aggression, oder abhängige Anteile) werden abgespalten und mittels projektiver Identifizierung in den Objekten untergebracht (Feldman 1992). In dieser dezidiert klinischen Orientierung wird der Fokus vorrangig auf die fetischistische Objektbeziehung gelegt, die sich in der Übertragungsbeziehung zur/m Analyiker: in aktualisiert (Joseph 1971). Beim Fetischismus bzw. generell bei der Perversion lässt sich häufig eine sadomasochistische Sexualisierung der Übertragungsbeziehung beobachten, die vorrangig als Abwehr von Trennungserfahrungen und Gefühlen von Abhängigkeit verstanden werden kann.

*Fetisch und Phallus*
Im Unterschied zur Betonung der Bedeutung der prägenitalen und großteils präverbalen Dimension für das Verständnis der Genese des Fetischismus in der englischsprachigen analytischen Welt, rückt der französische Psychoanalytiker Jacques Lacan insbesondere in seiner durch den Strukturalismus von Lévi-Strauss und die Linguistik Ferdinand de Saussures geprägten »mittleren« Schaffensperiode in den 1950er Jahren die Sprache bzw. die symbolische Ordnung ins Zentrum seiner Analyse des Fetischismus (Lacan & Granoff 1956).[24] Freud hatte den Fetisch bekanntlich als Ersatz für den Phallus der Mutter gekennzeichnet, dabei jedoch keine klare begriffliche Unterscheidung zwischen Phallus und Penis vorgenommen. Nach Lacan kommt in dieser Beziehung der Unterscheidung zwischen realem Penis und symbolischem Phallus eine entscheidende Bedeutung zu (Lacan 1958). Der Phallus als Signifikant, als (privilegierter) Teil der symbolischen Ordnung, ist eng verknüpft mit einem Mangel, der primär bei der Mutter erfahren wird. Nach Lacan fungiert der Fetisch als Schleier, der diesen Mangel der Mutter verdeckt und somit eine perverse Verleugnung verkörpert (vgl. Lacan 2003, 177–231). Ganz im Sinne der schon im Freud'schen Werk zu beobachtenden Universalisierung des beim Fetischismus zunächst beschriebenen Mechanismus der Verleugnung wird dieser auch im Lacan'schen Theoriegebäude als grundlegend für die gesamte klinische Kategorie der Perversion angesehen. Die Lacan'schen Theorien, insbesondere seine Ausführungen zur symbolischen Dimension des Phallus und der damit verknüpften Geschlechtertheorie, wurden auch außerhalb der psychoanalytischen Welt – bspw. in den Kulturwissenschaften und den Gender Studies – vielfach rezipiert und – teilweise auch sehr kontrovers – diskutiert (Butler 1991; Funk & Bettinger 1996; Grosz 2002; Luepnitz 2003; Zizek 1992).

---

24 Es ist nicht möglich, im Rahmen dieses knappen Überblicks Lacans komplexe Theorie des Fetischismus detailliert nachzuzeichnen (vgl. hierfür Fink 2003, 2005; Swales 2012).

*Zwischen Neurose und Psychose: die Frage des Realitätsbezugs im Fetischismus*
Ein bedeutender Strang der psychoanalytischen Fetischismus-Rezeption legt besonderes Augenmerk auf den Aspekt des spezifischen Realitätsbezugs des Fetischisten. Freud hatte diesem Gesichtspunkt in seinen dem Fetischismus gewidmeten Schriften ab den 1920er Jahren zunehmend mehr Bedeutung beigemessen und mit dem Mechanismus der »Verleugnung« begrifflich zu fassen versucht. Ein zentrales Anliegen hierbei war die Klärung des metapsychologischen Status der Perversion in Bezug auf Neurose und Psychose. Während im Freud'schen Frühwerk die Perversion vor allem in ihrem Verhältnis zur Neurose definiert wurde, die Freud bekanntlich als »Negativ der Perversion« definierte, wurde in der späten Phase seines Schaffens zunehmend die Psychose zur nosologischen Kontrastfolie der Perversion. Hierbei maß Freud erneut dem Fetischismus eine paradigmatische Bedeutung bei, insofern er bei diesem eine der Psychose verwandte Ablösung von der Realität (Verleugnung) beobachten konnte, dies jedoch gleichwohl nicht zu einem allgemeinen Verlust der Realitätsprüfung im Sinne einer floriden psychotischen Erkrankung führte.

Noch zu Freuds Lebzeiten widmete der britische Psychoanalytiker Edward Glover dieser Thematik eine bemerkenswerte Untersuchung unter dem Titel *The relation of perversion-formation to the development of reality-sense* (Glover 1933). Glovers Anliegen ist die Klärung und Systematisierung der psychoanalytischen Nosologie unter der besonderen Berücksichtigung des Aspekts der Realitätsprüfung. Unter Rückgriff auf Überlegungen Melanie Kleins zur Bedeutung des Phantasielebens und der entscheidenden Rolle von Aggression und Angst sowie angelehnt an Abrahams Entwicklungsstufen der Libido ist Glover um die exaktere Verortung der Perversionen im psychoanalytischen Lehrgebäude bemüht. Denn diese ließen sich nicht zufriedenstellend auf der linearen Entwicklungsachse Abrahams zwischen Psychosen und Neurosen verorten. Das Fallbeispiel eines fetischistischen Patienten dient zur Untermauerung von Glovers Kernthese, wonach der Perversion eine entscheidende Bedeutung in der Aufrechterhaltung des Realitätssinns und der Abwehr von psychotisch-paranoider Fragmentierung zukommt (vgl. auch Riesenberg-Malcolm 2003). Eine Perversion kann nach Glover in vielen Fällen somit auch als Negativ einer Psychose fungieren. Allgemein sei die Perversion durch die Libidinisierung von (paranoider) Angst gekennzeichnet. Aus nosologischer Sicht plädiert Glover für eine eigenständige Entwicklungslinie der Perversion parallel zu der Achse, die von der Neurose über Übergangsformen zur Psychose führt.

Eine Vertiefung der Analyse der spezifischen Form des Realitätsbezugs im Fetischismus – verallgemeinert: in der Perversion – erfolgte durch die Arbeit der französischen Psychoanalytikerin Janine Chasseguet-Smirgel. In ihren umfangreichen Untersuchungen (Chasseguet-Smirgel 1986, 1989) erkannte sie im Anschluss an Freud im Fetischismus die paradigmatische Verkörperung einer Form von Realitätsverleugnung, die charakteristisch für das gesamte Feld der menschlichen Perversionen ist, wobei sie den Geltungsbereich dieser Überlegungen über das enge klinische Feld des Behandlungszimmers hinaus erweiterte und soziokulturelle Phänomene miteinbezog. In der Konzeption von Chasseguet-Smirgel stellt die Anerkennung des doppelten Unterschieds zwischen den Geschlechtern und den Generationen den Kern des Wirklichkeitsbezugs dar. Aufbauend auf Freuds späten Schriften konstatiert Chasseguet-Smirgel, dass diese beiden Aspekte durch die Erschaffung eines Fetischs verleugnet werden. Der Fetisch funktioniere wie ein Zauberstab, mittels dessen die Realität in omnipotenter Weise verändert werden kann, um Unterschiede zu nivellieren und Kränkungen und Verluste zu verleugnen. Chasseguet-Smirgel knüpft ferner explizit an die frühen Überlegungen Freuds zum Fetischismus an, wenn sie die entscheidende Rolle der Analität und der Idealisierung in dessen Genese hervorhebt. Der fetischistische (perverse) Umbau der Realität steht im Dienste der Aufrichtung eines analsadistischen Universums als differenzloser Sphäre, die die genitale Dimension ersetzen soll. Der Fetisch verkörpert den analen Phallus, der als der genitalen Potenz des Vaters überlegen propagiert wird und soll so dabei helfen, der Konfrontation mit der Realität der ödipalen Szene und den damit verknüpften Gefühlen von Ausgeschlossenheit (von der elterlichen Beziehung), Unzulänglichkeit und Impotenz auszuweichen. Chasseguet-Smirgel betont in ihrer Theorie einerseits die Rolle der prägenitalen Trennungs-Ängste, die durch den Fetisch gebannt werden sollen, andererseits anerkennt sie auch die Bedeutung des Kastrationskomplexes für die Entstehung des Fetischismus, indem sie die Funktion des Fetischs spezifisch als den Versuch der Angleichung der Kastrationsängste an frühere Angstsituationen definiert, wodurch die mit der Kastration verknüpfte endgültige Verlusterfahrung des Primärobjekts verleugnet werden soll. Im Fetischismus erfolge also eine fundamentale Umwandlung des Realitätsbezugs, der gleichwohl nicht zu einer wahnhaften Ersetzung der äußeren Realität wie in der Psychose führt, sondern durch illusionäre Verkennung und partielle Verleugnung charakterisiert ist.

Diese »kniffige Behandlung der Realität« (Freud 1940e [1938], 62) dient auch dem britischen Psychoanalytiker John Steiner als Grundlage seiner Überlegungen zum spezifischen Realitätsbezug in Perversionen bzw. allgemeiner in Zuständen seelischen Rückzugs (Steiner 1998). Steiner beobachtet eine ideengeschichtliche Pendelbewegung in Bezug auf das Feld der Perversionen. So wäre im christlichen Mittelalter bis in die Neuzeit eine moralisch-theologische Sichtweise auf die Perversion vorherrschend gewesen, die als Abfall vom rechten Weg erachtet wurde. In der Tradition der Aufklärung war Freud hingegen bemüht um eine wissenschaftliche Sichtweise und suchte sich klar von einem moralisierenden Zugang zu distanzieren, indem er in Anlehnung an die aufkommenden Sexualwissenschaften die Perversion auf das Gebiet der Sexualität beschränkte und gleichzeitig den polymorph-perversen Kern als anthropologische Grundkonstante postulierte. In der postfreudianischen Entwicklung des psychoanalytischen Denkens erkennt Steiner nun ein erneutes Anknüpfen an die präanalytische Bedeutung der Perversion in dem umfassenderen Sinn eines »Sich-Abwendens von der Wahrheit«. Die sexuelle Perversion wird aus dieser Perspektive zu einem Spezialfall einer allgemeineren perversen Haltung, die die gesamte Persönlichkeit umfasst und als Zustand der inneren Korruption anzusehen ist. Wie Chasseguet-Smirgel findet Steiner diese Entwicklung in Freuds späten Schriften zum Fetischismus vorgezeichnet. Steiner greift insbesondere den Aspekt der mit der Verleugnung wesentlicher Aspekte der Realität verknüpften Ich-Spaltung auf, die eine bestimmte Form des zeitgleichen Wissens und Nicht-Wissens zur Folge hat. Für diesen Mechanismus hat Steiner die Wendung »turning a blind eye« geprägt, die das ambige Verhältnis des perversen Realitätsbezugs zu fassen versucht. In einer an Vellacott orientierten Neuinterpretation des Ödipus-Mythos erkennt Steiner Ödipus als paradigmatisches Beispiel für einen derartigen Realitätsbezug. Denn anders als in der klassischen Deutung handelt es sich für Steiner bei Ödipus nicht um einen unschuldigen, tragischen Helden, der schrittweise eine ihm zuvor unbekannte Wahrheit erkennen muss. Vielmehr handle es sich dabei um eine Vertuschungsgeschichte, in der Ödipus immer schon ein bestimmtes Wissen um die Realität der Verhältnisse besitzt, wobei gleichzeitig eine Form perverser Aktivität in ihm am Werk ist, die dieses Wissen verleugnet und eine Scheinnaivität herstellt. Die Wahrheit wird so von Beginn an aktiv verleugnet, wobei die gesamte thebanische Gesellschaft an dem Cover-Up beteiligt ist, denn jedes Cover-Up benötigt Komplizenschaft und Kollusion. Während Freud die Penislosigkeit der Mutter als zentrales Element der Realität markierte, das im Fetischismus verleugnet wird, sieht Steiner unter Bezug auf Money-Kyrle die fetischistische Verleugnung zentral gegen drei »Grundtatsachen des Lebens« (»facts of life«) gerichtet: die Bedeutung der Brust als gutes Objekt, die Bedeutung des elterlichen Geschlechtsverkehrs als schöpferischer Akt sowie die Unausweichlichkeit der Zeit und des Todes (Steiner 1998, 140; Money-Kyrle 1971). Die fetischistische Verleugnung steht hier so wie schon bei Chasseguet-Smirgel im Dienste der Vermeidung von als unerträglich erlebten Gefühlen von Ausgeschlossensein, Abhängigkeit und Verlust.

## Zur Figur des Fetischismus in der Kulturtheorie

### Hinführung

Auch außerhalb der psychoanalytischen Fachdiskurse erlebte die Figur des Fetischismus seit der zweiten Hälfte des 20. Jahrhunderts deutliche Rezeptionskonjunkturen. Vorbereitet durch die Lacan'sche Interpretation des Fetisch als »besonders grundlegendes Beispiel für die Dynamik des Begehrens« in den späten 1950er Jahren (Lacan 2003, 193) und ein grundlegendes Interesse an sexuellen Pathologien zur Erhellung gesellschaftlicher Funktionslogiken im Frankreich der 1960er Jahre[25], markiert der bereits erwähnte Band von Pontalis (1970/1972) eine wichtige Etappe: Erstmalig wurden hier Beiträge aus unterschiedlichsten Disziplinen versammelt, um auf breiterer Basis nach der gesellschaftlichen Relevanz des Fetischismus zu fragen. Der Erfolg der Publikation lässt sich indirekt an dessen Wirkungsgeschichte ermessen: Während die innerpsychoanalytische Forschung zum Phänomen des Fetischismus tendenziell stagnierte, riss das kulturwissenschaftliche und -theoretische Interesse daran nicht mehr ab. Michel Foucault sprach etwa 1976 in *La volonté de savoir* vom Fetischismus als einer »Modell-Perversion«, die »den Leitfaden zur Analyse aller anderen Abweichungen abgegeben« habe (Foucault 1983, 148). Zumindest für die kulturwissenschaftliche Rezeption sollte sich dieser Befund erst später bewahrheiten, insofern das Feld der Fetischismusforschung proliferierte und mittlerweile auf fast alle kulturellen Bereiche ausgedehnt worden ist. Für den deutschsprachigen Raum lässt sich seit den 2000er Jahren nochmals eine deutliche Zunahme des Interesses ausmachen, das sich nicht nur an zahlreichen Monografien, gewichtigen Großprojekten (wie prominent etwa von H. Böhme, 2006) oder der breit rezipierten Textsammlung von Johannes Endres (2017) ablesen lässt.[26] Es hat den Anschein, als wäre das kreative und epistemische Potenzial der Denkfigur des Fetischismus – allen Variationen, Lesarten und Reformulierungen zum Trotz – noch lange nicht ausgeschöpft. Der geschilderten Rezeptionslage ist im Rahmen eines Kommentars keinesfalls gerecht zu werden. Nachfolgend sollen daher einige ausgewählte Positionen vorgestellt werden, die einerseits innovative Theoreme in Auseinandersetzung mit dem Fetischismus oder auf der Basis des Fetischismus entwickelt haben – es handelt sich dabei

---

25 Zu erwähnen sind hier zumindest die theoretische Wiederentdeckung der Schriften de Sades durch Blanchot (1949), die Gruppe Tel Quel (1969) und Roland Barthes (1971) in den späten 1960er Jahren sowie der Versuch von Gilles Deleuze (1968), das Denken Sacher-Masochs anhand der Begehrenslogik des Fetischismus zu beschreiben, anstatt es als Inversion des Sadismus zu betrachten.

26 Für eine erste Orientierung innerhalb der und weitere Verweise auf die breite Forschungslandschaft vgl. Böhme 2006, Böhme/Endres 2010, Endres 2014, Endres 2017 sowie: Weder 2007, Bischoff 2013, Blättler/Schmieder 2014.

allerdings bestenfalls um Fingerzeige, die einen Eindruck von der Bandbreite der theoretischen Rezeption geben können.

### Fetischismus auf Zeichenebene: Baudrillard und Derrida

In seinem 1970 zuerst publizierten Essay *Fetischismus und Ideologie: Die semiologische Reduktion* unternimmt es Jean Baudrillard, die Figur des Fetischismus zur Beschreibung und Lektüre eines totalen gesellschaftlichen Bedeutungszusammenhanges zu verwenden. Es geht ihm dabei ausdrücklich um beide Aspekte, da der Fetischismus ihm eine Denkfigur an die Hand gibt, die sowohl die von ihm adressierte Problematik beschreibbar werden lässt, zugleich aber diese Beschreibung als Teil der Problemlage verstanden und gelesen wissen will, der durch die Diagnose des Fetisch nicht zu entkommen sei.[27] Baudrillard versteht seine Lesart des Fetischismus dabei als »Neuinterpretation« (Baudrillard 1972, 320), ein Scharnier, in dem sowohl anthropologische, marxistische wie auch psychoanalytische Ausformungen ineinander greifen, um eine umfassende gesellschaftliche Konditionierung zu artikulieren. Der Impuls seiner Analyse besteht in einer forschen Kritik »von Täuschung, Fälschung, Künstlichkeit, kurz der Aspekt einer kulturellen Zeichenarbeit«, die er als ideologische Deformation seiner Gegenwart auffasst. Anders als bei Marx jedoch handelt es sich nicht um eine Verkennungs- und Projektionsleistung der Individuen, die Waren angesichts ihrer Tauschwerte überschätzen, sondern um eine systematische Verzerrung, die anstelle von Dingen oder Objekten nur noch deren gesellschaftlich codierte Bedeutung (und Bedeutsamkeit) wahrnehmen lassen. Die vermeintlich eigentliche Signifikanz der Dinge ist somit hinter ihrer Codiertheit soweit verschwunden, dass sie nur noch als zu rekonstruierende Spur thematisiert werden kann. Entsprechend spricht Baudrillard von der Wirkungsweise eines »strukturellen Codes« (ebd.), die er versteht »als das Gefangensein, zum Guten oder zum Bösen, in der zwingenden Logik eines Abstraktionssystems« (ebd., 321).

Die Figur des Fetischismus dient ihm dabei nicht nur als analytisches Instrument, um diese kollektive Überschätzungsleistung zu benennen, sondern vor allem dazu, das lustvolle kollektive Beharren auf dieser Projektion zu ergründen. Für ihn ist dieser semiotisch grundierte Fetischismus – als »Fetischismus des Signifikanten« (ebd., 320) – vor allem auch als »perverser Wunsch« zu verstehen,

---

27 »In gewisser Weise liegt ein Verhängnis über dem Terminus ›Fetischismus‹, das bewirkt, daß er sich, statt zu bezeichnen, was er sagen will (Metasprache über das magische Denken), heimlich gegen diejenigen kehrt, die ihn verwenden, und *bei ihnen* den Gebrauch eines magischen Denkens bezeichnet. Dem Anschein nach ist einzig die Psychoanalyse aus diesem *circulus vitiosus* ausgebrochen, indem sie den Fetischismus mit einer perversen *Struktur* verknüpfte, die vielleicht in der Tiefe eines jeden Wunschs besteht« (Baudrillard 1970, 318).

die tatsächlichen Verwerfungen des kapitalistischen Wirtschaftssystems nicht zur Kenntnis nehmen zu müssen:

> »Etwas wie ein *Wunsch*, ein *perverser* Wunsch, der Wunsch nach dem Code kommt hier an den Tag, ein Wunsch, der auf die Systematizität der Zeichen genau insofern abzielt, als sie alle im wirklichen Arbeitsprozeß entstehenden Widersprüche verleugnet, auslöscht und austreibt, – ganz wie sich im Fetisch-Objekt des Fetischisten die perverse Struktur um eine *Marke*, um die Abstraktion einer Marke organisiert, die den Unterschied der Geschlechter auslöscht, verleugnet, austreibt« (ebd., 321).

Näher beleuchtet wird diese Verkennung anhand eines Beispiels, indem Baudrillard beschreibt, wie die Codierung von Nacktheit zu einer Reduktion von deren lebensweltlicher Komplexität führt. Anstatt einen verwundbaren Körper mit Bedürfnissen, Gebrechen, sexueller Differenz und vielgestaltigen Defiziten vorzustellen, nivelliert die fetischistische Ideologie diesen auf eine Reihe von signifikanten Differenzierungen, die es erlauben, ihn oberflächlich zu genießen. Dieser Prozess ist gemeint, wenn von »semiologischer Reduktion« die Rede ist, denn dann ist die Bedeutung des Körpers gefangen »im differentiellen Spiel der Zeichen (und nicht in dem von Eros und Tod)« (ebd., 329). Deutlich wird hier, dass eine analoge Begründungsfigur zu Freuds (bzw. Lacans) Kastrationsangst auf einer zeichenlogischen Ebene formuliert wird. Insofern ist es mit Baudrillard auch nicht mehr denkbar, diesem fetischistischen Signifikationsprozess zu entgehen. Angedeutet wird nur, dass es unterschiedliche Verständnistiefen von Bedeutungskomplexen geben könne, die sich gegen die allgemein fetischistische Ideologie rekonstruieren lassen. Unklar bleibt dabei, inwiefern eine nicht kapitalistisch-ideologische Gesellschaftsform diesen Deformationen noch entgehen könnte bzw. – und hier kehrt sich der mangelnde Leidensdruck des Fetischisten gegen den Theoretiker – ob es überhaupt noch den Wunsch zu einer solchen Veränderung unter lauter genießenden Fetischisten geben mag.

Eine ähnlich generell orientierte Neulektüre des Fetischismus legt Jacques Derrida in seinem 1974 publizierten Text *Glas* vor. Anders als Baudrillard liest er den Fetisch nicht als Symptom einer bis auf die »semiologische« Ebene fortgeschrittenen Verwerfung des Kapitalismus, sondern, historisch umfassender, als paradigmatischen Grundzug des abendländischen Denkens und seiner hierarchisierenden, mithin diskriminierenden Ökonomie (vgl. Derrida 1983). Derrida verwendet den Fetischismus insofern auf doppelte Art: Zunächst rekonstruiert er diesen (kursorisch) anhand der Positionen von de Brosses und Hegel, um zu zeigen, wie sehr der diagnostische Gestus, einen Fetisch bei jemand anderem zu benennen, einer Logik der Disqualifizierung im Sinne der vermeintlichen Wahrheit entspricht – und damit offenen Rassismus und das Phantasma der eigenen Überlegenheit befeuert (Derrida 2006, 230–232). Über diesen diskursiven Hintergrund hinaus liest Derrida die Argumentationslogik des Fetischismus daraufhin selbst als Beleg dafür, dass eine solche »metaphysische« Überlegenheit nicht haltbar sei, da gerade der Fetischismus – in der Nachfolge Freuds – eine zutiefst auf Ambivalenz beruhende Denkfigur sei, die keine eindeutigen Schlussfolgerungen zulasse. In direktem Rekurs auf Freuds Fetischismus-Aufsatz von 1927 legt Derrida daraufhin dar, inwiefern gerade der »entschleiernde« Gestus des Therapeuten, der die vermeintliche Wahrheit über die konzedierte Ambivalenz zwischen Anerkennung und Verleugnung formuliert, selbst keine stabile Grundlage mehr haben könne. Indem Derrida also die argumentative Struktur der Fetischismus-Diagnose in den Blick nimmt, diese als Nucleus des von ihm als »Metaphysik der Präsenz« (Derrida 1983, 129) kritisierten Denkens auffasst, gelangt er zu einem doppelten Befund: Einerseits ist ein jegliches »spekulatives«, also auf der Basis dichotomischer Unterscheidungen folgerndes Denken insofern fetischistisch, als es logisch streng genommen unentscheidbare Fragen vereindeutigt und zurichtet. Andererseits verfängt sich eine jede solche Denkoperation in einer Art fetischistischem Zirkel, der die erreichte »Wahrheit« auf seine ambivalenten Voraussetzungen zurückverweist und destabilisiert. Der Fetischismus gerät Derrida somit zu einer Figuration, die bei genauer Betrachtung zu einer Selbst-Dechiffrierung des metaphysischen – phallogozentristischen – Denkens führt: »Die Ökonomie des Fetisches ist mächtiger als die der – entscheidbaren – Wahrheit der Sache selbst oder als ein entscheidender Diskurs der Kastration *(pro aut contra)*. Der Fetisch ist nicht entgegensetzbar« (Derrida 2006, 251–252).

Diese Verallgemeinerung des Fetischismus zum problematischen Funktionieren einer allgemeinen Bezeichnungslogik, die keine systematisch-hierarchisierenden Denkgebäude unangetastet lässt, bildete den Ausgangspunkt für weitere emanzipative und herrschaftskritische Verwendungsweisen der Fetisch-Figur. Zugleich wurde Derrida etwa von Sarah Kofman deutlich dafür kritisiert, den Freud'schen Text für seine zeichen- wie diskurslogische Kritik instrumentalisiert zu haben. Kofman führt gegen Derrida ins Feld, dass dieser die bestehende Ambivalenz der Freud'schen Ausführungen nicht ernst genug nehme, da bereits Freud keine vereindeutigenden Schlüsse mehr gezogen hätte: Die Wahrheit Freuds, so Kofman, war immer schon im Mangel einer phantasmatischen Entität zu suchen, nicht in der Behauptung von deren Status als der »Sache selbst« (Kofman 1984, 126). Damit widerspricht Kofman zwar nicht Derridas grundlegender Absicht, sie zieht aber dessen Verdikt gegen Freuds Text in Zweifel, der, so Kofman, »auf allen Ebenen« mit Entscheidbarkeiten und Unentscheidbarkeiten spiele (ebd., 128), und insofern einlöse, was auch Derrida mit seinen Texten bezwecke, nämlich deren eigenen epistemischen Status zu reflektieren. Entsprechend kann die Kritik Kofmans dahingehend gelesen werden, dass nicht die Denkfigur des Fetisches eine stabile Problematik abbilde, sondern stets nur nach den strategischen Verwendungsweisen der Figur gefragt werden könne (ebd., 129).

### Emanzipative Potenziale des Fetischismus

Auf der Basis der vorgestellten, semiotisch orientierten Lektüren des Fetischismus erfolgten bald auch spezifischer orientierte Rückgriffe, die dezidiert politisch-emanzipativ angelegt waren. Wirkmächtig wurde etwa die vom indisch-amerikanischen Theoretiker Homi K. Bhabha entwickelte Argumentationsfigur, die den Fetischismus als analytischen Schlüssel zum Verständnis der Wirkungsweise von Stereotypen im (post-)kolonialen Diskurs verwendete. Dieser zielte in seinem zuerst 1983 publizierten Essay *The other question* (Bhabha 2000) darauf ab, zu zeigen, wie die zentrale Ambivalenz der späten Freud'schen Denkfigur dazu dienen kann, die in sich widersprüchliche Praxis von abwertenden und herrschaftssichernden Stereotypen zu erhellen. Diese versteht er als sprachliche Strategien, die zwar in sich stets behauptet und ungesichert seien, doch zugleich – ob ihrer vermeintlich deutlichen Auffindbarkeit in der »Realität« – erstaunlich effektiv wirksam und schwer zu entkräften blieben.

Ausgehend von sowohl literarischen als auch legislativen Texten analysiert Bhabha weniger konkrete Stereotype, als vielmehr die Signifikationsstrategie, die diese ermöglicht. Bedeutsam ist seiner Meinung nach, dass abwertende Zuschreibungen immer und unweigerlich ambivalent seien, da sie einerseits als allgemein bekannt, offensichtlich und richtig gelten müssten – andererseits aber auch ungesichert, unbeweisbar und auf beständige Wiederholung angewiesen blieben. Hierbei ortet er eine strukturelle Analogie zwischen strategischer Stereotypie und der Freud'schen Fetischismuskonzeption von 1927, wobei die bedrohliche sexuelle Andersartigkeit im kolonialen Diskurs auf alle möglichen identifikatorischen Differenzen erweitert wird, seien diese »nun rassistischer oder sexistischer, peripherer oder metropolitaner Natur« (Bhabha 2000, 98). Um die koloniale Ideologie der vermeintlichen Unterlegenheit und Rückständigkeit der Kolonisierten möglichst tief zu verankern, ziele der koloniale Diskurs – so Bhabha – nun darauf ab, offensichtliche Differenzen so zu semantisieren, dass sie Unterwerfung und Ausbeutung anhand möglichst eindeutiger Fremd- und Selbstbilder rechtfertigen. Dies geschehe am effektivsten, wenn man anhand der ventilierten stereotypen Identitäten, die man an phänotypischen Merkmalen ja leicht »ablesen« konnte, die hierarchische Stellung ableiten kann und diese als »natürliche« Gegebenheit aufzufassen lerne. Den naturalisierenden Effekt dieser Vorgangsweise bezeichnet Bhabha als einen »interpretatorischen Zirkel«, anhand dessen »die kolonisierte Bevölkerung ... sowohl als Ursache als auch als Resultat des Systems angesehen« wird: »Was sichtbar bleibt, ist lediglich die *Notwendigkeit* einer solchen Herrschaft, die durch jene moralisierenden und normativen Besserungsideologien gerechtfertigt wird, die unter dem Namen der Zivilisatorischen Mission oder der Bürde des Weißen Mannes anerkannt sind« (Bhabha 2000, 123).

Innovativ an Bhabhas Theorem wirkte aber, dass er das Verhältnis von Kolonisatoren und Kolonisierten nicht als eine starre Entgegensetzung konzipiert, sondern die stereotypen Zuschreibungen der Herrschenden als einen so komplexen wie prekären, narzisstisch aufgeladenen Verleugnungsprozess entwirft. Auf die erlebte Alterität, die als eine Infragestellung der eigenen Identität und deren Unversehrtheit verstanden wird, reagiert der Kolonisator, wie zuvor der Fetischist, mit einer spontanen Verleugnung, die durch ein Ersatzobjekt kaschiert wird. Anstatt die abweichende Erscheinung seines Gegenübers als solche wahrzunehmen, begnügt sich der Kolonisator damit, eine stereotype Zuschreibung in ihm zu erkennen. Diese bewahrt ihn davor, in seinem Gegenüber etwas zu bemerken, das seine eigene Vorstellung von Selbstidentität, Reinheit und Superiorität in Zweifel ziehen könnte. Die Kolonisierten werden also angstvoll *ver*kannt, um nicht bedrohlich zu sein, und sogleich als lustvolle Bestätigung der eigenen Überlegenheit erlebt, die sich ja aus dem Stereotyp ablesen lässt. Das Stereotyp ist insofern nicht einfach falsch, sondern die diskursiv in Verkehr gehaltene Weigerung, den Anderen überhaupt wahrzunehmen, da er immer schon hinter einer feststehenden, arretierten Identität verborgen wird (Bhabha 2000, 111). Diese zugleich abwehrende wie lustvolle Projektion erfolgt, so Bhabha, ganz gemäß dem ambivalenten Mechanismus von Freuds Fetischismus:

> »Denn der Fetischismus ist immer ein ›Spiel‹ oder ein Hin- und Herschwanken zwischen der archaischen Affirmation von Ganzheit/Ähnlichkeit – in Freuds Begriffen: ›Alle Menschen haben einen Penis‹; in den hier relevanten: ›Alle Menschen haben dieselbe Hautfarbe/Rasse/Kultur‹ – und der mit dem Fehlen und der Differenz verbundenen Angst – bei Freud als ›Einige haben keinen Penis‹; in unserem Zusammenhang: ›Einige haben nicht dieselbe Hautfarbe/Rasse/Kultur‹« (Bhabha 2000, 110).

Eine stereotype Zuschreibung kann mit Bhabha als ein simultanes Wirksamwerden von metaphorischer Maskierung – also Verleugnung – und einer bedrohlichen Metonymie verstanden werden. Bedrohlich ist diese, da das Stereotyp, das zur Verleugnung dient, niemals ganz überzeugt. Wie der Fetisch als Ersatzobjekt kenntlich bleibt, so verweist das Stereotyp immer auch auf die Bedrohung, die es notwendig gemacht hat – worauf die auf semantischer Nachbarschaft beruhende Metonymie hindeutet. Daher kann Bhabha folgern, dass ein koloniales Stereotyp ein in sich ambivalentes Wissen darstellt, ein Wissen, das »ebenso sehr auf Herrschaft und Lust wie auf Angst und Abwehr basiert: in seiner gleichzeitigen Anerkennung und Ableugnung von Differenz stellt [es] eine Form von multiplem und widersprüchlichen Glauben dar« (Bhabha 2000, 110).

Neben der diagnostischen Umkehr der historischen Verhältnisse – das »Wissen« des Kolonisators sei der eigentliche Fetischismus – besteht die Pointe von Bhabhas Konzept darin, dass sowohl der Fetisch wie auch das Stereotyp ihre Ambivalenz trotz aller Repetition niemals ganz ablegen können. Entsprechend bleibt jedem Stereotyp immer auch eingeschrieben, dass es das Resultat einer angstvollen Verleugnung ist, gegen die es eine andere Phantasie trotzig als Wahrheit behauptet.

Kritisiert wurde an Bhabhas Theorem nicht nur die Fortschreibung eines elitären, eurozentristischen Diskurses, sondern auch der Umstand, dass die Frage, ob und inwiefern die von ihm universell behauptete Ambivalenz zu einer effektiven Widerständigkeit beitragen könne, ungeklärt bleibt (für einen Überblick vgl. do Mar Castro Varela/Dhawan 2015, 268–284). Der Rekurs auf psychoanalytische Denkfiguren wurde dabei einerseits als despektierliche Überheblichkeit gegenüber konkreten Akten des Widerstands gegen koloniale Unterdrückung interpretiert (vgl. Young 2004, 190–193), da diese nicht erst nachträglich von einem »Analytiker« in Texten lesbar gemacht werden müssten. Die Literaturwissenschaftlerin Ann McClintock kritisierte andererseits, dass Bhabhas Art und Weise, wie psychoanalytische Überlegungen verwendet werden, dazu führen, fetischistische Stereotypie als geschlechtsneutrale Gegebenheit erscheinen zu lassen (McClintock 1995, 62f.).

Während Freuds Texte zum Fetischismus vordergründig betrachtet selbst Anlass zur feministischen Kritik bieten – verwiesen sei etwa auf die pauschale Bemerkung zum »Kleiderfetischismus« der Frau im *Genese*-Vortrag[28] –, so diente die von ihm formulierte Denkfigur des Fetischs auch direkt zur Formulierung emanzipativer Werkzeuge. Im Vordergrund steht dabei einerseits die Reflexion der diskurshistorischen Traditionsstränge seit der ethnologischen Begriffsverwendung, um rassistische und sexistische Argumentationskontexte vor einer strategischen Aktualisierung präsent zu halten (Schor 1994, 226; Funk/Bettinger 1996, 31). Andererseits erwies sich die konzeptuelle Anlage von Freuds auf Ambivalenz beruhender Fetischismus-Figur als vielfältig anschlussfähig. Ähnlich wie bereits Kofman (1984, 126) darauf hingewiesen hatte, dass in Freuds Aufsatz von 1927 die strukturelle Unentscheidbarkeit zwischen Wahrheit und Schein, Verleugnung und Einsicht, Angst und Begehren theoretisch bedeutungsstiftend sei, diente der Fetischismus dazu, einen essenzialistischen oder arretierten Begriff von Geschlecht zu kritisieren. Die von Judith Butler, Marjorie Garber und Teresa de Lauretis verfolgten Interventionen setzen allesamt bei der Freud'schen

---

28 Vgl. S. 78 in diesem Band; die Bemerkung zeugt von einer direkten Fortschreibung kursierender Gemeinplätze zum weiblichen, d. h. vor allem passiven Fetischismus der »Putzsucht«, wie sie etwa bei Binet (1887, 159), Krafft-Ebing (1912, 15, 19, 194f.) oder Forel (1905, 244) gepflegt werden (vgl. Endres 2017, 223f.; Bischoff 2013, 39f.).

bzw. auch Lacan'schen Theorie einer ödipalen Strukturierung der Geschlechterordnung an, wobei auf unterschiedliche Weisen versucht wird, die Kastrationsdrohung und alle daraus resultierenden Positionsbestimmungen von einer binären, heterosexuellen Grundannahme zu lösen.

Prominent unternahm dies etwa Judith Butler, die in ihrem Text »Der lesbische Phallus und das morphologische Imaginäre« (Butler 1997) die Lacan'sche Privilegierung des Phallus rekonstruiert und in Zweifel zieht, da sie die Gründe für dessen Priorisierung innerhalb der symbolischen Ordnung selbst als imaginär motivierte Verleugnung nachzeichnet. Obwohl der Ausdruck des Fetischismus nicht explizit verwendet wird, kommt dessen Denkfigur insofern zum Einsatz, als »die von Lacan verleugnete, imaginäre Verfaßtheit des Phallus« von ihr als »Fetisch zweiten Grades« (Öhlschläger 1996, 58, 56) gezeichnet wird. Dadurch kann die Idealisierung des Phallus innerhalb von Lacans Argumentation selbst mittels einer der Fetischisierung äquivalenten Bewegung – als Überschätzung samt der angstvollen Leugnung von dessen struktureller Abgeleitetheit vom männlichen Penis – verstanden werden. Indem Butlers Argumentation dem Lacan'schen Phallus so seine privilegierte Stellung abspricht, geraten einerseits die impliziten Verbote und Ausschlüsse der phallischen Ordnung in den Blick. Andererseits wird die theoretische Möglichkeit eröffnet, die vakante Position durch andere Konzepte zu besetzen – an dieser Stelle kommt der titelgebende »lesbische Phallus« als paradoxale, doch »theoretisch hilfreiche Fiktion« zum Einsatz, um die kritisierten Idealisierungs- und Hierarchisierungsmechanismen offenzulegen: »Insofern jede Bezugnahme auf einen lesbischen Phallus eine gespenstische Vergegenwärtigung eines männlichen Originals zu sein scheint, können wir durchaus die gespenstische Herstellung der vermeintlichen ›Originalität‹ des Männlichen in Frage stellen« (Butler 1997, 98).

Auf ähnliche Art und Weise versucht Marjorie Garber ein fetischistisches Theorem zu nutzen, um eine heterogeschlechtliche Normvorstellung zu durchkreuzen. In *Verhüllte Interessen. Transvestismus und kulturelle Angst* (Garber 1993) thematisiert sie die Position des Transvestiten als Ort der Uneindeutigkeit, der gemäß Freuds Fetisch, »aus Gegensätzen doppelt geknüpft«, eine subversive Rolle spielen könne. Dort, wo Uneindeutigkeit die Lokalisierung phallischer Symbolik ostentativ verhindere, werde deren Funktionsweise ausgestellt, als in die Leere gehendes Begehren zwischen Mangelbewusstsein und Verhüllung (Garber 1993, 176f.). Durchaus vergleichbar ist Teresa de Lauretis' Projekt, die Figur des Fetischs überhaupt an die Stelle des Phallus zu setzen, um eine Theoretisierung des lesbischen Begehrens zu unternehmen. Sie geht davon aus, dass anstelle eines phallischen Symbols etwas dem Fetisch Verwandtes zur Artikulation lesbischer Begehrenslogiken dienlich ist, da so zugleich die Abwesenheit des begehrten weiblichen Körpers wie auch der Wunsch des Subjekts nach diesem repräsentiert werden kann (De Lauretis 1994, Engel 2002, 173).

### Holistische Theoretisierungen des Fetischismus (Latour und Böhme)

Den Abschluss dieses selektiven Überblicks sollen zwei Hinweise auf Theoretisierungen bilden, die der Figur des Fetischismus zutrauen, systematische Auseinandersetzungen mit der Moderne zu instruieren. Mit diesem Anspruch ist vor allem der französische Wissenschaftstheoretiker und Soziologe Bruno Latour hervorgetreten, der das Denkmodell des Fetischismus seit Mitte der 1990er Jahre offensiv dafür verwendete, eine, wenn nicht die zentrale Grundannahme moderner Wissenschaftlichkeit zu hinterfragen. Unter Rückgriff auf die Prozessphilosophie Alfred North Whiteheads und Michel Serres' Figur des »Quasi-Objekts« (Whitehead 1987, Serres 1987, 344–360) formulierte Latour die These, dass die als stabil angenommenen und vorausgesetzten Substanzen vielmehr als komplex verstrickte Abläufe und Wechselwirkungen verstanden werden müssen. Entsprechend greift Latour die epistemische Voraussetzung an, wonach Naturwissenschaft eine saubere Scheidung zwischen gegebenen Fakten und menschgemachten Hervorbringungen für sich in Anspruch nehmen könne. Er kritisiert stattdessen, dass die penible Trennung von Subjekten und Objekten eine willkürlich gesetzte Zäsur darstelle, die in der Realität keine Entsprechung finde – bzw. nicht dazu tauge, Wirklichkeit in ihren komplexen Verstrebungen und semantischen Interdependenzen zu beschreiben (Latour 2008, 22–24). Die Figur des Fetischismus dokumentiert genau diesen Zusammenhang, denn die Annahme von objektiv gegebenen Tatsachen beruhe genau auf der Unterscheidung zwischen Fakten und Fetischen. Entsprechend sei die Moderne auch begründet durch die Erfindung des Fetischs und einer antifetischistischen, eben wissenschaftlichen Opposition. Beides möchte Latour als Vereinfachungen entlarven, indem er argumentiert, dass sowohl Fakten als auch Fetische niemals das Moment ihrer »Fabrikation«, ihrer Gemachtheit, ablegen können (Latour 2002, 334–338), weshalb er eine gemeinsame Basis beider Perspektiven anvisiert, die er mit dem Ausdruck »Faitiche« adressiert (vgl. Cuntz 2014). Diese reinthronisierte Verbindung soll es ermöglichen, andere Beschreibungs- und Interpretationsformen für die uns umgebenden »Entitäten« zu formulieren, ohne vermeintliche »Fetische« zu kreieren und diese aus der Betrachtung auszuschließen. Seine Argumentation zielt dabei nicht darauf ab, eine wie auch immer geartete Objektüberschätzung pauschal auf sämtliche »Fakten« auszudehnen. Stattdessen versucht Latour, das im prinzipiellen Ausschluss konservierte Moment des »Glaubens« zu thematisieren, um sämtliche auf glaubende Fetischisierung angewiesenen Momente der Wirklichkeit im Fokus eines neuen Wissenschaftsverständnisses zu tilgen. Latour reflektiert diesen Anspruch selbst als eine Richtungsnahme, deren konkrete Konsequenzen erst zu formulieren bleiben (vgl. Latour 2002, 360–369) – bezogen auf den Fetischismus lässt sich jedoch schließen, dass er, programmatisch, als epistemische Figur undenkbar gemacht werden soll.

Ähnlich umfassend ist der Fokus von Hartmut Böhmes Forschung zum Fetischismus angelegt, da seine Arbeiten ebenfalls eine wissenschaftshistorische und eine kulturgeschichtliche Hinsicht kombinieren. Böhme will jedoch den Fetisch nicht mitsamt der Wurzel ausreißen, sondern begreift diesen als eine privilegierte Sicht auf kondensierte Beziehungsformen, die zwischen Dingen und Menschen fest etabliert, jedoch schwer adressierbar sind. Der Fetischismus gerät unter diesem Blick zu einer gesamtheitlichen Perspektive auf die Moderne, jedoch nicht um diese zu überwinden, sondern um sie anhand ihrer »Objektbeziehungsformen« (vgl. Böhme/Endres 2010, 13) zu analysieren und bis in die feinsten Ausprägungen ihrer dingbezogenen Umgangsformen zu interpretieren. Entsprechend umfassend ist seine Analyse *Fetischismus und Kultur. Eine andere Theorie der Moderne* (Böhme 2006) angelegt, die nichts weniger als eine Kulturgeschichte des Fetischismus zeichnet. Anders als Latour stellt für Böhme der ubiquitäre Fetischismus die eigentliche Realität der Moderne dar, die nicht schlechthin, sondern lokal erkannt und pointiert kritisiert werden müsse (ebd., 489). Das Bewusstsein der anhand der Fetischismusforschung herausgestellten Leerstellen und Versäumnisse vermeintlich aufgeklärter Kulturwissenschaft könne dazu beitragen, den »tristen Dimensionen gerade des modernen Fetischismus« begegnen zu können, um die emanzipativen Potenziale der Analyse gegen instrumentalisierte Fetischismen und »idolatrische Bildsprachen« von allen Ausprägungen eines ideologischen Konsumismus zu bewahren (ebd., 490).

# Bibliographie zum Kommentar

Abraham, K. (1911): Bemerkungen zur Psychoanalyse eines Falles von Fuß-und Korsettfetischismus. *Jahrbuch für psychoanalytische und psychopathologische Forschung*, 3(2), 557–567.
Adler, A. (1972): Der Ethnologe und die Fetische. In: J.B. Pontalis (Hg.) (1972): *Objekte des Fetischismus*. Frankfurt am Main: Suhrkamp, 217–233.
Bak, R.C. (1953): Der Fetischismus. In: J.B. Pontalis (Hg.) (1972): *Objekte des Fetischismus*. Frankfurt am Main: Suhrkamp, 113–129.
Bass, A. (2017): *Fetishism, Psychoanalysis, and Philosophy: The Iridescent Thing*: Routledge.
Baudrillard, J. (1972 [1970]): »Fetischismus und Ideologie: Die semiologische Reduktion«, in: Pontalis 1972, 315–334.
Becker, S. (2002): Weibliche Perversion. *Zeitschrift für Sexualforschung*, 15(04), 281–301.
Bettinger, E. / Funk, J. (1996): »Weiblichkeit als Maskerade und der Fetisch Phallus«, in: *Die Philosophin. Form für feministische Theorie und Philosophie*, Jg. 7, Nr. 13, 31–53.
Bhabha, H.K. (2000 [1983]): »Die Frage des Anderen: Stereotyp, Diskriminierung und der Diskurs des Kolonialismus«. In: Die Verortung der Kultur. Tübingen: Stauffenburg. 97–124.
Binet, A. (1887): Le Fétichisme dans l'amour. In: *Revue Philosophique*. Band XXIV. (1887), 142–167; 252–274.
Bischoff, D. (2013): *Poetischer Fetischismus. Der Kult der Dinge im 19. Jahrhundert*. München: Wilhelm Fink.
Blanchot, M. (1949): *Lautréamont et Sade*. Paris: Édition de Minuit.
Blättler C./Schmieder, F. (Hg.) (2014): *In Gegenwart des Fetischs. Dingkonjunktur und Fetischbegriff in der Diskussion*. Wien/Berlin: Turia + Kant.
Bloch, I. [Pseud.: Veriphantor] (1903): *Der Fetischismus. Ein Beitrag zur Sittengeschichte unserer Zeit*. Berlin: M. Lilienthal.
Bloch, I. (1909): *Das Sexualleben unserer Zeit in seinen Beziehungen zur modernen Kultur*. Berlin: Louis Marcus. 669–691.
Böhme, H. (2000): Fetischismus im neunzehnten Jahrhundert. Wissenschaftshistorische Analysen zur Karriere eines Konzepts. In: Barkhoff, J. et al. (Ed.): *Das schwierige neunzehnte Jahrhundert. Germanistische Tagung zum 65. Geburtstag von Eda Sagarra im August 1998*. Tübingen: Max Niemeyer.
Böhme, H. (2006): *Fetischismus und Kultur. Eine andere Theorie der Moderne*. Reinbek bei Hamburg: Rowohlt.

Böhme, H./Endres, J. (Hg.) (2010): *Der Code der Leidenschaften. Fetischismus in den Künsten.* Boston: Brill.

Bonnafé, P. (1972): Magisches Objekt, Zauberei und Fetischismus? In: J.B. Pontalis (Hg.) (1972): *Objekte des Fetischismus.* Frankfurt am Main: Suhrkamp, 234-287.

Butler, J. (1991): *Das Unbehagen der Geschlechter.* Frankfurt am Main: Suhrkamp.

Butler, J. (1997 [1993]): »Der lesbische Phallus und das morphologische Imaginäre«, in: *Körper von Gewicht. Die diskursiven Grenzen des Geschlechts.* Frankfurt am Main: Suhrkamp. 89-133.

Chasseguet-Smirgel, J. (Hg.) (1974): *Psychoanalyse der weiblichen Sexualität.* Frankfurt am Main: Suhrkamp.

Chasseguet-Smirgel, J. (1986): Kreativität und Perversion. Frankfurt am Main. *Nexus.*

Chasseguet-Smirgel, J. (1989): *Anatomie der menschlichen Perversion.* München: DVA.

Cuntz, M. (2014): »Aufklärung über den Fetisch. Latours Konzept des *faitiche* und seine Verbindung zu Serres' Statuen«, in: Blättler C./Schmieder, F. (Hg.): *In Gegenwart des Fetischs. Dingkonjunktur und Fetischbegriff in der Diskussion.* Wien/Berlin: Turia + Kant. 53-88.

De Brosses, C. (1785): *Ueber den Dienst der Fetischgötter oder Vergleichung der alten Religion Egyptens mit der heutigen Religion Nigritiens.* Berlin/Stralsund: Gottlieb August Lange.

De Lauretis, T. (1994): *The Practice of Love. Lesbian Sexuality and Perverse Desire.* Bloomington: Indiana University Press.

Deleuze, G. (1968 [1967]): »Sacher-Masoch und der Masochismus«, in: Sacher-Masoch, L.: *Venus im Pelz.* Frankfurt am Main: Insel. 167-295.

Derrida, J. (1983 [1967]): *Grammatologie.* Frankfurt am Main: Suhrkamp.

Derrida, J. (2006 [1974]): *Glas.* München: Wilhelm Fink.

Dessoir, M. [Ludwig Brunn] (1888): »*Der Fetischismus der Liebe*«. Berliner Tageblatt, 20.8.1888. 7-8.

Dimen, M. (2001): Perversion is us? Eight notes. *Psychoanalytic Dialogues, 11*(6), 825-860.

Do Mar Castro Varela, M./Dhawan, N. (2015): *Postkoloniale Theorie. Eine kritische Einführung.* 2., komplett überarbeitete und erweiterte Auflage. Bielefeld: Transcript.

Dorey, R. (1970): Psychoanalytische Beiträge zur Untersuchung des Fetischismus. In: J.B. Pontalis (Hg.) (1972): *Objekte des Fetischismus.* Frankfurt am Main: Suhrkamp, S. 37-58.

Endres, J. (2014): *Literatur und Fetischismus. Das Bild des Schleiers zwischen Aufklärung und Moderne.* Paderborn: Wilhelm Fink.

Endres, J. (Hg.) (2017): *Fetischismus. Grundlagentexte vom 18. Jahrhundert bis in die Gegenwart.* Berlin: Suhrkamp.

Engel, A. (2002): *Wider die Eindeutigkeit. Sexualität und Geschlecht im Focus queerer Politik und Repräsentation.* Frankfurt am Main: Campus Verlag.

Feldman, M. (1992): Splitting and projective identification. In: Anderson, R. (Ed.): *Clinical lectures on Klein and Bion.* London: Routledge, 74-88.

Fink, B. (2003): The use of Lacanian psychoanalysis in a case of fetishism. *Clinical Case Studies, 2*(1), 50-69.

Fink, B. (2005): *Eine klinische Einführung in die Lacansche Psychoanalyse: Theorie und Technik.* Wien: Turia+ Kant.

Forel, A. (1905): *Die sexuelle Frage. Eine naturwissenschaftliche, psychologische, hygienische und soziologische Studie für Gebildete.* München: Ernst Reinhardt Verlagsbuchhandlung.
Foucault, M. (1983 [1976]): *Der Wille zum Wissen. Sexualität und Wahrheit,* Band 1. Frankfurt am Main: Suhrkamp.
Freud, S. (1905d): Drei Abhandlungen zur Sexualtheorie. GW V, 27, 33–145.
Freud, S. (1907a): Der Wahn und die Träume in W. Jensens »Gradiva«. GW VII, 29–122.
Freud, Sigmund (1908c): Über infantile Sexualtheorien. GW VII, 171–188.
Freud, Sigmund (1909b): Analyse der Phobie eines fünfjährigen Knaben. GW VII, 241–377.
Freud, S. (1909d): Bemerkungen über einen Fall von Zwangsneurose. GW VII, 379–463.
Freud, Sigmund (1910c): Eine Kindheitserinnerung des Leonardo da Vinci. GW VIII, 127–211.
Freud, S. (1915d): Die Verdrängung. GW X, 248–261.
Freud, Sigmund (1916-17a): Vorlesungen zur Einführung in die Psychoanalyse. GW XI.
Freud, Sigmund (1919e): Ein Kind wird geschlagen. Beitrag zur Kenntnis der Entstehung sexueller Perversionen. GW XII, 197–226.
Freud, Sigmund (1920g): Jenseits des Lustprinzips. GW XIII, 1–69.
Freud, Sigmund (1923b): Das Ich und das Es. GW XIII, 237–289.
Freud, Sigmund (1923e): Die infantile Genitalorganisation. (Eine Einschaltung in die Sexualtheorie). GW XIII, 293–298.
Freud, Sigmund (1924b): Neurose und Psychose. GW XIII, 387–391.
Freud, Sigmund (1924e): Der Realitätsverlust bei Neurose und Psychose. GW XIII, 363–368.
Freud, Sigmund (1925j): Einige psychischen Folgen des anatomischen Geschlechtsunterschieds. GX XIV, 19–30.
Freud, S. (1927e): Fetischismus. GW XIV, 311–317.
Freud, S. (1931b): Über die weibliche Sexualität. GW XIV, 517–537.
Freud, S. (1940a [1938]): Abriß der Psychoanalyse. GW XVII, 63–123.
Freud, S. (1940e [1938]): Die Ichspaltung im Abwehrvorgang. GW XVII, 57, 59–62.
Freud, S. (1988k [1909]): Zur Genese des Fetischismus. In: E. Federn & G. Wittenberger (Hg.) (1992) *Aus dem Kreis um Sigmund Freud. Zu den Protokollen der Wiener Psychoanalytischen Vereinigung.* Frankfurt/M: Fischer, 10–22.
Freud, S. / Abraham, K. (2009): *Sigmund Freud/Karl Abraham. Briefwechsel 1907-1925.* Bd. I und Bd. II. Vollständige Ausgabe. Hg. von E. Falzeder / L. M. Hermanns. Wien: Turia + Kant.
Funk, J., & Bettinger, E. (1996): Weiblichkeit als Maskerade und der Fetisch Phallus. *Die Philosophin, 7*(13), 31–53.
Garber, M. (1993): *Verhüllte Interessen. Transvestismus und kulturelle Angst.* Frankfurt am Main: S. Fischer.
Gillespie, W. H. (1940): A contribution to the study of fetishism. *International Journal of Psycho-Analysis, 21,* 401–415.
Götz, S. (2008): Fritz Wittels – Biographie. URL: https://www.psyalpha.net/de/biografien/fritz-wittels/fritz-wittels-biografie-sabine-goetz [05.10.2022].
Greenacre, P. (1953): Certain relationships between fetishism and faulty development of the body image. *The Psychoanalytic Study of the Child, 8*(1), 79–98.
Greenacre, P. (1955): Further considerations regarding fetishism. *The Psychoanalytic Study of the Child, 10*(1), 187–194.

Greenacre, P. (1960): Further notes on fetishism. *The psychoanalytic study of the child*, 15 (1), 191–207.
Greenacre, P. (1969): The fetish and the transitional object. *The Psychoanalytic Study of the Child*, 24(1), 144–164.
Greenacre, P. (1970): The transitional object and the fetish with special reference to the role of illusion. *The International Journal of Psycho-Analysis*, 51, 447.
Grosz, E. (2002): *Jacques Lacan: A feminist introduction*. London: Routledge.
Grubrich-Simitis, I. (1993): *Zurück zu Freuds Texten. Stumme Dokumente sprechen machen*. Frankfurt am Main: Fischer.
Hegel, G.W.F. (1970 [1830–1832]: Vorlesungen über die Philosophie der Geschichte. In: E. Moldenauer & K.M. Michel (Hg.) Theorie-Werkausgabe, Band 12. Frankfurt am Main: Suhrkamp.
Hook, D. (2005): The racial stereotype, colonial discourse, fetishism, and racism. *The Psychoanalytic Review*, 92(5), 701–734.
Joseph, B. (1971): Ein klinischer Beitrag über die Analyse einer Perversion. In: Dies. (1989). *Psychisches Gleichgewicht und psychische Veränderung*. Stuttgart: Klett-Cotta, 81–104.
Katan, M. (1964): Fetishism, splitting of the ego, and denial. *The International journal of psycho-analysis*, 45, 237–245.
Khan, M.M.R. (1965): Der Fetischismus als Selbstverneinung. In: J.B. Pontalis (Hg.) (1972): *Objekte des Fetischismus*. Frankfurt am Main: Suhrkamp, 130–186.
Khan, M. M. R. (1969): Die Rolle des ›montierten inneren Objekts‹ bei der Perversionsbildung. In: Ders.: *Entfremdung bei Perversionen*. Frankfurt am Main: Suhrkamp, 170–196.
Kofman, S. (2012 [1984]): *Derrida lesen*. Wien: Passagen.
Krafft-Ebing, R. (1886): *Psychopathia sexualis. Eine klinisch-forensische Studie*. Stuttgart: Ferdinand Emke.
Krafft-Ebing, R. (1889): *Psychopathia sexualis mit besonderer Berücksichtigung der conträren Sexualempfindung. Eine klinisch-forensische Studie*. Vierte Auflage. Stuttgart: Emke.
Krafft-Ebing, R. (1890): *Psychopathia sexualis mit besonderer Berücksichtigung der conträren Sexualempfindung. Eine klinisch-forensische Studie*. Fünfte Auflage. Stuttgart: Emke.
Kant, I. (1997 [1793]): Die Religion innerhalb der Grenzen der bloßen Vernunft. In: Werkausgabe, Hg. v. Wilhelm Weischedel, Bd. VIII. Frankfurt am Main: Suhrkamp.
Lacan, J., & Granoff, W. (1956): Fetishism: the Symbolic, the Imaginary and the Real. In: S. Lorand, S., & M. Balint, M. (Hg.): *Perversions: Psychodynamics and therapy*, New York: Random-House Inc, 265–276.
Lacan, J. (1958): Die Bedeutung des Phallus. In: Ders. (2015): *Schriften, Band II*. Wien: Turia + Kant, 192–204.
Lacan, J. (2003): *Die Objektbeziehung. Das Seminar, Buch IV, 1956–1957*. Wien: Turia+ Kant.
Laplanche, J., & Pontalis, J. B. (1972): *Das Vokabular der Psychoanalyse*. Frankfurt am Main: Suhrkamp.
Latour, B. (2008 [1991]): *Wir sind nie Modern gewesen. Versuch einer symmetrischen Anthropologie*. Frankfurt am Main: Suhrkamp.

Latour, B. (2002 [1999]): *Die Hoffnung der Pandora. Untersuchungen zur Wirklichkeit der Wissenschaft.* Frankfurt am Main: Suhrkamp.
Leuzinger-Bohleber, M. (1995): Die Einzelfallstudie als psychoanalytisches Forschungsinstrument. *Psyche – Zeitschrift für Psychoanalyse* 49: 434-480.
Lobner, H. (1992): Zur Genese des Fetischismus. Ein wiederentdeckter Vortrag Sigmund Freuds (1909). In: E. Federn & G. Wittenberger (Hg.) *Aus dem Kreis um Sigmund Freud. Zu den Protokollen der Wiener Psychoanalytischen Vereinigung.* Frankfurt am Main: Fischer, 23-33.
Luepnitz, D. (2003): Beyond the phallus: Lacan and feminism. In: J.M. Rabaté (Hg.). (2003). *The Cambridge Companion to Lacan.* Cambridge: Cambridge University Press, 221-237.
Marx, K. (1962 [1867]): *Das Kapital. Band I: Zur Kritik der politischen Ökonomie.* In: Karl Marx – Friedrich Engels – Werke, Band 23. Berlin: Dietz.
Mauss, M. (1907): R.E. Dennett, At the Back of the Black Man's Mind. *L'Année sociologique 10* (1905/1906), 305-311.
Mauss, M. (1969): Résumé de cours. In: *Oeuvres. Tome 2: Représentations collectives et diversité des civilisations.* Paris: Minuit, 244-245.
McClintock, A. (1995): *Imperial Leather. Race, Gender and Sexuality in the Colonial Contest.* New York/London: Routledge.
Meiners, Ch. (1806): *Allgemeine kritische Geschichte der Religionen.* Hannover: Helwing.
Midgley, N. (2006): The ›inseparable bond between cure and research‹: Clinical case study as a method of psychoanalytic inquiry. *Journal of child Psychotherapy*, 32(2), 122-147.
Mitchell, J. (2000): *Psychoanalysis and feminism: A radical reassessment of Freudian psychoanalysis.* New York: Basic Books.
Money-Kyrle, R. (1971): The aim of psychoanalysis. *International Journal of Psycho-Analysis* 52, 103-106.
Müller, F.M. (1880 [1878]): *Vorlesungen über den Ursprung und die Entwicklung der Religion.* Strassburg: Karl J. Trübner.
Nunberg, H., Federn, E. (Hg.) (2008a): *Protokolle der Wiener Psychoanalytischen Vereinigung. Band 2: 1908-1910.* Gießen: Psychosozial.
Nunberg, H., Federn, E. (Hg.) (2008b): *Protokolle der Wiener Psychoanalytischen Vereinigung. Band 4: 1912-1918 (mit Gesamtregister).* Gießen: Psychosozial.
Öhlschläger, C. (1996): »Verschleiertes Geschlecht: Zum subversiven Potential des Fetisch bei Judith Butler und Marjorie Garber«, in: *Die Philosophin: Forum für feministische Theorie und Philosophie,* Jg. 7, Nr. 13, 54-67.
Payne, S. M. (1939): Some observations on the ego development of the fetishist. *The International Journal of Psycho-Analysis,* 20, 161.
Pietz, W. (1987): The problem of the fetish, II: The origin of the fetish. In: *Res: Anthropology and aesthetics* 13 (Spring 1987), 23-45.
Pontalis, J.-B. (Hg.) (1972): *Objekte des Fetischismus.* Frankfurt am Main: Suhrkamp.
Pouillon, J. (1972): Fetische ohne Fetischismus. In: J.B. Pontalis (Hg.) (1972): *Objekte des Fetischismus.* Frankfurt am Main: Suhrkamp, 196-216.
Richards, A. K. (1990): Female Fetishes and Female Perversions: Hermine Hug-Hellmuth's »A Case of Female Foot or More Properly Boot Fetishism« Reconsidered. *Psychoanalytic Review* 77, 11-23.

Riesenberg-Malcom, R. (2003): In: Dies.: *Unerträgliche seelische Zustände erträglich machen: psychoanalytisches Arbeiten mit extrem schwierigen Patienten.* Klett-Cotta, 28–56.

Rohde-Dachser, C. (2013): *Expedition in den dunklen Kontinent: Weiblichkeit im Diskurs der Psychoanalyse.* Berlin: Springer.

Rose, L. (1988): Freud and fetishism: Previously unpublished minutes of the Vienna Psychoanalytic Society. *The Psychoanalytic Quarterly 57*(2), 147–166.

Rosenfeld, H. (1971): Beitrag zur psychoanalytischen Theorie des Lebens-und Todestriebes aus klinischer Sicht: Eine Untersuchung der aggressiven Aspekte des Narzißmus. *Psyche, 25*(6-7), 476–493.

Rosolato, G. (1967): Étude des perversions sexuelles à partir du fétichisme. In: Ders.: *Le désir et la perversion*, Paris: Le Seuil, 7–40.

Sadger, I. (1909): Zur Ätiologie der konträren Sexualempfindung. *Medizinische Klinik, 5* (2), 53–56.

Sadger, J. (1913a): Über den sado-masochistischen Komplex. *Jahrbuch für psychoanalytische und psychopathologische Forschung, 5(1)*, 157–232.

Sadger, J. (1913b): Die Psychoanalyse eines Autoerotikers. *Jahrbuch für psychoanalytische und psychopathologische Forschung,* 5(2), 467–528.

Sadger, J. (1914): Sexuelle Perversionen. *Jahrbuch für psychoanalytische und psychopathologische Forschung,* 6(1), 296–313.

Schor, N. (1994): »Weiblicher Fetischismus: Der Fall George Sand«, in: Weissberg, L. (Hg.) (1994). 217–230.

Schultze, F. (1871): *Der Fetischismus. Ein Beitrag zur Anthropologie und Religionsgeschichte.* Leipzig: Carl Wilfferodt.

Serres, M. (1987 [1980]): *Der Parasit.* Frankfurt am Main: Suhrkamp.

Smirnoff, V. (1970): Die fetischistische Transaktion. In.: J.B. Pontalis (Hg.) (1972): *Objekte des Fetischismus.* Frankfurt am Main: Suhrkamp, 76–112.

Stekel, W. (1914): Zur Psychologie und Therapie des Fetischismus. *Zentralblatt für Psychoanalyse* 4(5-6), 113–120 & 237–269.

Steiner, J. (1998): *Orte des seelischen Rückzugs: pathologische Organisationen bei psychotischen, neurotischen und Borderline-Patienten.* Stuttgart: Klett-Cotta.

Swales, S. S. (2012): *Perversion: A Lacanian psychoanalytic approach to the subject.* London: Routledge.

Sweet, A. D. (2014): Objects of desire and the mediated self: addictions, compulsions and fetishism in the technoculture arena. *Psychoanalytic Psychotherapy, 28*(2), 176–192.

Tel Quel (Hg.) (1969 [1967]: *Das Denken von Sade.* München: Carl Hanser.

Timms, E. (Hg.) (1996): *Freud und das Kindweib. Die Memoiren des Fritz Wittels.* Wien: Böhlau.

Weder, C. (2007): *Erschriebene Dinge. Fetisch, Amulett, Talismann um 1800.* Freiburg i.Br./ Berlin/Wien: Rombach.

Weissberg, L. (Hg.) (1994): *Weiblichkeit als Maskerade.* Frankfurt am Main: Fischer.

Welldon, E. V. (2018): *Mother, madonna, whore: The idealization and denigration of motherhood.* London: Routledge.

Whitehead, A. N. (1987 [1929]): *Prozeß und Realität. Entwurf einer Kosmologie.* Frankfurt am Main: Suhrkamp.

Winnicott, D. W. (1969): Übergangsobjekte und Übergangsphänomene. *Psyche, 23*(9), 666–682.

Young, R. (2004): *White Mythologies. Writing History and the West.* London/New York: Routledge.

Zizek, S. (1992): *Looking awry: An introduction to Jacques Lacan through popular culture.* Cambridge: MIT press.

# Editorische Vorbemerkung

Die veröffentlichten Texte Freuds folgen dem Text der *Gesammelten Werke*. Die Seitenzahlen der jeweiligen Ausgabe der *Gesammelten Werke* finden sich in eckige Klammern gesetzt im Text.

Freud, S. (1905d): *Drei Abhandlungen zur Sexualtheorie.* GW V, 33–145. Hier abgedruckter Auszug: 52–53.
Freud, S. (1927e): *Fetischismus.* GW XIV, 311–317.
Freud, S. (1940a [1938]): *Abriß der Psychoanalyse.* GW XVII, 63–138. Hier abgedruckter Auszug: 132–135.
Freud, S. (1940e [1938]): *Die Ichspaltung im Abwehrvorgang.* GW XVII, 57, 59–62.

Der Text der unveröffentlichten Schriften Freuds zum Fetischismus basiert auf folgenden Ausgaben:

Freud, S. (1988k [1909]): Zur Genese des Fetischismus. In: E. Federn & G. Wittenberger (Hg.) (1992) *Aus dem Kreis um Sigmund Freud. Zu den Protokollen der Wiener Psychoanalytischen Vereinigung.* Frankfurt/M: Fischer, 10–22.
Freud, S. (1914): Ein Fall von Fußfetischismus. In: Nunberg, H., Federn, E. (Hg.) (2008b): *Protokolle der Wiener Psychoanalytischen Vereinigung. Band 4: 1912–1918 (mit Gesamtregister).* Gießen: Psychosozial, 236–239.

Die Auszüge aus den Briefen Freuds an Karl Abraham vom 18.2.1909 und 24.2.1910 werden nach folgender Ausgabe zitiert:

Freud, S. / Abraham, K. (2009): *Sigmund Freud/Karl Abraham. Briefwechsel 1907–1925.* Bd. I und Bd. II. Vollständige Ausgabe. Hg. von E. Falzeder / L. M. Hermanns. Wien: Turia + Kant.

Die abgedruckten Grundlagentexte wurden – unter Beibehaltung der originalen Orthographie – den folgenden Ausgaben entnommen:

De Brosses, C. (1785): Ueber den Dienst der Fetischgötter oder Vergleichung der alten Religion Egyptens mit der heutigen Religion Nigritiens. Berlin/Stralsund: Gottlieb August Lange, S. 1-16 sowie 136-141.

Müller, F.M. (1880 [1878]): *Vorlesungen über den Ursprung und die Entwicklung der Religion*. Strassburg: Karl J. Trübner, S. 68-72; 106-111; 115-120; 133-138 sowie 140-146.

Charcot J.-M./ Magnan, V. (1882): *L'inversion du sens génital*, entnommen der von Gérard Bonnet besorgten Ausgabe. Paris: Frénésie Éditions 1987, S. 21-35 – in Übersetzung von Suzanne Kirsch.

Binet, A. (1887): *Le Fétichisme dans l'amour*. In: Revue Philosophique. Band XXIV. (1887), 142-167; 252-274, in Übersetzung von Alexandra Besson, erschienen in: Endres, J. (Hg.) (2017): *Fetischismus. Grundlagentexte vom 18. Jahrhundert bis in die Gegenwart*. Berlin: Suhrkamp. S. 226-240.

Max Dessoir, d.i.: Ludwig Brunn: Der Fetischismus der Liebe. Berliner Tageblatt vom 20. 8. 1888.

Krafft-Ebing, R. (1890 ff.): *Psychopathia sexualis mit besonderer Berücksichtigung der conträren Sexualempfindung. Eine klinisch-forensische Studie.* (Ein Abgleich zwischen der 9. Auflage von 1894 und der 14. Auflage von 1912, wobei die später hinzugekommenen Textteile durch eckige Klammern ausgewiesen werden.

Forel, A. (1905): *Die sexuelle Frage. Eine naturwissenschaftliche, psychologische, hygienische und soziologische Studie für Gebildete*. München: Ernst Reinhardt Verlagsbuchhandlung, S. 131-132 und 243-246.

## Drei Abhandlungen zur Sexualtheorie (1905) [Auszüge]

### [52] Ungeeigneter Ersatz des Sexualobjektes – Fetischismus

Einen ganz besonderen Eindruck ergeben jene Fälle, in denen das normale Sexualobjekt ersetzt wird durch ein anderes, das zu ihm in Beziehung steht, dabei aber völlig ungeeignet ist, dem normalen Sexualziel zu dienen. Wir hätten nach den Gesichtspunkten der Einteilung wohl besser getan, diese höchst interessante Gruppe von Abirrungen des Sexualtriebes schon bei den Abweichungen in Bezug auf das Sexualobjekt zu erwähnen, verschoben es aber, bis wir das Moment der Sexualüberschätzung kennen gelernt hatten, von welchem diese Erscheinungen abhängen, mit denen ein Aufgeben des Sexualzieles verbunden ist.

Der Ersatz für das Sexualobjekt ist ein im allgemeinen für sexuelle Zwecke sehr wenig geeigneter Körperteil (Fuß, Haar) oder ein unbelebtes Objekt, welches in nachweisbarer Relation mit der Sexualperson, am besten mit der Sexualität derselben, steht. (Stücke der Kleidung, weiße Wäsche.) Dieser Ersatz wird nicht mit Unrecht mit dem Fetisch verglichen, in dem der Wilde seinen Gott verkörpert sieht.

Den Übergang zu den Fällen von Fetischismus mit Verzicht auf ein normales oder perverses Sexualziel bilden Fälle, in denen eine fetischistische Bedingung am Sexualobjekt erfordert wird, [53] wenn das Sexualziel erreicht werden soll. (Bestimmte Haarfarbe, Kleidung, selbst Körperfehler.) Keine andere ans Pathologische streifende Variation des Sexualtriebes hat so viel Anspruch auf unser Interesse wie diese durch die Sonderbarkeit der durch sie veranlaßten Erscheinungen. Eine gewisse Herabsetzung des Strebens nach dem normalen Sexualziel scheint für alle Fälle Voraussetzung (exekutive Schwäche des Sexualapparates).[1] Die Anknüpfung ans Normale wird durch die psychologisch notwendige Überschätzung des Sexualobjektes vermittelt, welche unvermeidlich auf alles mit

---

[1] Diese Schwäche entspräche der konstitutionellen Voraussetzung. Die Psychoanalyse hat als akzidentelle Bedingung die frühzeitige Sexualeinschüchterung nachgewiesen, welche vom normalen Sexualziel abdrängt und zum Ersatz desselben anregt.

demselben assoziativ Verbundene übergreift. Ein gewisser Grad von solchem Fetischismus ist daher dem normalen Lieben regelmäßig eigen, besonders in jenen Stadien der Verliebtheit, in welchen das normale Sexualziel unerreichbar oder dessen Erfüllung aufgehoben erscheint.

»Schaff' mir ein Halstuch von ihrer Brust,
Ein Strumpfband meiner Liebeslust!« (Faust)

Der pathologische Fall tritt erst ein, wenn sich das Streben nach dem Fetisch über solche Bedingung hinaus fixiert und sich an die Stelle des normalen Zieles setzt, ferner wenn sich der Fetisch von der bestimmten Person loslöst, zum alleinigen Sexualobjekt wird. Es sind dies die allgemeinen Bedingungen für das Übergehen bloßer Variationen des Geschlechtstriebes in pathologische Verirrungen.

In der Auswahl des Fetisch zeigt sich, wie Binet zuerst behauptet hat und dann später durch zahlreiche Belege erwiesen worden ist, der fortwirkende Einfluß eines zumeist in früher Kindheit empfangenen sexuellen Eindruckes, was man der sprichwörtlichen Haftfähigkeit einer ersten Liebe beim Normalen (»on revient toujours à ses premiers amours«) an die Seite stellen darf. [54] Eine solche Ableitung ist besonders deutlich bei Fällen mit bloß fetischistischer Bedingtheit des Sexualobjektes. Der Bedeutung frühzeitiger sexueller Eindrücke werden wir noch an anderer Stelle begegnen.[2]

In anderen Fällen ist es eine dem Betroffenen meist nicht bewußte symbolische Gedankenverbindung, welche zum Ersatz des Objektes durch den Fetisch geführt hat. Die Wege dieser Verbindungen sind nicht immer mit Sicherheit nachzuweisen (der Fuß ist ein uraltes sexuelles Symbol, schon im Mythus,[3] »Pelz« verdankt seine Fetischrolle wohl der Assoziation mit der Behaarung des mons veneris); doch scheint auch solche Symbolik nicht immer unabhängig von sexuellen Erlebnissen der Kinderzeit.[4]

---

2 Tiefer eindringende psychoanalytische Untersuchung hat zu einer berechtigten Kritik der Binetschen Behauptung geführt. Alle hierher gehörigen Beobachtungen haben ein erstes Zusammentreffen mit dem Fetisch zum Inhalt, in welchem sich dieser bereits im Besitz des sexuellen Interesses zeigt, ohne daß man aus den Begleitumständen verstehen könnte, wie er zu diesem Besitz gekommen ist. Auch fallen alle diese »frühzeitigen« Sexualeindrücke in die Zeit nach dem fünften, sechsten Jahr, während die Psychoanalyse daran zweifeln läßt, ob sich pathologische Fixierungen so spät neubilden können. Der wirkliche Sachverhalt ist der, daß hinter der ersten Erinnerung an das Auftreten des Fetisch eine untergegangene und vergessene Phase der Sexualentwicklung liegt, die durch den Fetisch wie durch eine »Deckerinnerung« vertreten wird, deren Rest und Niederschlag der Fetisch also darstellt. Die Wendung dieser in die ersten Kindheitsjahre fallenden Phase zum Fetischismus sowie die Auswahl des Fetisch selbst sind konstitutionell determiniert.
3 Dementsprechend der Schuh oder Pantoffel Symbol des weiblichen Genitales.
4 Die Psychoanalyse hat eine der noch vorhandenen Lücken im Verständnis des Fetischismus ausgefüllt, indem sie auf die Bedeutung einer durch Verdrängung verloren gegangenen koprophilen Riechlust für die Auswahl des Fetisch hinwies. Fuß und Haar sind stark riechende

Objekte, die nach dem Verzicht auf die unlustig gewordene Geruchsempfindung zu Fetischen erhoben werden. In der dem Fußfetischismus entsprechenden Perversion ist demgemäß nur der schmutzige und übelriechende Fuß das Sexualobjekt. Ein anderer Beitrag zur Aufklärung der fetischistischen Bevorzugung des Fußes ergibt sich aus den infantilen Sexualtheorien. (S. u.) Der Fuß ersetzt den schwer vermißten Penis des Weibes. – In manchen Fällen von Fußfetischismus ließ sich zeigen, daß der ursprünglich auf das Genitale gerichtete Schautrieb, der seinem Objekt von unten her nahe kommen wollte, durch Verbot und Verdrängung auf dem Wege aufgehalten wurde, und darum Fuß oder Schuh als Fetisch festhielt. Das weibliche Genitale wurde dabei, der infantilen Erwartung entsprechend, als ein männliches vorgestellt.

## Zur Genese des Fetischismus (1909)

17. Vortragsabend am 24. Febr. 1909

Zur Genese des Fetischismus.
Prof. Freud:

Abgehend von seinem Grundsatz, keine Theorie zu machen, ehe sie nicht durch Beobachtungen gestützt ist, möchte der Vortragende ausnahmsweise eine Theorie des Fetischismus mitteilen, die sich nur auf eine geringe Anzahl von Beobachtungen berufen kann. Diese Lösung sei darum auch so lange nicht zu verwerten, bis andere Analytiker sie durch ihre Beobachtungen stützen resp. widerlegen. Da nun zunächst an eine Publikation nicht gedacht sei, so sei auch die einschlägige Literatur (bes. Binet) nicht ausgiebig gewürdigt. Zur kurzen Orientierung über den Standpunkt in dieser Frage genügen jedoch 3 Autoren: Krafft-Ebing (1), Forel (2) und Iwan Bloch (3).

ad 1 finde man alles Wesentliche, wenigstens mehr als sonst irgendwo, in klarer u. ehrlicher Darstellung. –

2 biete nichts besonderes, 3 wieder etwas mehr aber unklar u. verschwommen. 1 beschreibt als Fetischismus die Verbindung von einzelnen Körperteilen oder Kleidungsstücken des Weibes mit Wollust. Der Name F. rührt von Ebing her, der auch ganz richtig betont, dass gerade hier der Übergang vom Normalen zum Pathologischen sehr fliessend sei. Das Abnorme findet er darin, dass ein Teileindruck der Person alles sexuelle Interesse in sich vereinigt, so dass daneben alles andere gleichgültig wird. – Zweckmässig ist die Unterscheidung Binet[s] in grossen u. kleinen F., je nachdem ob der Fetisch sich ganz selbständig gemacht hat, oder noch nicht.

Zur Erinnerung an die Tatsachen genügen ein paar Beispiele: so spielen Kleider eine bes. Rolle, das Haar, Wäschestücke, endlich kann alles mögliche zum Fetisch werden, auch solche Dinge, deren Zusammenhang mit der Person nicht mehr evident ist. Klar u. ehrlich ist, was 1 [Krafft-Ebing] zur Erklärung des Phänomens vorbringt. Er sagt, diese Störung unterscheide sich dadurch von anderen, dass der erworbene Charakter deutlich hervortrete; dass der F. auf ein Erlebnis zurückgehe. Er meint, dass alle diese fetischistischen Vorlieben auf Kindheitseindrücke zurückgingen, die meist vergessen (!) seien, während ihre Wirkung geblieben sei. Es wird aber nicht behauptet, dass mit dem Klarmachen dieser Erinnerung der Fetisch seine Rolle ausgespielt habe. Selbst wo man das aber tat, änderte sich bei dem Betreffenden gar nichts.

Wir finden also beim Fetischismus 2 Mechanismen erwähnt: 1. das infantile Moment, u. 2. das Moment der Reminiszenz. Was den Mech[anismus] dieser Entstehung betrifft, meint Ebing, es wäre anzunehmen, dass der Fetisch durch eine gleichzeitige Assoziation, indem er mit der ersten Erregung zusammenträfe, zu seiner grossen Bedeutung gelangt wäre. Er nimmt also keine inhaltliche Verknüpfung, sondern bloss eine zeitliche, zufällige an. Man musste das annehmen, weil man sich gewisse Arten von F. nicht erklären konnte. Aber es blieb rätselhaft, dass diese zufällige Gleichzeitigkeit eine solche Macht über eine Person gewinnen konnte. Man musste also weiter annehmen, dass diese Person vdn einer pathologischen Disposition sei. Damit aber stossen wir auf den Felsen, auf den die ganze psychopathia sexualis aufgebaut ist: auf die rätselhafte sexuelle Konstitution, also auf das Rätsel der Nervosität überhaupt.

Interessant ist die Bemerkung Ebings, dass die psychische Impotenz häufig auf solchen F. zurückgehe, indem der Betreffende seinen Fetisch nicht zu kennen brauche, aber in allen Fällen, wo er nicht vorhanden ist, seine Potenz versagt. Kommt er einmal auf die Bedingung seiner Potenz, dann ist er Fetischist.

Zu erwähnen ist, dass E. [Krafft-Ebing], auch von »negativem F.« spricht, einem etwas künstlichen Begriff, der z. B. dort angewendet wird, wo ein Mann nur imstande ist für ein Mädchen das nur ein Bein haben darf oder schielen muss etz. sexuell zu empfinden. 3. Das komme daher, dass seine erste Liebe einem Mädchen mit derartigen Defekten galt.

Besonders interessant ist dem Vortragenden von jeher der Fuss- oder Schuh-F. erschienen, für den er nie eine Erklärung habe finden können. Ebing meint, dass dieser F. masochistischer Natur sei, indem der Betr. dem Fuss od. Schuh des Weibes, unter dessen Herrschaft er sich zu stellen bereit ist, diese symbolische Bedeutung beilegt. –

Bloch (3) bietet wie gesagt nur Verschwommenes. Er bezeichnet alle Reize des Weibes, Busen, Augen, Haare etz., also gerade die eigentlichen weiblichen Reize, als F., was dessen Begriff widerspricht.

Wie dieser Überblick zeige, stecken in der Sache Unklarheiten, die wir hervorziehen müssen. Es ist vor allem unter dem Begriff des F. sowohl bei [Krafft-] Ebing wie bei den andern, verschiedenes gemeint. 1. Dinge, die wir scharf erfassen u. begrenzen können u. 2. etwas Rätselhaftes, u. es wäre vorzuschlagen, für dieses Letzte, Rätselhafte den Namen des F. zu reservieren u. das andere so zu heissen, wie es verdient benannt zu werden. Eine große Zahl von Fällen sind

Reminiszenzen nach dem Muster des hysterischen Mechanismus. Rem[iniszenzen] von ehemals vielleicht normalen Liebesaffekten. Der Unterschied vom Hysterischen ist nur, dass es ihm hier nicht unbekannt zu sein braucht, dass es so ist, u. dass es ihm auch nichts nützt, wenn er aufmerksam gemacht wird, wie es ist. Für diese Reize müsse man eine andere Beziehung vorschlagen, die eine grosse Zahl von Fällen decken wird. Es hat auch bei andern Leuten einen guten Sinn, von ihren *Liebesbedingungen* zu sprechen. Es gibt ganz harmlose Leute, die sich plötzlich verlieben, weil eine der ihnen unbekannten Liebesbedingungen erfüllt wurde.

Die Liebesbedingungen können bloss eine Relation sein (hierher gehört z. B. die der »Mutterätiologie« zuzuzählende Bedingung, ob eine Frau frei ist oder einem andern angehört etc.); es können aber auch bestimmte Eigenschaften sein. Diese Liebesbedingungen gehen dann ganz ins Normale über. Als »F.« sind es entweder direkte Reminiszenzen an geliebte Personen oder, wenn die Verdrängung dazu kommt, das Gegenteil.

Anders steht es mit den Fällen, die den Namen F. eigentlich verdienen. Wir können uns nicht vorstellen, dass das Remin. sein sollen, können sie aber auch nicht als Liebesbedingungen erklären. Für diese rätselhaften Fälle möchte nun der Vortragende einen Erklärungsversuch geben.

Die schwache Seite dieses Versuches sei, dass sie im ganzen auf der Beobachtung von 3 Fällen verteilt auf 2 Personen fusse.

Anderseits sei aber diese Aufklärung von so prinzipieller Natur, dass man annehmen könne, es werde sich in andern Fällen ähnlich verhalten.

Die erste Aufklärung betraf den Kleiderf. u. ergab etwas, was wir längst hätten wissen können. Pat. stellte sich schon im ersten Moment als Kleiderfetischist dar, indem er sich auffällig seine Hosenfalte richtete, was er später jedesmal regelmässig wiederholte. Er war psychisch impotent u. hatte trotz seiner zahlreichen Verhältnisse nie einen Koitus zustande gebracht. Alles Interesse am Weib ist bei ihm auf die Kleider verschoben. Er erwartete z. B. einmal eine geliebte Dame bei einem Rendez-vous; aber seine Liebe war im Nu weg, als sie in schlechter hastig übergeworfener Kleidung erschien. Es stellte sich auch heraus, dass seine plötzlichen Verfeindungen bei späteren Liebesverhältnissen immer darauf zurückgingen, dass ihm ein Stück ihrer Kleidung missfiel. – In seinem sonstigen Wesen finden sich einige Parallelen zu diesem Kleider[-]Interesse. Pat. ist spekulativer Philosoph geworden u. die Namen spielen bei ihm eine ganz besonders grosse Rolle. Es hat sich also auf intellektuellem Gebiet etwas ähnliches beim Pat. vollzogen wie auf erotischem Gebiet: er hat sein Interesse von den Dingen weg auf die Worte gewendet, die ja gewissermaßen die Kleider der Begriffe sind u. das erklärt sein Interesse für die Philosophie. Aber auch die Kleider sind für ihn zum Fetisch geworden von etwas ganz andern her. Er war regelmässig Zuschauer bei der Entkleidung einer ihm nahe stehenden geliebten Person: seiner Mutter. Diese war von anfang an in den Sohn verliebt u. lebte in einer körperlichen Intimität mit ihm ohne dass aber je etwas vorgefallen wäre, was man ihr zum Vorwurf machen könnte. Sie duldete weder von seiner noch vor ihrer Seite ein »genieren« beim Entkleiden u. so zogen sie sich skrupellos vor einander komplett aus. Dadurch wurde er zum Voyeur. Dann kam die Zeit der Verdrängung dieser Neigung sowie der Neigung zur Mutter, u. als er aus der Verdrängung auftauchte war er zum Kleiderfetischisten geworden. Die Kleiderlosigkeit aber war es, die ihn interessierte. Der interessierte Moment war ihm immer, wenn die Hose fiel u. sie ist ihm das bedeutsamste Kleidungsstück geworden.

Der Mechanismus des Falles ist folgender: es handelt sich um den Sehtrieb, der schauen will u. der durch Entkleidung zu befriedigen ist. Kommt dann die Verdrängung zu diesem Trieb, so taucht auf der andern Seite plötzlich die Hochschätzung dessen auf, was in einer bestimmten Weise mit diesen Entkleidungsszenen zu tun hat. Er will jetzt nicht mehr sehen u. auch nicht mehr daran erinnert werden, aber er verehrt jetzt die Kleider. Er verehrt jetzt das, was ihn damals am sehen gehindert hat: er *wird Kleiderfetischist nach Verdrängung der Schaulust.* Theoretisch bedeutsam an dieser Aufklärung ist, dass sie uns zeigt, dieser Fall von F. rühre nicht von einer Reminiszenz her, sondern dass eine Triebverdrängung stattgefunden hat. Und man kommt darauf, dass hier eine auch sonst bekannte Triebverdrängung vor sich gegangen ist. Ein Typus der Verdrängung, der mit der Spaltung des Komplexes eingeleitet wird. Ein Teil wird nun wirklich verdrängt, während der andere Teil idealisiert wird, der eben in unserm Fall zum Fetisch erhoben wird. Diese Art der Verdrängung war schon aus andern Beispielen bekannt, bevor sie zur Aufklärung für den F. wurde. Es sei nur an ein welthistorisches Beispiel einer solchen Verdrängung erinnert. Als das Mittelalter begann, die Sinnlichkeit zu verdrängen u. das Weib herabzusetzen, ging das nur mit gleichzeitiger Idealisierung der Mutter als Jungfrau Maria.

Diese Aufklärung des Kleiderfetischismus ist eigentlich keine Neuigkeit. In der Welt der Tatsachen können wir beobachten, dass die Hälfte der Menschheit zu den Kleiderfet. gerechnet werden muss. Alle Frauen sind nämlich Kleiderfetischisten. Das Kleid spielt bei ihnen eine unerklärliche Rolle. Es handelt sich wieder um Verdrängung desselben, diesmal nur passiven Triebs des Sich-sehenlassens, der mit der Kleidung verdrängt wurde u. deswegen werden die Kleider zum Fetisch erhoben. Erst jetzt verstehen wir, wieso selbst die intelligentesten Frauen sich gegen die Anforderungen der Mode wehrlos verhalten. Die Kleider ersetzen für sie die Körperformen u. dieselben Kleider zu tragen heisst nur dasselbe zeigen können, was die andern zeigen können, heisst nur, dass man alles, was man vom Weibe erwarten kann auch bei ihr finde, eine Versicherung, welche die Frau eben nur in dieser Form geben kann. Denn sonst wäre es nicht verständlich, wieso viele Frauen den Anforderungen der Mode folgend auch Kleidungsstücke, die sie nicht vortei[l]haft kleiden, die ihnen nicht stehen, tragen wollen u. auch tragen. Derselbe Pat. zeigte noch eine zweite Perversion u. nach Aufklärung des Kleiderfetischismus wurde es plötzlich klar, warum der Mann auch Stiefelfetischist geworden war.

Versuchen wir dasselbe Schema, das der Verdrängung, welche die Mitte hält zwischen völliger Verdrängung u. Sublimierung, auf diesen zweiten F. anzuwenden u. fragen wir uns, welchen Trieb das wohl hier betreffen könnte. Da ergab sich folgendes: Pat. hatte als Kind die Gewohnheit gehabt zwischen den Zehen herumzuarbeiten, wo sie stark riechende Sekrete abzusondern pflegen, die offenbar Gegenstand der Lust für den Menschen sein müssen; u. zw. der *Riechlust,* die solange dauert, bis der Ekel hinzu kommt u. ihr ein Ende macht. Ein Teil der Analerotik besteht ja auch darin u. zw. in der Weise, dass das Individuum sich den Finger in den Anus steckt u. dann an demselben riecht. In ähnlicher Weise verschaffen sich viele den Genuß des anderen [»]unerträglichen[«] Vaginalgeruches (oder des Sekrets der Achselhöhle etc.). Diese »perversen« Regungen spielen beim Kind eine grosse Rolle u. sind bedeutende Lustquellen. Diese Riechlust nun gehört zu den am meisten verdrängten Regungen. Personen, die zuerst an dem übelriechenden Fusssekreten Genuss gehabt haben, u. bei denen dann diese partielle Verdrängung der Regung eingetreten ist, werden Fussfetischisten, indem die Lust am Geruch unterdrückt wird, während der nun geruchlose Fuss idealisiert wird. Bei dem Ideal ist vom Geruch nicht mehr die Rede, er wird nicht einmal negativ betont. Wir finden also hier denselben Mechanismus, nur in viel überraschenderer u. klarerer Weise zur Geltung kommen. Wir finden hier wieder eine untergegangene Trieblust aber hier das *direkte Objekt* ihres Komplexes vom Trieb losgelöst zum F. erhoben.

Das wäre im Wesentlichen die Neuigkeit.

Es ist noch aufmerksam zu machen, dass verschiedene Eigentümlichkeiten unseres Liebeslebens zu der Fähigkeit dieser Unterdrückung in Beziehung zu bringen sind. Man könnte es ja zur Analerotik stellen, aber es wäre besser zur *Nasenerotik* zu stellen. Freilich ist auch das keine Neuigkeit. So bemerkt Bloch, dass dem Haarfetischism. ursprünglich die Geruchsanziehung zugrunde liege. –

Als Analogon für einen unauf[ge]klärten Fall könne man eine Beobachtung Krafft-Ebings [heranziehen], welche diese Erklärung des F. enthält. – Es handelte sich um einen damals 30 jährig. jungen Mann, einen Handfetischisten *(Frauenhand),* von dem wir nach unserem Schema den Hergang schon wüssten. Und tatsächlich treffen unsere theoretischen Voraussetzungen zu. Das Jugendleben dieses Menschen ist ausgefüllt von massloser mutueller Onanie. Mit $21^{1}/_{2}$ Jahren bekommt er einen Abscheu vor der Onanie u. von da an wird er Fetischist f. weibliche Hände (Verdrängung partiell u. Verschiebung vom Mann aufs Weib). Schon bei der mutuellen Onanie war wahrscheinlich der Wunsch vorhanden, von einem Weib onaniert zu werden. Dieser Fall enthält eigentlich die Auflösung des Handfetischismus.

Es ist nach dem Gesagten wahrscheinlich, dass es wirklich die Auflösung des F. sein dürfte, so weit er sich in der hervorgehobenen pathologischen Form äussert: Triebunterdrückung, partielle Verdrängung u. Erhebung des einen Stücks des verdrängten Komplexes zum Ideal. Natürlich müsse man dann verschiedene Typen dieser Verdrängungsform unterscheiden, je nachdem ob das zum Ideal Erhobene direkt ein Bestandteil des Komplexes oder etwas Gegensätzliches ist oder ob es in indifferenter Beziehung zum Trieb stand.

Die Hauptbestätigung für die gegebene Darstellung liegt im Positiv des F., in den Perversionen. So [ist] z. B. von den perversen Fussfetischisten längst bekannt, dass sie sich am liebsten ein Mädel von der Strasse, mit recht schmutzigen Füssen aussuchen, die sie dann ablecken. Hier ist der unterdrückte Ekeltrieb eklatant.

Wenn noch 5-6 derartige Beobachtungen von F. mit der angedeuteten Zurückführung auf kindliche Regungen beigebracht würden, dann hätten wir das Rätsel des F. gelöst. –

*Diskussion:.*

*Hollerung* kann mangels eigener Erfahrung nichts darüber sagen. Er erinnert sich nur einer Kranken, die lange Zeit mutuelle Onanie getrieben hatte u. dann grosses Interesse für die Hand eines Bekannten bekam, sie streichelte u. an ihre Brust drückte wie ein Kind etz. –

*Stekel* berichtet, nachdem er den Dank für die reichen Anregungen ausgesprochen hat, von einem bei ihn in Behandlung stehenden Fussfetischisten (7. Monat der Analyse), der Männerfüsse (Matrosen, Kanoniere), – bes. wenn sie sich nackt auf der Strasse zeigen u. also unrein sind, sehr bevorzugt. – Vor Schweissfüssen ekelt er sich. Sein erstes Kindermädchen hatte Schweissfüsse u. ihr Geliebter, ein Kanonier, pflegte in der Küche seine übelriechenden Stiefelfetzen abzulegen. Seiner Gouvernante, die ein Ausbund von Schlechtigkeit war, stecke er den Fuss in die Vagina u. leckte ihre Füsse. Seine Hauptphantasie als Kind war, barfuss auf der Ringstrasse spazieren zu gehen mit einer Riesenzehe u. einem langen Nagel daran. Er hat auch die Vorstellung einen fremden Penis zwischen seine beiden Zehen zu stecken, wie er es mit dem Finger ja wirklich tat. – Die Fussgeschichte hat sich im Laufe der Analyse total verloren u. ist durch die gehörten Ausführungen des Herrn Prof. [Freud] ganz klar geworden. Anders steht es mit einer zweiten Eigentümlichkeit des Pat., mit seinem Urinfetischismus, der ihn, da er diesem Gelüste in abgelegenen Stadtteilen, aber immerhin öffentlich nachgibt, fast mit dem Strafgesetz in Konflikt brachte u. sich auch bis jetzt jeder Aufklärung widersetzte. Neben dem Lecken des Urins von Frauen macht ihm auch das Zusehen, wie eine uriniert, Vergnügen. In der Analyse sagt er darüber: inter urinas et faeces nascimur [dt: zwischen Urin und Kot werden wir geboren], was sich natürlich auf seinen Mutterkomplex bezieht u. es ist naheliegend anzunehmen, dass er die Mutter urinieren gesehen hatte. Damit ist aber seine Vorliebe für das Urintrinken nicht erklärt. Seine Hauptphantasie besteht daran [sic], sich für den Abort zu halten, der den Urin »trinkt«, was sich darauf reduziert, dass die Mutter der Abort ist u. er ist in der Mutter drin (inter urinas etc.). Daran hängen Inzestgedanken auf die Schwester etc. – Pat. hat an schweren Anfällen gelitten,- die von Autoritäten als epileptische behandelt wurden; sie bestanden in Schwindel, Umfallen, Schreien; Erwachen mit Zungenbiss u. aufgetriebenem Leib. Dann lag er eine Weile fast flach auf dem Boden u. es gingen eine Menge Winde von ihm ab. Dieses Liegen (Hocken) auf dem Boden entspricht die Stellung, in welcher er die Miktio beobachtet u. in welcher er schleckt. Er fürchtete den Anfall immer, wenn die Inzestgedanken ins Bewusstsein durchbrachen. – Der therap. Erfolg in Bezug auf die Anfälle war ein großartiger. Es ergab sich als inf. Erlebnis eine Szene, wo er mit seinem Bruder die kleine Schwester festhielten [sic] u. ihr Sodawasser in den Anus spritzten, bis es nicht mehr weiter ging, worauf dann von dem Kinde die Winde abginge[n], woraus sich beim Pat. der aufgetriebene Leib u. die Flatulenz erklären. Der Urin ist weiter determiniert als eine Art masochistischer Bestrafung. Es ist der Ersatz der für den Pat. überaus ekelhaften Vorstellung, dass ein anderer Mann sich mit seiner Schwester einlasse.

*Hitschmann* stellt sich als »Schuhfetischist« vor mit dem Bemerken, dass sein »Fall« ausgezeichnet zu der vorgebrachten Theorie stimme. Seine ersten Kindheitserinnerungen betreffen seine mit ihm verwandte Bonne. Eine dieser Kindheitsvisionen, dass er sieht wie die Bonne ihn wäscht u. er dabei eine Erektion bekommt. Daneben stehen seine neue[n] Stiefel, deren Juchtengeruch ebenfalls Erektion erzeugt. Die zweite Vision bezieht sich auf eine Kousine, deren Halbschuhe er allein stehend findet u. an die er sein erigiertes Glied anlegt, wobei er einen Urinausbruch (infant. Ejakulation) bekommt. – Auch erinnere er sich dieser Kousine unter die Röcke gekrochen zu sein u. das erigierte Glied an ihre Schuhe gedrückt zu haben. Diese Kousine wurde von ihm u. seinen Geschwistern verspottet u. ihr immer die »stinkende[n] Galüsch« (Gummischuhe) vorgeworfen. Auch im Gymnasium, wo er ein bisschen [sic] homosexuell gewesen sei, hätten ihn jene Kollegen angezogen, welche schöne Schuhe oder wohlgeformte Füsse hatten u. auch jetzt noch spiele das eine gewisse, wenn auch bei weitem nicht mehr die ausschliessliche oder Hauptrolle. – Auch die übelriechenden Dinge spielen bei ihm eine gewisse Rolle; so habe er grosse Abneigung vor Schweissfüssen u. ist im Geruch überhaupt sehr penibel.

Auffallend sei ihm häufig gewesen, dass neurotische Frauen oft sehr defekte u. schmutzige Schuhe tragen (Frauen, die verliebt sind u. es verdrängen).

In letzter Zeit habe er von einem 2–3 jährig. Knaben erfahren, der ein auffallendes Interesse für Schuhe zeigte. Die Schuhe liegen dem Kind auch räumlich näher als andere Dinge. –

Aufgefallen sei ihm nur an den Ausführungen des Herrn Prof. warum die Frau exhibitionistischer sein sollte als der Mann. Beim Tier sei es ja das Männchen, das sich zeige etc. –

*Steiner* kann aus eigenem Ähnliches bestätigen wie Hitschmann; den empfindlichen Geruch, die Vorliebe in der Jugend, die Abneigung heute etc.

Er kennt eine Dame mit einer fetischistischen Vorliebe für Halskrausen. Sie riecht zu [sic] Dingen, die für andere Menschen eine ausgesprochene Geruchlosigkeit besitzen etc.

*Deutsch* berichtet über eine Mitteilung, die ihm vor Jahren von einem Freunde gemacht wurde, bei der er aber versäumte der Sache tiefer nachzugehen. Es handelte sich um einen zurückgezogenen jungen Mann, der nie mit einem Mädchen beisammen gewesen war. Seine Mutter war gestorben als er $2\,^{1}/_{2}$ Jahre alt war, worauf eine ca. 20jährig. Tante ins Haus kam. Diese setzte sich immer so, dass sie mit ihrer Fussspitze sein Glied berührte. Dieser schüchterne junge Mann verliebte sich plötzlich in die Braut eines Korpsbruders, bei der er dann einmal den Koitus ausführte. Es ist wahrscheinlich, dass bei der Liebe zu diesem Mädchen die Erfüllung einer gewissen fetischistischen Bedingung (Fuss) wirksam war.

In letzter Zeit wurde ihm von einem 4jährig. Knaben berichtet, der die Gouvernante unter dem Zopf krauen musste, worauf sie in grosse Erregung gerate u. den Knaben stürmisch an sich presse. Vielleicht könnte hier der Beginn eines Haarfetischismus liegen.

*Federn* möchte darauf hinweisen, dass in allen Fällen der Fetischismus nicht das einzige Symptom sei, sondern dass die Betreffenden nebstdem immer komplizierte psychoneurotische Verdrängungssymptome aufweisen.

Da bei den gehörten Fällen immer schwere Potenzstörungen da wären, sei die Frage am Platze ob es solche Leute [sind], die vollkommen koitieren können? (Prof. Freud: natürlich, wenn der Fetisch da ist). Ob nicht die Verdrängung zur Impotenz gehört u. es auch F. ohne Verdrängung gibt? Oder ob, wenn sich der Riechtrieb nicht auf ein später zu verdrängendes Ziel geworfen hätte, keine Bedingung für einen F. gegeben wäre. –

Er habe einen Fall von Kleiderf. mit Impotenz behandelt jedoch nicht geheilt. Die Aetiologie lag hier in einem exhibitionistischen Verhältnis z. Schwester.

*Joachim* erinnert bei der Spaltung des Komplexes an zwei Krankengeschichten bei Krafft-Ebing, wo es sich um Perverse handelt, die ausserordentliches Gefallen an Nasenlöchern u. Ohren hatten u. auch hinein koitierten oder wenigstens den Versuch machten. Vielleicht sei in diesen Fällen eine Zurückführung möglich auf den bei Kindern häufigen libidinösen Vorgang, der das Ablecken u. Verzehren von Sekreten der Nase u. der Ohren betrifft. Er erinnerte sich einer Frau, die dem Mann das Ohr immer ausleckte. Häufig sei das Küssen der Ohren u. auch auf die

Nase pflegt es vorzukommen. Häufig sei das Saugen an den Ohrläppchen u. auch Napoleon soll diese Gewohnheit gehabt haben.

*Sadger* führt einen Fall von Handschuhfetischismus an, den er schon auf dem Salzburger Vortrag [1908] erwähnte. Pat. trug nur Glacehandschuhe von brauner, gelber oder roter Farbe, die ihn exquisit an Kot erinnerten. Es war offenbar dieser Handschuhf. Ersatz der Analerotik.

(Federn meint, das dürfte ein Kotschmierer gewesen sein, den die Handschuhe dann am Schmieren hindern sollten, wie sie ihn anderseits daran erinnerten). –

Beim Zopf könnte es sich vielleicht um ein Penissymbol handeln, wie bei den Fingern des Handschuhs.

*Adler* findet die Ausführungen des Herrn Professors weniger so bemerkenswert wegen der Aufklärungen über den F., obwohl sie ja darauf hinweisen, dass dieser ebenfalls in den Kreis unserer Betrachtungen gehört, als wegen der tiefen Zusammenhänge mit allen Problemen der Neurose, die uns beschäftigen u. die zum Teil so sicher stehen wie die Verdrängung, zum Teil so kontrovers sind, wie die erogenen Zonen.

Das wichtigste dieser Probleme ist wohl das der Annäherung an die Analerotik u. es werde sich bald zeigen lassen, dass es eine Neurose ohne die Nachweise der Analerotik überhaupt nicht gebe. Er sei diesen Spuren schon seit langer Zeit nachgegangen u. habe auch schon wiederholt darauf hingewiesen.

Auch lässt sich bei jeder Analyse irgendwo F. nachweisen (bes. häufig ist der Schuhf.). Er habe noch keine Hysterie gesehen, die ihn nicht gezeigt hätte, ohne natürlich gerade daran gelitten zu haben.

Er habe auch in seiner Arbeit über den Aggressionstrieb darauf verwiesen, dass der prägnante Charakterzug der Triebverwandlung für jede Neurose festzuhalten sei; man finde immer die verschiedensten Phasen des Triebs nebeneinander (roh u. nackt, gehemmt, sublimiert etc.). Er habe auch kürzlich erst aufmerksam gemacht auf den für die Neurosen wichtigsten Punkt, auf den akuten Anlass zum Ausbruch der Neurose. Einen solchen müsse man beim F. nicht voraussetzen, sondern dieser sei eine Erscheinung, die schon aus der infantilen Geneigtheit zur Neurose hervorgeht u. diese andeutet. Der Ursprung dieser Neigung dürfte nicht einheitlich sein. Bei Schuhf. handelt es sich auch nach seiner Erfahrung regelmässig um Reminiszenzen an Schweissfüsse (nicht nur des eigenen sondern auch der des Vaters, Bruders etc.). Bei allen diesen Pat. sei das Geruchsorgan merkwürdig entwickelt, was wahrscheinlich auf die intensive Beschäftigung mit allerlei Gerüchen zurückzuführen ist. Die Zusammenfassung aller dieser Züge, die das neurotische Bild ergeben, lässt sich einheitlich ausdrücken. Was den Verdrängungserscheinungen zugrunde liegt ist in allen Fällen *die Furcht vor Degradierung*, die ursprünglich hervorgegangen ist aus der Furcht vor Beschmutzung. Dies erzeugt beim Pat. eine Stimmungslage, die als *Emp-*

*findlichkeit* bezeichnet werden muss. Diese Empfindlichkeit, aus der der akute Anfall, das Symptom etz. entsteht, bildet den Kern der Einheit der Neurosen. Die Schmutzneigung ist manchmal so stark ausgeprägt, dass man sie für eine ursprüngliche halten könnte; sie ist aber doch schon eine Reaktion, die dadurch charakterisiert ist, dass sie immer mit Aggression gegen die Eltern verbunden ist, so dass man aus ihr schon den starken Aggr[essions-]Trieb herausspüren kann, der dann bei der Neurose einer teilweisen Hemmung Platz macht, die auf alle andern Lebensäusserungen übergreifen kann.

Diese seine Stellung glaube er zu dem Vortrag, der uns so tief in das Gefüge der Neurosen hineingeführt hat, präzisieren zu dürfen u. hoffe gelegentlich zu weiteren Ausführungen derselben zu kommen.

*Bass* bestätigt, dass sein leichter Haarfet. mit starken Geruchsempfindungen vergesellschaftet sei. In seiner väterlichen Familie habe sich eine feine Nase fortgeerbt. – Dann habe er auch Wohlgefallen an schönen Füssen; seine Kindheitserinnerungen sei[en] aber diesbezüglich wie überhaupt *visueller* Natur (ein bischen [sic] Voyeur) u. es spiele bei seiner Form des Fussf. das Gesicht viel mehr mit als der Geruch: bes. die Weiterkonstruktion des ganzen Körpers von dem wohlgeformten Fuss nach aufwärts.

Die Vorliebe für Ohren gehe wahrscheinlich auf die Gewohnheit des gleichzeitigen Zupfens am Ohrläppchen während des Lutschens zurück.

*Prof. Freud* dankt im Schlusswort zunächst für die anregenden und vervollständigenden Bemerkungen u. gibt hierauf einige Nachträge, Auskünfte u. Antworten.

Er habe die Beziehung des Fussf. zum Masochismus, wie ihn Krafft-Ebing u. mit ihm viele andere vertreten, zu wenig hervorgehoben. Er meint, diese Verbindung sei sekundärer Natur.

Stekels Fall bringe für diese Frage unleugbar gewisse Schwierigkeiten mit sich, dürfte aber [als] Komplikation von Neurose u. Perversion weniger ins Gewicht fallen. Die Urinperversion sei aber nicht so rätselhaft (auch hier Geruch Hauptrolle), jedenfalls aber nicht als F. zu bezeichnen, da von einer Idealisierung nicht die Rede sei.

Die interessanteste Bestätigung habe Hitschmann gebracht.

Zu Joachims Vermutung über Vorliebe f. Nasen u. Ohren sei zu bemerken dass man hier weniger Spekulation u. mehr Analyse brauche. Spekulativ könnte man ja auch einen Zusammenhang des Taschentuchfet. mit dem ungern vermissten Schneuzen mit der Hand herstellen. – Wichtig wäre jedenfalls die Unterscheidung des Geruchssinns all dieser Leute.

Interessant u. natürlich nicht zu übersehen sei die Bemerkung Adlers, dass es sich auch um Gerüche anderer für ihn bedeutsamer Personen handeln könne. – Die übrigen Bemerkungen Adlers seien suggestiv, wenn er auch seinen Formulierungen nicht zustimmend entgegenkommen könne.

Anschliessend daran bemerkt Prof. Freud, es dämmere ihm eine Erkenntnis, von der er glaube, dass sie sich in vielem mit Adlers Anschauungen decke, wenn auch dessen Termini (Degradierung, Empfindlichkeit etz.) mehr der Philosophie u. Schulpsychol. angehören. In unserer Sprache würden wir, was er vermutet, etwa so aussprechen: die Verdrängung der libidinösen Triebe gehe vom Ich-Trieb, vom Erhaltungstrieb aus. Es handle sich dabei um den Kampf zweier Triebe: dessen, der das *Individuum* zu erhalten sucht u. dessen, der es den Zwecken der Gattung zu opfern sucht. Die Richtigkeit dieser Annahme vorausgesetzt, würde sie die Formulierungen Adlers ersetzen u. in einer allgemeineren Formel zusammenfassen. –

Frappiert hätte ihn, dass Adler die Einheit der Neurosen erst suchen müsse u. dort finde. Wir finden sie darin, dass es sich um die Schicksale der Libido handelt, dass sie samt u. sonders Ersatzformen für die normalen Äusserungen der Erotik sind.

# Briefe Freud – Abraham (18. 2. 1909; 24. 2. 1910)

Prof. D. Freud, Wien IX., Berggasse 19
18. 2. 09

Lieber Herr Kollege

Daß wir uns sobald in Berlin sehen, ist jedenfalls sehr unsicher und soll mir die angenehme Verpflichtung, mich brieflich mit Ihnen zu unterhalten, nicht erleichtern. Sie wissen ja, durch neuneinhalb Monate bin ich der Sklave des Geldes, das in kleinen Portionen zu erwerben ist und darum eine rechte Groß- und Freizügigkeit nicht aufkommen läßt.
[...]
In Betreff des Fußfetischismus kann ich Sie zufällig dank einiger Ermittlungen der letzten Tage orientieren. Die Verwendung des Fußes (Ferse, Knie) zur Masturbation ist nicht gerade selten sowohl bei einsamer als mutueller Praxis. Das erklärt aber nur das Element: Fuß in der Symptomatik, nicht den Fetischismus. (In einem meiner Fälle war eine Gehlähmung begreifliche Folge). Der Fetisch kommt so zu Stande: er resultiert aus einer besonderen Art der Verdrängung, die man als partielle bezeichnen könnte, bei welcher ein Stück des Komplexes verdrängt, ein anderes, zugehöriges zur Entschädigung idealisiert wird. (Historische Parallele: Das Mittelalter mit seiner Verachtung des Weibes und Erhöhung der Jungfrau Maria). In unserem Falle handelt es sich um eine ursprüngliche Riechlust am übelriechenden Fuß (den der Perverse darum stets dem gereinigten vorzieht). Diese Riechlust wird vertrieben, dafür der Fuß, der einstige Spender des Genusses, zum Fetisch erhoben. Von seinem Geruch ist dann nicht mehr die Rede. Ich kenne noch die Kleiderfetischisten, wo die Beziehung noch enger ist. Es sind ehemalige Voyeurs, Entkleidungszuschauer, denen die Kleider dereinst sehr im Wege waren. Der normale Kleiderfetischismus der Frauen hängt ebenso mit dem passiven Schau-, dem Entblößungstrieb zusammen. Ich warte noch auf zahlreichere Beispiele, um diese Ableitung bekannt zu machen, werde mich sehr freuen, wenn Sie unterdes einige Fälle mit diesem Schlüssel aufsperren.

[...]

Mit herzlichen Grüßen

Ihr treu ergebener

Freud

Prof. D. Freud, Wien IX., Berggasse 19
24. 2. 10

Lieber Herr Kollege

Es freut mich ungemein, daß ich Ihnen mit etwas dienen kann. Leider ist es nur sehr wenig, aber verfügen Sie darüber nach Ihrem Belieben.

Ich habe nur einen Fall genau untersucht, von anderen, in denen das Thema des Fetischismus in lehrreicher Weise gestreift wurde, nur die Ergebnisse, nicht die Notizen. Der Fall betraf einen 25-jährigen hochgebildeten, feinen und geistreichen Mann, der, ehe er sich das erste Mal aufs psychoanalytische Sofa niederstreckte, sorgsam die Hosenfalte spannte. Er erwies sich als Kleiderfetischist im besseren Sinne, legte großen Wert auf Eleganz und Geschmack in der eigenen Kleidung und fand ein weibliches Wesen >unmöglich<, wenn ihre Kleidung nicht idealen Ansprüchen entsprach. Ein Mädchen, das ihn sehr gereizt hatte, verlor plötzlich alles Interesse für ihn, als sie einmal in unpassender Gewandung zum Rendezvous kam.

Er war psychisch impotent und laut Analyse an die Mutter fixiert, die ihn Jahre hindurch zum Zuschauer bei ihrem An- und Auskleiden, bis zum Vorletzten wenigstens, gemacht hatte, ganz in ihn verliebt ist und auch heute noch, wo er abwehrt, einer solchen Intimität nicht abgeneigt wäre. (Während der Kur hat er glänzende Potenz erworben, ist aber psychisch anästhetisch geblieben). Er war auch Stiefelfetischist, auch nicht der gröbsten Art. Seine Kindheit war voll von ungewöhnlich intensiver koprophiler Betätigung. Er brachte es z. B. im Alter von 8–10 Jahren zu Stande, sich eine harte Wurst aus dem Darm heraushängen zu lassen, von der er im Laufe des Tages immer mehr abbröckelte. Er war noch immer ein überempfindlicher Riecher. In den Pubertätsjahren Voyeur, seine Onanie begann mit Spionieren nach sich entkleidenden Amerikanerinnen in einem Schweizer Hotel.

Aus anderen Fällen habe ich gelernt, daß der Stiefelfetischismus auf eine ursprüngliche Lust (Riechlust) am schmutzigen und stinkenden Fuß geht. Wie ja dies Objekt auch in der positiven Perversion wiederkehrt. Die koprophile

Riechlust sehe ich als den Träger der meisten Fälle von Fuß- und Stiefelfetischismus an. überdies ist zu betonen, daß der Weiberfuß wahrscheinlich den schmerzlich vermißten, prähistorisch postulierten Penis des Weibes ersetzt. Ersatz für ebendasselbe dürfte der Zopf sein. Zopfabschneiden ist also Kastration an Frauen, Frauen >machen<, da man durch Kastration zum Weib wird. Grelle Fälle von Fetischismus habe ich nicht analysiert.

[...]

Ich grüße Sie und Ihre liebe Frau

Herzlich Ihr

Freud

## Ein Fall von Fußfetischismus (WPV 11.3.1914)

Vortragsabend: am 11. März 1914

[Anwesend:] Federn, Freud, Friedjung, Hitschmann, [Hug-]Hellmuth, Jekels, Nepallek, Rank, Sachs, Sadger, Silberer, Steiner, Tausk, [E.] Weiss, [K.] Weiß, Landauer.
Friedmann, Krauss [als Gäste].

[225. PROTOKOLL]
Ein Fall von Fußfetischismus
[Vortragender:] Prof. S. Freud

Es handelt sich um den kurz und ohne Erfolg behandelten Fall eines 47jährigen Fußfetischisten mit psychischer Impotenz, dessen Eigentümlichkeiten gestatteten, ein neues Licht auf die Genese dieser Perversion zu werfen und hinter dem Binetschen »Kindheitstrauma«, das die Perversion schon fixiert zeigt, die konstitutionellen und akzidentellen Bedingungen dieser Einstellung aufzuzeigen.

Aus der Krankengeschichte und der analytischen Rekonstruktion der Sexualentwicklung des Patienten ergeben sich folgende allgemeine Gesichtspunkte für die Entstehung einer Perversion und speziell des Fußfetischismus:

Wahrscheinlich eine Überbetonung der Erogenität des Fußes und entsprechend frühzeitige abnorme Sexualreizung (die hier von der sexuell selbst stark abnormen Mutter ausgegangen sein und den Fuß zum Objekt genommen haben dürfte).

Dann eine Regression während der Sexualentwicklung infolge der Sexualeinschüchterung; und zwar eine solche in der Kindheit, welche die Entwicklung stört, und eine in der Pubertät, welche die Fixierung hervorruft. Die Kindheitsstörung erfolgt hier durch Kastrationsdrohung von seiten des Vaters und durch den Anblick des schwesterlichen Genitales (Kindheitserinnerung, in der er mit dem Kopf zwischen den Beinen der nackten Schwester liegt); diese Schwester trug wegen Rachitis Beinschienen, und von da leitet sich das für ihn reizende, schmale, gerade Fußideal ab. In der »traumatischen« Szene aus dem 6. Lebensjahr, wo sich Patient für den Fuß seiner englischen Gouvernante sehr interessierte, erscheint die Perversion schon fixiert. Sie bleibt aber zunächst latent bis in die Zeit der Pubertät, wo die zweite große Abschreckung vor dem weiblichen Genitale (Sexualverkehr) durch den Hofmeister erfolgte (Wiederbelebung der väterlichen Drohung). Dazu kommt die symbolische Bedeutung des Fußes, welcher den beim Weib (infolge der Kastration) vermißten Penis ersetzt (Traum des Patienten, daß seine Frau einen Penis habe). Bald nach dieser Pubertätseinschüchterung setzte die bis zum heutigen Tage dauernde Impotenz ein. Sein sehr frühes Interesse für den Fuß (als Hund auf dem Boden kriechen, unter dem Tisch sich aufhalten) erklärt sich daraus, daß er von unten hinauf die Genitalien sehen wollte. Das große Trauma mit der Schwester bedingt aber eine Hemmung seiner Sexualforschung, von da beginnt die Regression, und sein Interesse wird auf den Ausgangspunkt seiner Sexualforschung, den Fuß, zurückgeschlagen. Es bildet demnach eine weitere Bedingung ein Vorwiegen des Schautriebes und die Fixierung durch die örtliche oder »geographische« Regression.

Endlich gehört der Fußfetischismus als Unterart zum Masochismus, der mit dem Verhältnis zu Mann und Weib zusammenhängt. Das bedeutsamste Moment ist das Verhalten des Kindes gegen die Sexualeinschüchterung: es wird sich einerseits sträuben und seinen Penis verteidigen, anderseits die Kastration annehmen und sich in die weibliche Rolle finden. Es scheint von der ursprünglichen bisexuellen Anlage abzuhängen, ob es in die Aktivität oder Passivität umschlägt, was bestimmend für den Ausgang in Neurose oder Perversion ist. Der vom Manne früh Eingeschüchterte hat Neigung, gegen das Weib masochistisch zu sein, und umgekehrt. – Die kürzeste Formel für den Fuß-fetischisten wäre: ein masochistischer Geheimseher.

## Diskussion

TAUSK sucht an der Hand eines eigenen Beispiels ein Detail der Analyse zu ergänzen, aus dem sich ergebe, daß der Homosexuelle ganz direkt sich selbst suche. – Es sei nicht notwendig, daß es sich um ein Hineinfinden in die weibliche Rolle handle. Der Mensch habe im allgemeinen zwei Modalitäten, um mit der vergebens umworbenen Mutter fertig zu werden: 1. indem man sich dem Manne zuwendet und 2. indem man das Verhältnis, welches man zur Mutter gehabt hat, immer wieder (als Symptom) darstellt, wodurch man doch mit der Mutter in Berührung kommt.

STEINER vermißt in diesem Falle den beim Fußfetischisten sonst bedeutsamen Riechtrieb. Die masochistische Einstellung des Patienten verbürge gewöhnlich eine schlechte Prognose.

HITSCHMANN verweist auf die geringe Beweiskraft der »bestätigenden« Träume, die sich mit dem Material der letzten Stunde beschäftigen.

FEDERN weist als eine der Bedingungen für den Fußfetischismus darauf hin, daß der Sexualtrieb zu einer Zeit erwacht sein müsse, wo das Kind noch krieche. Daß der Patient als Kind zwischen den Schenkeln der Schwester lag, scheint auch nicht [ohne] Einfluß auf seine spätere Mundperversion zu sein. Die konstitutionelle Bedingung läuft darauf hinaus, in welchem Alter die einzelnen Partien des Sexualtriebes zur Betonung kommen, wieweit sie von außen gehemmt werden oder sich betätigen können. – Masochistische Einstellung bewirkt nicht nur die Kastrationsdrohung, sondern jede Hemmung, welche gegen die Funktion des männlichen Gliedes gerichtet ist; bei jedem ist auch eine starke weibliche Konstitution vorhanden; hervorhebenswert ist, daß die Handonanie – wie in diesem Fall – von den meisten Masochisten vermieden wird.

RANK weist auf eine mögliche Bestätigung für die angeführte Rolle der Sexualeinschüchterung in der Paranoia hin, wo sich dieses ganze Stück Entwicklung [in] pathologischer Verzerrung zu wiederholen scheine. Nach den Ausführungen Freuds hätten die späteren Homosexuellen die Sexualeinschüchterung durch das Weib erfahren und stellten sich dann gegen den Mann masochistisch homosexuell ein. Dazu würde sehr gut stimmen, daß sich nicht selten der Ausbruch der Paranoia durch Sexualverfolgung (masochistisch) von seiten eines Weibes charakterisiert, während später folgerichtig die Wendung zum Manne (in der Abwehrform) und schließlich die Erotomanie als Heilungsversuch der Einstellung zum Weibe in der ursprünglich gewünschten Form verriete.

Prof. FREUD reagiert in seinem Schlußwort zunächst auf die Bemerkungen von Tausk, indem er darauf verweist, daß die Verliebtheit des Homosexuellen in sich selbst bereits von Sadger und ihm selbst ausgesprochen worden sei. Mit der Ergänzung der Deutung in dem einen Punkte sei er einverstanden, könne aber nicht gelten lassen, daß sich der Patient nur so nebenbei in die weibliche Rolle hineinversetze. – Die beiden Mechanismen des Masochismus, als Reaktion und als Einfügung, enthalten zuviel Konstruktion ebenso wie Federns Bemerkungen über das gleiche Thema (Identifizierung von Masochismus und passiven Trieben).

Daß der Riechtrieb in diesem Falle keine Rolle spielte, sei richtig; möglicherweise war er durch den Schautrieb ersetzt. Die schlechte Prognose in Fällen von Masochismus scheine jetzt doch günstigeren Chancen zu weichen.

# Fetischismus (1927)

[311] In den letzten Jahren hatte ich Gelegenheit, eine Anzahl von Männern, deren Objektwahl von einem Fetisch beherrscht war, analytisch zu studieren. Man braucht nicht zu erwarten, daß diese Personen des Fetisch wegen die Analyse aufgesucht hatten, denn der Fetisch wird wohl von seinen Anhängern als eine Abnormität erkannt, aber nur selten als ein Leidenssymptom empfunden; meist sind sie mit ihm recht zufrieden oder loben sogar die Erleichterungen, die er ihrem Liebesleben bietet. Der Fetisch spielte also in der Regel die Rolle eines Nebenbefundes.

Die Einzelheiten dieser Fälle entziehen sich aus naheliegenden Gründen der Veröffentlichung. Ich kann darum auch nicht zeigen, in welcher Weise zufällige Umstände zur Auswahl des Fetisch beigetragen haben. Am merkwürdigsten erschien ein Fall, in dem ein junger Mann einen gewissen »Glanz auf der Nase« zur fetischistischen Bedingung erhoben hatte. Das fand seine überraschende Aufklärung durch die Tatsache, daß der Patient eine englische Kinderstube gehabt hatte, dann aber nach Deutschland gekommen war, wo er seine Muttersprache fast vollkommen vergaß. Der aus den ersten Kinderzeiten stammende Fetisch war nicht deutsch, sondern englisch zu lesen, der »Glanz auf der Nase« war eigentlich ein »Blick auf die Nase« (glance = Blick), die Nase war also der Fetisch, dem er übrigens nach seinem Belieben jenes besondere Glanzlicht verlieh, das andere nicht wahrnehmen konnten. [312]

Die Auskunft, welche die Analyse über Sinn und Absicht des Fetisch gab, war in allen Fällen die nämliche. Sie ergab sich so ungezwungen und erschien mir so zwingend, daß ich bereit bin, dieselbe Lösung allgemein für alle Fälle von Fetischismus zu erwarten. Wenn ich nun mitteile, der Fetisch ist ein Penisersatz, so werde ich gewiß Enttäuschung hervorrufen. Ich beeile mich darum hinzuzufügen, nicht der Ersatz eines beliebigen, sondern eines bestimmten, ganz besonderen Penis, der in frühen Kinderjahren eine große Bedeutung hat, aber später verloren geht. Das heißt: er sollte normalerweise aufgegeben werden, aber gerade der Fetisch ist dazu bestimmt, ihn vor dem Untergang zu behüten. Um es klarer zu sagen, der Fetisch ist der Ersatz für den Phallus des Weibes (der Mutter), an den das Knäblein geglaubt hat und auf den es – wir wissen warum – nicht verzichten will.[1]

Der Hergang war also der, daß der Knabe sich geweigert hat, die Tatsache seiner Wahrnehmung, daß das Weib keinen Penis besitzt, zur Kenntnis zu nehmen. Nein, das kann nicht wahr sein, denn wenn das Weib kastriert ist, ist sein eigener Penisbesitz bedroht, und dagegen sträubt sich das Stück Narzißmus, mit dem die Natur vorsorglich gerade dieses Organ ausgestattet hat. Eine ähnliche Panik wird vielleicht der Erwachsene später erleben, wenn der Schrei ausgegeben wird, Thron und Altar sind in Gefahr, und sie wird zu ähnlich unlogischen Konsequenzen führen. Wenn ich nicht irre, würde Laforgue in diesem Falle sagen, der Knabe »skotomisiert« die Wahrnehmung des Penismangels beim Weibe.[2] Ein neuer Terminus ist dann berechtigt, wenn er einen neuen [313] Tatbestand beschreibt oder heraushebt. Das liegt hier nicht vor; das älteste Stück unserer psychoanalytischen Terminologie, das Wort »Verdrängung«, bezieht sich bereits auf diesen pathologischen Vorgang. Will man in ihm das Schicksal der Vorstellung von dem des Affekts schärfer trennen, den Ausdruck »Verdrängung« für den Affekt reservieren, so wäre für das Schicksal der Vorstellung »Verleugnung« die richtige deutsche Bezeichnung. »Skotomisation« scheint mir besonders ungeeignet, denn es weckt die Idee, als wäre die Wahrnehmung glatt weggewischt worden, so daß das Ergebnis dasselbe wäre, wie wenn ein Gesichtseindruck auf den blinden Fleck der Netzhaut fiele. Aber unsere Situation zeigt im Gegenteil, daß die Wahrnehmung geblieben ist und daß eine sehr energische Aktion unternommen wurde, ihre Verleugnung aufrecht zu halten. Es ist nicht richtig, daß das Kind sich nach seiner Beobachtung am Weibe den Glauben an den Phallus des Weibes unverändert gerettet hat. Es hat ihn bewahrt, aber auch aufgegeben; im Konflikt zwischen dem Gewicht der unerwünschten Wahrnehmung und der Stärke des Gegenwunsches ist es zu einem Kompromiß gekommen, wie es nur unter der Herrschaft der unbewußten Denkgesetze – der Primärvorgänge – möglich ist. Ja, das Weib hat im Psychischen dennoch einen Penis, aber dieser Penis ist nicht mehr dasselbe, das er früher war. Etwas anderes ist an seine Stelle getreten, ist sozusagen zu seinem Ersatz ernannt worden und ist nun der Erbe des Interesses, das sich dem früheren zugewendet hatte. Dies Interesse erfährt aber noch eine außerordentliche Steigerung, weil der Abscheu vor der

---

1 Diese Deutung ist bereits 1910 in meiner Schrift »Eine Kindheitserinnerung des Leonardo da Vinci« ohne Begründung mitgeteilt worden.
2 Ich berichtige mich aber selbst, indem ich hinzufüge, daß ich die besten Gründe habe, anzunehmen, Laforgue würde dies überhaupt nicht sagen. Nach seinen eigenen Ausführungen ist »Skotomisation« ein Terminus, der aus der Deskription der Dementia praecox stammt, nicht durch die Übertragung psychoanalytischer Auffassung auf die Psychosen entstanden ist und auf die Vorgänge der Entwicklung und Neurosenbildung keine Anwendung hat. Die Darstellung im Text bemüht sich, diese Unverträglichkeit deutlich zu machen.

Kastration sich in der Schaffung dieses Ersatzes ein Denkmal gesetzt hat. Als stigma indelebile der stattgehabten Verdrängung bleibt auch die Entfremdung gegen das wirkliche weibliche Genitale, die man bei keinem Fetischisten vermißt. Man überblickt jetzt, was der Fetisch leistet und wodurch er gehalten wird. Er bleibt das Zeichen des Triumphes über die Kastrationsdrohung und der Schutz gegen sie, er erspart es dem Fetischisten auch, ein Homosexueller zu werden, indem er dem Weib jenen [314] Charakter verleiht, durch den es als Sexualobjekt erträglich wird. Im späteren Leben glaubt der Fetischist noch einen anderen Vorteil seines Genitalersatzes zu genießen. Der Fetisch wird von anderen nicht in seiner Bedeutung erkannt, darum auch nicht verweigert, er ist leicht zugänglich, die an ihn gebundene sexuelle Befriedigung ist bequem zu haben. Um was andere Männer werben und sich mühen müssen, das macht dem Fetischisten keine Beschwerde.

Der Kastrationsschreck beim Anblick des weiblichen Genitales bleibt wahrscheinlich keinem männlichen Wesen erspart. Warum die einen infolge dieses Eindruckes homosexuell werden, die anderen ihn durch die Schöpfung eines Fetisch abwehren und die übergroße Mehrzahl ihn überwindet, das wissen wir freilich nicht zu erklären. Möglich, daß wir unter der Anzahl der zusammenwirkenden Bedingungen diejenigen noch nicht kennen, welche für die seltenen pathologischen Ausgänge maßgebend sind; im übrigen müssen wir zufrieden sein, wenn wir erklären können, was geschehen ist, und dürfen die Aufgabe, zu erklären, warum etwas nicht geschehen ist, vorläufig von uns weisen.

Es liegt nahe, zu erwarten, daß zum Ersatz des vermißten weiblichen Phallus solche Organe oder Objekte gewählt werden, die auch sonst als Symbole den Penis vertreten. Das mag oft genug stattfinden, ist aber gewiß nicht entscheidend. Bei der Einsetzung des Fetisch scheint vielmehr ein Vorgang eingehalten zu werden, der an das Haltmachen der Erinnerung bei traumatischer Amnesie gemahnt. Auch hier bleibt das Interesse wie unterwegs stehen, wird etwa der letzte Eindruck vor dem unheimlichen, traumatischen, als Fetisch festgehalten. So verdankt der Fuß oder Schuh seine Bevorzugung als Fetisch – oder ein Stück derselben – dem Umstand, daß die Neugierde des Knaben von unten, von den Beinen her nach dem weiblichen Genitale gespäht hat; Pelz und Samt fixieren – wie längst vermutet wurde – den Anblick der Genitalbehaarung, auf den der ersehnte des weiblichen Gliedes hätte folgen [315] sollen; die so häufig zum Fetisch erkorenen Wäschestücke halten den Moment der Entkleidung fest, den letzten, in dem man das Weib noch für phallisch halten durfte. Ich will aber nicht behaupten, daß man die Determinierung des Fetisch jedesmal mit Sicherheit durchschaut. Die Untersuchung des Fetischismus ist all denen dringend zu empfehlen, die noch an der Existenz des Kastrationskomplexes zweifeln oder die meinen können, der Schreck vor dem weiblichen Genitale habe einen anderen Grund, leite sich z. B. von der supponierten Erinnerung an das Trauma der

Geburt ab. Für mich hatte die Aufklärung des Fetisch noch ein anderes theoretisches Interesse.

Ich habe kürzlich auf rein spekulativem Wege den Satz gefunden, der wesentliche Unterschied zwischen Neurose und Psychose liege darin, daß bei ersterer das Ich im Dienste der Realität ein Stück des Es unterdrücke, während es sich bei der Psychose vom Es fortreißen lasse, sich von einem Stück der Realität zu lösen; ich bin auch später noch einmal auf dasselbe Thema zurückgekommen.[3] Aber bald darauf bekam ich Anlaß, zu bedauern, daß ich mich so weit vorgewagt hatte. Aus der Analyse zweier junger Männer erfuhr ich, daß sie beide den Tod des geliebten Vaters im zweiten und im zehnten Jahr nicht zur Kenntnis genommen, »skotomisiert« hatten – und doch hatte keiner von beiden eine Psychose entwickelt. Da war also ein gewiß bedeutsames Stück der Realität vom Ich verleugnet worden, ähnlich wie beim Fetischisten die unliebsame Tatsache der Kastration des Weibes. Ich begann auch zu ahnen, daß analoge Vorkommnisse im Kinderleben keineswegs selten sind, und konnte mich des Irrtums in der Charakteristik von Neurose und Psychose für überführt halten. Es blieb zwar eine Auskunft offen; meine Formel brauchte sich erst bei einem höheren Grad von Differenzierung im psychischen Apparat zu bewähren; dem Kind konnte gestattet sein, was sich beim Erwachsenen durch [316] schwere Schädigung strafen mußte. Aber weitere Untersuchungen führten zu einer anderen Lösung des Widerspruchs.

Es stellte sich nämlich heraus, daß die beiden jungen Männer den Tod des Vaters ebensowenig »skotomisiert« hatten wie die Fetischisten die Kastration des Weibes. Es war nur eine Strömung in ihrem Seelenleben, welche den Tod des Vaters nicht anerkannt hatte; es gab auch eine andere, die dieser Tatsache vollkommen Rechnung trug; die wunschgerechte wie die realitätsgerechte Einstellung bestanden nebeneinander. Bei dem einen meiner beiden Fälle war diese Spaltung die Grundlage einer mittelschweren Zwangsneurose geworden; in allen Lebenslagen schwankte er zwischen zwei Voraussetzungen, der einen, daß der Vater noch am Leben sei und seine Tätigkeit behindere, und der entgegengesetzten, daß er das Recht habe, sich als den Nachfolger des verstorbenen Vaters zu betrachten. Ich kann also die Erwartung festhalten, daß im Fall der Psychose die eine, die realitätsgerechte Strömung, wirklich vermißt werden würde.

Wenn ich zur Beschreibung des Fetischismus zurückkehre, habe ich anzuführen, daß es noch zahlreiche und gewichtige Beweise für die zwiespältige Einstellung des Fetischisten zur Frage der Kastration des Weibes gibt. In ganz raffinierten Fällen ist es der Fetisch selbst, in dessen Aufbau sowohl die Verleugnung wie die Behauptung der Kastration Eingang gefunden haben. So war es bei einem Manne, dessen Fetisch in einem Schamgürtel bestand, wie er auch als

---

3 »Neurose und Psychose« (1924) und »Der Realitätsverlust bei Neurose und Psychose« (1924).

Schwimmhose getragen werden kann. Dieses Gewandstück verdeckte überhaupt die Genitalien und den Unterschied der Genitalien. Nach dem Ausweis der Analyse bedeutete es sowohl, daß das Weib kastriert sei, als auch, daß es nicht kastriert sei, und ließ überdies die Annahme der Kastration des Mannes zu, denn alle diese Möglichkeiten konnten sich hinter dem Gürtel, dessen erster Ansatz in der Kindheit das Feigenblatt einer Statue gewesen war, gleich gut verbergen. Ein solcher Fetisch, aus Gegensätzen doppelt geknüpft, hält natürlich besonders gut. In anderen zeigt [317] sich die Zwiespältigkeit an dem, was der Fetischist – in der Wirklichkeit oder in der Phantasie – an seinem Fetisch vornimmt. Es ist nicht erschöpfend, wenn man hervorhebt, daß er den Fetisch verehrt; in vielen Fällen behandelt er ihn in einer Weise, die offenbar einer Darstellung der Kastration gleichkommt. Dies geschieht besonders dann, wenn sich eine starke Vateridentifizierung entwickelt hat, in der Rolle des Vaters, denn diesem hatte das Kind die Kastration des Weibes zugeschrieben. Die Zärtlichkeit und die Feindseligkeit in der Behandlung des Fetisch, die der Verleugnung und der Anerkennung der Kastration gleichlaufen, vermengen sich bei verschiedenen Fällen in ungleichem Maße, so daß das eine oder das andere deutlicher kenntlich wird. Von hier aus glaubt man, wenn auch aus der Ferne, das Benehmen des Zopfabschneiders zu verstehen, bei dem sich das Bedürfnis, die geleugnete Kastration auszuführen, vorgedrängt hat. Seine Handlung vereinigt in sich die beiden miteinander unverträglichen Behauptungen: das Weib hat seinen Penis behalten und der Vater hat das Weib kastriert. Eine andere Variante, aber auch eine völkerpsychologische Parallele zum Fetischismus möchte man in der Sitte der Chinesen erblicken, den weiblichen Fuß zuerst zu verstümmeln und den verstümmelten dann wie einen Fetisch zu verehren. Man könnte meinen, der chinesische Mann will es dem Weibe danken, daß es sich der Kastration unterworfen hat.

Schließlich darf man es aussprechen, das Normalvorbild des Fetisch ist der Penis des Mannes, wie das des minderwertigen Organs der reale kleine Penis des Weibes, die Klitoris.

# Die Ichspaltung im Abwehrvorgang (1940 [1938])

[59] Ich befinde mich einen Moment lang in der interessanten Lage nicht zu wissen, ob das, was ich mitteilen will, als längst bekannt und selbstverständlich oder als völlig neu und befremdend gewertet werden soll. Ich glaube aber eher das letztere.

Es ist mir endlich aufgefallen, dass das jugendliche Ich der Person, die man Jahrzehnte später als analytischen Patienten kennen lernt, sich in bestimmten Situationen der Bedrängnis in merkwürdiger Weise benommen hat. Die Bedingung hiefür kann man allgemein und eher unbestimmt angeben, wenn man sagt, es geschieht unter der Einwirkung eines psychischen Traumas. Ich ziehe es vor, einen scharf umschriebenen Einzelfall hervorzuheben, der gewiss nicht alle Möglichkeiten der Verursachung deckt. Das Ich des Kindes befinde sich also im Dienste eines mächtigen Triebanspruchs, den zu befriedigen es gewohnt ist, und wird plötzlich durch ein Erlebnis geschreckt, das ihn lehrt, die Fortsetzung dieser Befriedigung werde eine schwer erträgliche reale Gefahr zur Folge haben. Es soll sich nun entscheiden: entweder die reale Gefahr anerkennen, sich vor ihr beugen und auf die Triebbefriedigung verzichten, oder die Realität verleugnen, sich glauben machen, dass kein Grund zum Fürchten besteht, damit es an der Befriedigung festhalten kann. Es ist also ein Konflikt zwischen dem Anspruch des Triebes und dem Einspruch der Realität. Das Kind tut aber keines von beiden, oder vielmehr, es tut gleichzeitig beides, was auf dasselbe hinauskommt. Es antwortet auf den Konflikt mit zwei entgegengesetzten Reaktionen, beide giltig und wirksam. Einerseits weist es mit Hilfe bestimmter Mechanismen die Realität ab und lässt sich nichts verbieten, anderseits anerkennt es im gleichen Atem die [60] Gefahr der Realität, nimmt die Angst vor ihr als Leidenssymptom auf sich und sucht sich später ihrer zu erwehren. Man muss zugeben, das ist eine sehr geschickte Lösung der Schwierigkeit. Beide streitende Parteien haben ihr Teil bekommen; der Trieb darf seine Befriedigung behalten, der Realität ist der gebührende Respekt gezollt worden. Aber umsonst ist bekanntlich nur der Tod. Der Erfolg wurde erreicht auf Kosten eines Einrisses im Ich, der nie wieder verheilen, aber sich mit der Zeit vergrössern wird. Die beiden entgegengesetzten Reaktionen auf den Konflikt bleiben als Kern einer Ichspaltung bestehen. Der ganze Vorgang erscheint uns so sonderbar, weil wir die Synthese der Ichvorgänge für etwas Selbstverständliches halten. Aber wir haben offenbar darin Unrecht. Die so ausserordentlich wichtige synthetische Funktion des Ichs hat ihre besonderen Bedingungen und unterliegt einer ganzen Reihe von Störungen.

Es kann nur von Vorteil sein, wenn ich in diese schematische Darstellung die Daten einer besonderen Krankengeschichte einsetze. Ein Knabe hat im Alter zwischen drei und vier Jahren das weibliche Genitale kennen gelernt durch Verführung von Seiten eines älteren Mädchens. Nach Abbruch dieser Beziehungen setzt er die so empfangene sexuelle Anregung in eifriger manueller Onanie fort, wird aber bald von der energischen Kinderpflegerin ertappt und mit der Kastration bedroht, deren Ausführung, wie gewöhnlich, dem Vater zugeschoben wird. Die Bedingungen für eine ungeheure Schreckwirkung sind in diesem Falle gegeben. Die Kastrationsdrohung für sich allein muss nicht viel Eindruck machen, das Kind verweigert ihr den Glauben, es kann sich nicht leicht vorstellen, dass eine Trennung von dem so hoch eingeschätzten Körperteil möglich ist. Beim Anblick des weiblichen Genitales hätte sich das Kind von einer solchen Möglichkeit überzeugen können, aber das Kind hatte damals den Schluss nicht gezogen, weil die Abneigung dagegen zu gross und kein Motiv vorhanden war, das ihn erzwang. Im Gegenteile, was sich etwa an Unbehagen regte, wurde durch die Auskunft beschwichtigt, was da fehlt, wird noch kommen, es – das Glied – wird ihr später wachsen. Wer genug kleine Knaben beobachtet hat, kann sich an eine solche Äusserung [61] beim Anblick des Genitales der kleinen Schwester erinnern. Anders aber, wenn beide Momente zusammengetroffen sind. Dann weckt die Drohung die Erinnerung an die für harmlos gehaltene Wahrnehmung und findet in ihr die gefürchtete Bestätigung. Der Knabe glaubt jetzt zu verstehen, warum das Genitale des Mädchens keinen Penis zeigte, und wagt es nicht mehr zu bezweifeln, dass seinem eigenen Genitale das Gleiche widerfahren kann. Er muss fortan an die Realität der Kastrationsgefahr glauben.

Die gewöhnliche, die als normal geltende Folge des Kastrationsschrecks ist nun, dass der Knabe der Drohung nachgibt, im vollen oder wenigstens im partiellen Gehorsam – indem er nicht mehr die Hand ans Genitale führt – entweder sofort oder nach längerem Kampf, also auf die Befriedigung des Triebes ganz oder teilweise verzichtet. Wir sind aber darauf vorbereitet, dass unser Patient sich anders zu helfen wusste. Er schuf sich einen Ersatz für den vermissten Penis des Weibes, einen Fetisch. Damit hatte er zwar die Realität verleugnet, aber seinen eigenen Penis gerettet. Wenn er nicht anerkennen musste, dass das Weib ihren Penis verloren hatte, so büsste die ihm erteilte Drohung ihre Glaubwürdigkeit ein, dann brauchte er auch für seinen Penis nicht zu fürchten, konnte ungestört seine Masturbation fortsetzen. Dieser Akt unseres Patienten imponiert uns als eine Abwendung von der Realität, als ein Vorgang, den wir gern der Psychose vorbehalten möchte. Er ist auch nicht viel anders, aber wir wollen doch unser Urteil suspendieren, denn bei näherer Betrachtung entdecken wir einen nicht unwichtigen Unterschied. Der Knabe hat nicht einfach seiner Wahrnehmung widersprochen, einen Penis dorthin halluziniert, wo keiner zu sehen war, sondern er hat nur eine Wertverschiebung vorgenommen, die Penisbedeutung einem anderen Körperteil übertragen, wobei ihm – in hier nicht anzuführender Weise – der Mechanismus der Regression zu Hilfe kam. Freilich betraf diese Verschiebung nur den Körper des Weibes, für den eigenen Penis änderte sich nichts.

Diese, man möchte sagen, kniffige Behandlung der Realität entscheidet über das praktische Benehmen des Knaben. Er betreibt seine Masturbation weiter, als ob sie seinem Penis keine Gefahr bringen könnte, [62] aber gleichzeitig entwickelt er in vollem Widerspruch zu seiner anscheinenden Tapferkeit oder Unbekümmertheit ein Symptom, welches beweist, dass er diese Gefahr doch anerkennt. Es ist ihm angedroht worden, dass der Vater ihn kastrieren wird, und unmittelbar nachher, gleichzeitig mit der Schöpfung des Fetisch, tritt bei ihm eine intensive Angst vor der Bestrafung durch den Vater auf, die ihn lange beschäftigen wird, die er nur mit dem ganzen Aufwand seiner Männlichkeit bewältigen und überkompensieren kann. Auch diese Angst vor dem Vater schweigt von der Kastration. Mit Hilfe der Regression auf eine orale Phase erscheint sie als Angst, vom Vater gefressen zu werden. Es ist unmöglich, hier nicht eines urtümlichen Stücks der griechischen Mythologie zu gedenken, das berichtet, wie der alte Vatergott Kronos seine Kinder verschlingt und auch den jüngsten Sohn Zeus verschlingen will, und wie der durch die List der Mutter gerettete Zeus später den Vater entmannt. Um aber zu unserem Fall zurückzukehren, fügen wir hinzu, dass er noch ein anderes, wenn auch geringfügiges Symptom produzierte, das er bis auf den heutigen Tag festgehalten hat, eine ängstliche Empfindlichkeit seiner beiden kleinen Zehen gegen Berührung, als ob in dem sonstigen Hin und Her von Verleugnung und Anerkennung der Kastration doch noch ein deutlicherer Ausdruck zukäme.

# Abriß der Psychoanalyse (1938)

[132] Wenn wir bisher immer wieder betonen mussten, das Ich verdanke seine Entstehung wie die wichtigsten seiner erworbenen Charaktere der Beziehung zur realen Aussenwelt, so haben wir uns vorbereitet anzunehmen, dass die Krankheitszustände des Ichs, in denen es sich dem Es wiederum am meisten annähert, durch Aufhebung oder Lockerung dieser Aussenweltsbeziehung begründet sind. Dazu stimmt es sehr gut, dass uns die klinische Erfahrung lehrt, der Anlass für den Ausbruch einer Psychose sei entweder, dass die Realität unerträglich schmerzhaft geworden ist, oder dass die Triebe eine ausserordentliche Verstärkung gewonnen haben, was bei den rivalisierenden Ansprüchen von Es und Aussenwelt an das Ich die gleiche Wirkung erzielen muss. Das Problem der Psychose wäre einfach und durchsichtig, wenn die Ablösung des Ichs von der Realität restlos durchführbar wäre. Aber das scheint nur selten, vielleicht niemals vorzukommen. Selbst von Zuständen, die sich von der Wirklichkeit der Aussenwelt so weit entfernt haben wie der einer halluzinatorischen Verworrenheit (Amentia), erfährt man durch die Mitteilung der Kranken nach ihrer Genesung, dass damals in einem Winkel ihrer Seele, wie sie sich ausdrücken, eine normale Person sich verborgen hielt, die den Krankheitsspuk wie ein unbeteiligter Beobachter an sich vorüberziehen liess. Ich weiss nicht, ob man annehmen darf, es sei allgemein so, aber ich kann über andere, weniger stürmisch verlaufende Psychosen ähnliches berichten. Ich gedenke eines Falles von chronischer Paranoia, bei dem nach jedem Eifersuchtsanfall ein Traum die korrekte, völlig wahnfreie Darstellung des Anlasses zur Kenntnis des Analytikers brachte. Es ergab sich so der interessante Gegensatz, dass während wir sonst aus den Träumen des Neurotikers die seinem Wachleben fremde Eifersucht erraten, hier beim Psychotiker der tagsüber herrschende Wahn durch den Traum berichtigt wurde. Wir dürfen wahrscheinlich als allgemein gültig [133] vermuten, was in all solchen Fällen vor sich ginge, sei eine psychische Spaltung. Es bildeten sich zwei psychische Einstellungen anstatt einer einzigen, die eine, die der Realität Rechnung trägt, die normale, und eine andere, die unter Triebeinfluss das Ich von der Realität ablöst. Die beiden bestehen nebeneinander. Der Ausgang hängt von ihrer

relativen Stärke ab. Ist oder wird die letztere die stärkere, so ist damit die Bedingung der Psychose gegeben. Kehrt sich das Verhältnis um, so ergibt sich eine anscheinende Heilung der Wahnkrankheit. In Wirklichkeit ist sie nur ins Unbewusste zurückgetreten, wie man ja auch aus zahlreichen Beobachtungen erschliessen muss, dass der Wahn lange Zeit fertig gebildet lag, ehe er manifest zum Durchbruch kam.

Der Gesichtspunkt, der bei allen Psychosen eine Ichspaltung postuliert, könnte nicht soviel Beachtung in Anspruch nehmen, wenn er sich nicht bei anderen Zuständen, die den Neurosen ähnlicher sind und endlich bei diesen selbst als zutreffend erwiese. Ich habe mich davon zunächst in Fällen von Fetischismus überzeugt. Diese Abnormität, die man den Perversionen zurechnen darf, begründet sich bekanntlich darauf, dass der fast immer männliche Patient die Penis-losigkeit des Weibes nicht anerkennt, die ihm als Beweis für die Möglichkeit der eigenen Kastration höchst unerwünscht ist. Er verleugnet darum die eigene Sinneswahrnehmung, die ihm den Penismangel am weiblichen Genitale gezeigt hat, und hält an der gegenteiligen Überzeugung fest. Die verleugnete Wahrnehmung ist aber auch nicht ganz ohne Einfluss geblieben, denn er hat doch nicht den Mut zu behaupten, er habe wirklich einen Penis gesehen. Sondern er greift etwas anderes, Körperteil oder Gegenstand, auf und verleiht dem die Rolle des Penis, den er nicht vermissen will. Meist ist es etwas, was er damals beim Anblick des weiblichen Genitales wirklich gesehen hat, oder etwas, was sich zum symbolischen Ersatz des Penis eignet. Nun wäre es unrecht, diesen Vorgang bei der Bildung des Fetisch eine Ichspaltung zu heissen, es ist eine Kompromissbildung mit Hilfe von Verschiebung, wie sie uns vom Traum her bekannt ist. Aber unsere Beobachtungen zeigen uns noch mehr. Die Schöpfung des Fetisch folgte ja aus der Absicht, den Beweis für die Möglichkeit [134] der Kastration zu zerstören, so dass man der Kastrationsangst entgehen kann. Wenn das Weib einen Penis besitzt wie andere Lebewesen, braucht man für den Fortbesitz des eigenen Penis nicht zu zittern. Nun begegnen wir Fetischisten, die die nämliche Kastrationsangst entwickelt haben wie Nichtfetischisten und in derselben Weise auf sie reagieren. In ihrem Benehmen drücken sich also gleichzeitig zwei entgegengesetzte Voraussetzungen aus. Einerseits verleugnen sie die Tatsache ihrer Wahrnehmung, dass sie am weiblichen Genitale keinen Penis gesehen haben, anderseits anerkennen sie den Penismangel des Weibes und ziehen aus ihm die richtigen Schlüsse. Die beiden Einstellungen bestehen das ganze Leben hindurch nebeneinander, ohne sich gegenseitig zu beeinflussen. Das ist, was man eine Ichspaltung nennen darf. Dieser Sachverhalt lässt uns auch verstehen, dass der Fetischismus so häufig nur partiell ausgebildet ist. Er beherrscht die Objektwahl nicht ausschliessend, sondern lässt Raum für ein mehr oder minder grosses Ausmass von normalem Sexualverhalten, ja er zieht sich selbst manchmal auf eine bescheidene Rolle oder auf eine blosse Andeutung zurück. Die Ablösung des

Ichs von der Realität der Aussenwelt ist also den Fetischisten niemals vollkommen gelungen. Man darf nicht glauben, dass der Fetischismus einen Ausnahmsfall in Bezug auf die Ichspaltung darstellt, er ist nur ein besonders günstiges Studienobjekt dafür. Wir greifen auf die Angabe zurück, dass das kindliche Ich unter der Herrschaft der Realwelt unliebsame Triebansprüche durch die sogenannten Verdrängungen erledigt. Wir ergänzen sie jetzt durch die weitere Feststellung, dass das Ich in der gleichen Lebensperiode oft genug in die Lage kommt, sich einer peinlich empfundenen Zumutung der Aussenwelt zu erwehren, was durch die Verleugnung der Wahrnehmungen geschieht, die von diesem Anspruch der Realität Kenntnis geben. Solche Verleugnungen fallen sehr häufig vor, nicht nur bei Fetischisten, und wo immer wir in die Lage kommen, sie zu studieren, erweisen sie sich als halbe Massregeln, unvollkommene Versuche zur Ablösung von der Realität. Die Ablehnung wird jedesmal durch eine Anerkennung ergänzt, es stellen sich immer zwei gegensätzliche von einander unabhängige Einstellungen her, die den [135] Tatbestand einer Ichspaltung ergeben. Der Erfolg hängt wiederum davon ab, welche von beiden die grössere Intensität an sich reissen kann.

Die Tatsachen der Ichspaltung, die wir hier beschrieben haben, sind nicht so neu und fremdartig, wie sie zuerst erscheinen mögen. Dass in Bezug auf ein bestimmtes Verhalten zwei verschiedene Einstellungen im Seelenleben der Person bestehen, einander entgegengesetzt und unabhängig von einander, ist ja ein allgemeiner Charakter der Neurosen, nur dass dann die eine dem Ich angehört, die gegensätzliche als verdrängt dem Es. Der Unterschied der beiden Fälle ist im wesentlichen ein topischer oder struktureller und es ist nicht immer leicht zu entscheiden, mit welcher der beiden Möglichkeiten man es im einzelnen Falle zu tun hat. Die wichtige Gemeinsamkeit beider liegt aber im Folgenden: Was immer das Ich in seinem Abwehrbestreben vornimmt, ob es ein Stück der wirklichen Aussenwelt verleugnen oder einen Triebanspruch der Innenwelt abweisen will, niemals ist der Erfolg ein vollkommener, restloser, immer ergeben sich daraus zwei gegensätzliche Einstellungen, von denen auch die unterliegende, schwächere, zu psychischen Weiterungen führt. Es bedarf zum Schlusse nur eines Hinweises darauf, wie wenig von all diesen Vorgängen uns durch bewusste Wahrnehmung bekannt wird.

# Materialien

## Charles de Brosses: *Ueber den Dienst der Fetischgötter oder Vergleichung der alten Religion Egyptens mit der heutigen Religion Nigritiens* (1785)

Auszüge aus: **De Brosses**, C. (1785): *Ueber den Dienst der Fetischgötter oder Vergleichung der alten Religion Egyptens mit der heutigen Religion Nigritiens.* Berlin/Stralsund: Gottlieb August Lange. (S. 1–16 sowie 136–141)

Das Mischmasch der alten Mythologie ist für die Neuern nichts, als ein unerklärliches Chaos oder blos willkührliches Räthsel gewesen, so lange man sich der figürlichen Erklärung der neuplatonischen Philosophen bediente; eine Erklärungsart, die wilden und unwissenden Nationen eine Kentniß der verborgensten Ursachen der Natur beylegte und unter dem Haufen lappischer Gebrauche dummer und roher Menschen die geistigen Ideen der tiefsinnigsten Metaphysick zu entdecken glaubte. Man war nicht glücklicher, wenn man sich bemühte, durch Anwendungen, die größtentheils sehr gezwungen waren und sich nicht durchführen liessen, die umständliche, obgleich verstellte Geschichte aller Begebenheiten des hebräischen Volkes, das fast allen übrigen Nationen unbekant war und das seine Lehren mit gewissenhafter Sorgfalt vor allen Fremden verborgen hielt, in den mythologischen Sagen wieder zu finden. Allein diese beyden Methoden hatten einen auffallenden Nutzen für diejenigen, welche sich derselben zuerst bedienten. Die Helden suchten die Ehre ihres Glaubens vor dem gerechten Tadel der Christen zu sichern; und diese als Neubekehrte und Verfolgte hatten ein unmittelbares Interesse, alles, was ihnen fremd war, auf sich zurück zu rühren und die alten Sagen ihrer Gegner selbst in Beweise gegen dieselben zu verwandeln. Ausserdem ist die Allegorie ein allgemeines Werkzeug, welches sich zu allem brauchen läßt. Wenn man das System der figürlichen Deutung einmal angenommen hat, so sieht man darum, wie in Wolken, gar leicht alles, was man will. Man hat nie mit unüberwindlichen Schwierigkeiten zu kämpfen, wenn man nur einigermassen Witz und Einbildungskraft hat; es ist ein ungeheures Feld, fruchtbar an Auslegungen aller Art und wo man immer findet, was man bedarf. Es ist auch in der That der Gebrauch der figürlichen Erklärungsart so bequem, daß sie bey allem ihrem Widerspruch gegen die Vernunftlehre und den gemeinen Menschenverstand noch bis itzt in diesem vernünftelnden Jahrhunderte den alten Credit nicht hat verliehren können, den sie so viele Jahrhunderte hindurch behauptet hat.

Einige vernünftigere, in der Geschichte der ersten Völker, deren Colonien die Abendländer entdeckt haben, wol unterrichtete und in den morgenländischen Sprachen erfahrne Gelehrte haben endlich, nachdem sie die Mythologie von den übelzusammenhängenden Zusätzen, womit die Griechen sie beladen, gesäubert hatten, den wahren Schlüssel dazu in der wirklichen Geschichte aller dieser ersten Völker, ihrer Meinungen und ihrer Beherrscher; in den falschen Uebersetzungen einer Menge einfacher Ausdrücke, deren Sinn von denen nicht mehr verstanden ward, die fortfuhren, sich derselben zu bedienen; und in den Homonymien gefunden, die veranlaßten, daß man eben so viel verschiedene Wesen oder Personen aus einem Subject machte, das durch verschiedene Beynahmen bezeichnet ward. Sie haben eingesehn, daß die Mythologie, wie auch selbst ihr Nahme es anzeigt, nichts anders sey, als eine Geschichte oder Erzählung der Handlungen verstorbener Menschen, indem das griechische Wort μῦθος von dem Egyptischen Muth, v. i. mors, abstammt; einem Worte, das sich ebenfals in der Cananäischen Sprache befindet, Philo von Biblos übersetzt den Ausdruck, Muth, den er in dem Text des Sanchoniaton findet, durch θάνατος, oder Pluto: eine Uebersetzung, die uns im Vorbeigehen eine förmliche Aehnlichkeit zwischen der Egyptischen und Phönizischen Sprache anzeigt.

Horaz scheint Gefallen daran gehabt zu haben, die an dem Griechischen Worte, Mythologie, geheftete Idee durch die blosse buchstäbliche Uebersetzung, fabulæ manes, d. i. Verstorbene, von denen man sehr viel redet im Lateinischen zu geben. So entdeckt also der blosse Ursprung des Worts, Mythologie auf einmal die wahre Bedeutung, zeigt, aus welchem Gesichtspunkt die Mythologie betrachtet werden muß, und giebt Anleitung zu der besten Art, sie zu erklären. Die gelehrten Auslegungen, die uns diese Männer gegeben, lassen fast nichts mehr zu wünschen übrig, sowol was die ausführliche Anwendung der Fabeln auf die wirklichen Begebenheiten in dem Leben der berühmten Personen des heidnischen Alter- thums betritt, als auch in Ansehung der Auslegung der Ausdrücke, die richtig verstanden die Erzählung auf gemeine und gewöhnliche Begebenheiten zurück bringen und das falsche Wunderbare entfernen, womit man sie auszuschmücken beliebt hatte. Allein diese Schlüssel, die den Verstand historischer Erdichtungen sehr gut aufschliessen, sind nicht allemal hinreichend, die Ursachen der sonderbaren Lehrmeinungen und Gebräuche der ersten Völker anzugeben. Diese beiden Stücke der heidnischen Theologie beruhen entweder auf der Verehrung der Gestirne, die unter dem Nahmen des Sabäismus bekant ist, oder auf der vieleicht nicht weniger alten Verehrung gewisser irdischen und materiellen Gegenstände, die Fetischen bey den Afrikanischen Negern heissen, unter denen dieser Götzendienst statt findet, den ich dieser Ursache halber Fetischismus nennen werde. Ich bitte, daß man mir erlaubt, mich gewöhnlichermassen dieses Ausdrucks zu bedienen; und ob er sich gleich in seiner eigentlichen Bedeutung nur auf den Glauben der Afrikanischen Negern bezieht, so muß ich doch zum voraus sagen, daß ich mich dessen auch bedienen werde, wenn ich von irgend einer andern Nation rede, welche die Gegenstände ihrer Verehrung ans dein Thierreiche genommen, oder unbeseelte Wesen vergöttert hat. Auch werde ich diesen Ausdruck den gewissen Völkern gebrauchen, bei) denen die vergötterten Gegenstände nicht so wol eigentliche Götter sind, als vielmehr nur mit einer göttlichen Kraft begabte Dinge, als Orakel, Angehänge und Talismane oder Verwahrungsmittel: denn es ist gewiß genug, daß alle diese Arten zu denken einen und ebendenselben Ursprung haben und daß die leztere nichts anders, als die Nebensache einer andern allgemeinen und in weiter Entfernung über die ganze Erde ausgebreiteten Religion ist, die für sich untersucht werden muß, weil sie eine besondere Classe unter den verschiednen heidnischen Religionen ausmacht. Es ist, wie es mir scheint, und wie ich es beweisen will, dies gerade eine Hauptsache, so bey Prüfung der Mythologie angewandt werden muß, worauf sich unsere geschicktesten Mythologen entweder nicht besonnen, oder wovon sie keinen Gebrauch zu machen gewußt, weil sie das elendeste Ding von der Welt von einer zu schönen Seite angesehen haben. Es ist ausgemacht, daß unter den aller ältesten Völkern einige völlig rohe und unwissende sich vermöge einer ausschweifenden abergläubischen Dummheit diese seltsamen Erdgottheiten erdacht hatten; indeß andere weniger unverständige Nationen die Sonne und die Gestirne anbeteten. Diese beiden Religionsarten, reiche Quellen der Griechischen und Orientalischen Mythologie und weit älter, als die eigentlich sogenante Abgötterey, scheinen verschiedene Aufklärungen zu verlangen, die die Prüfung des Lebens vergötterter Menschen nicht an die Hand zu geben im Stande ist. Hier sind die Gottheiten von einer andern Gattung, hauptsächlich die bey den Fetistischen Völkern, deren Glauben, der so alt ist und seiner ausschweifenden Ungereimtheit ungeachtet sich so lange erhalten hat, ich umständlich aus einander zu setzen willens bin. Man hat bisher noch keine wahrscheinliche Ursache des den Egyptern so sehr zum Tadel gereichenden alten Gebrauchs angegeben, die Thiere und allerley Arten von Pflanzen anzubeten, quibus hæc nafcuntur in hortis numina[1]). Denn weder die mystischen Allegorien des Plutarchs und Porphyrs, welche behaupten, daß diese gemeinen Gegenstände eben so viel Sinnbilder der Eigenschaften des höchsten Wesens gewesen, noch die Meinung derer, die es ohne einen hinlänglichen Beweis als einen Grundsatz annehmen,

---

1 Juvenal. Sat. XV.

daß jede Gottheit statt einer andern sichtbaren Abbildung durch ein Thier vorgestellt worden, daher das Volk dies Sinnbild bald für die Gottheit selbst genommen habe; noch das System eines neuern figürlichen Auslegers, der daraus eben so viel Anschlagzettul macht, die auf eine räthselhatte Art dem Volke ganz gemeine Dinge anzeigen sollten, wovon man schon im gemeinen Leben Gebrauch machte, alle diese, sage ich, thun in dieser Betrachtung solchen Denkern, die sich nicht mit leeren und zierlichen Worten abfinden lassen, eben so wenig Genüge, als die Fabel von der Flucht der Götter vom Olymp herab nach Egypten, wo sie sich in alle Arten der thierischen Gestalten verwandelt, unter welcher Gestalt man sie denn nachher soll angebetet haben.

Man braucht, da man's näher finden kann, es nicht weit zu suchen, wenn man aus tausend ähnlichen Beyspielen weiß, daß es keinen so ungereimten und lächerlichen Aberglauben giebt, den die Unwissenheit vereint mit der Furcht nicht hervorgebracht hat; wenn man sieht, wie leicht der widersinnigste Gottesdienst in den stumpfen von dieser Leidenschaft beherrschten Seelen sich fest setzt und unter wilden Völkern, die ihr ganzes Leben hindurch Kinder am Verstande bleiben, durch die Gewohnheit einwurzelt. Diese Wurzel aber läßt sich so leicht nicht ausreissen: die alten Gebrauche, besonders, wenn sie mit dem Firniß der Heiligkeit überzogen sind, bleiben, nachdem man den Irrthum bereits lange eingesehen hat. Am Ende sind's auch nicht die Egypter allein, denen man einen ähnlichen Vorwurf machen könte. Wir werden bald sehen, daß die andern morgenländischen Nationen in ihren ersten Jahrhunderten eben so wenig von diesem kindischen Gottesdienste frey gewesen sind, den wir durchgehends über die ganze Erde ausgebreitet und besonders in Afrika im Ansehen erhalten finden werden. Er hat den Zeiten, worin die Völker noch im eigentlichen Verstande Wilde und in Unwissenheit und Barbarey versunken waren, seinen Ursprung zu danken. Das auserwählte Geschlecht ausgenommen, giebt es keine Nation, die nicht in dieser Verfassung gewesen, wenn man sie bloß von dem Augenblicke an betrachtet, wo man das Andenken der göttlichen Offenbahrung völlig unter ihnen vertilgt sieht. Ich nehme sie blos in diesem Zustande an und man muß alles, was ich in der Folge darüber sagen werde, in diesem Sinn verstehen. Das menschliche Geschlecht hatte gleich anfänglich von Gott selbst die unmittelbaren Anleitungen erhalten, die sich für die Vernunft schickten, womit seine Güte die Menschen begabt hatte. Es ist so erstaunend, sie in der Folge in einen Zustand der thierischen Fühllosigkeit verfallen zu sehn, daß man schwerlich umhin kann, denselben für eine gerechte und übernatürliche Strafe der Vergessenheit zu halten, deren sie sich gegen die wolthätige Hand ihres Schöpfers schuldig gemacht hatten. Einige Völker sind bis auf diesen Tag in diesem unausgebildeten Zustande geblieben. Ihre Sitten, ihre Ideen, ihre Beurtheilungskraft, ihre Handlungen, alles ist noch kindisch. Die andern haben, nachdem sie diesen Zustand durchgegangen, durch Beyspiel, Erziehung und Uebung ihrer Kräfte ihn früher oder später verlassen. Um zu wissen, was sich bey den diesen zugetragen, darf man nur sehn, was sich gegenwärtig bey jenen zuträgt; und überhaupt giebt es keine bessere Methode, durch die Vorhänge der unbekanten Dinge des Alterthums durch zu dringen, als zu beobachten, ob sich nicht noch itzt etwas ähnliches vor unsern Augen zuträgt. Lamiscus von Samos, ein Griechischer Philosoph, sagt, die Dinge geschehen und werden so geschehen, wie sie immer geschehen sind: εζινα εγενετο και εζαι. Jesus Sprach sagt ebenfals; quid est, quod fuit? ipsum, quod futurum est. Wir wollen also erstlich untersuchen, wie die Gebräuche der wilden Völker, bey denen der bewußte Gottesdienst noch in seinem ganzen Ansehen steht, in diesem Stücke beschaffen sind. Nichts gleicht dem ungereimten Aberglauben des alten Egyptens in Betracht so vieler lächerlichen Gottheiten mehr und nichts wird besser zeigen, woher diese unsinnige Gewohnheit kommt. Die Untersuchung, die ich an zu stellen denke, zertheilt diese kleine Abhandlung natürlich in drey Theile. Nachdem ich erklärt habe, wie der itzige Fetischismus neuerer Völker beschaffen ist, werde ich ihn mit dem bey den alten Völkern vergleichen, und diese Parallele, die uns natürlich auf das Urtheil führen wird, daß gleiche Handlungen einen gleichen Grund haben, wird uns deutlich genug sehen lassen, daß alle diese Völker darüber eine gleiche Art zu denken hatten, weil sie eine gleiche Art zu handeln, die davon eine Folge ist, gehabt haben

**Erster Abschnitt**
**Von dem itzigen Fetischismus der Negern und anderer wilden Nationen.**
Die Negern der westlichen Seite von Afrika und selbst die im Innern des Landes bis nach Rubien, das an Egypten gränzt, haben zu Gegenständen der Verehrung, gewisse Gottheiten, die von den Europärn Fetische genant werden, ein Ausdruck, der von den nach Senegal handelnden Europäern erdacht ist und zwar nach dem Portugisischen Worte, Fetiffo d. i. eine bezauberte, göttliche Sache, oder ein Ding, das Göttersprüche thut; von dem lateinischen Stammworte Fatum, fanum, fari. Diese göttlichen Fetische sind nichts anders, als der erste, der beste materielle Gegenstand, den eine Nation, oder ein Einzelner vor andern wählt und von ihren Priestern durch Ceremonien weihen läßt. Es kann ein Baum, ein Berg, das Meer, ein Stück Holz, ein Löwenschwanz, ein Kieselstein, eine Muschel, Salz, ein Fisch, eine Pflanze, eine Blume, irgend ein Thier, wie eine Kuh, eine Gemse, ein Elephant, ein Hammel seyn; oder sonst etwas dergleichen. Dies nun sind Götter, geheiligte Dinge und auch Talismane für die Negern, denen sie eine pünctliche und ehrfurchtsvolle Verehrung bezeigen, an die sie ihre Wünsche richten, denen sie Opfer bringen, die sie, wenn es sich thun läßt, in Prozeßion herumführen, oder mit großen Zeichen der Ehrfurcht bey sich tragen und die sie bey allen wichtigen Gelegenheiten um Rath fragen. Sie betrachten sie überhaupt als Beschützer der Menschen und als wirksame Verwahrungsmittel gegen alle

Arten von Zufällen. Sie schwören bey ihnen, und dies ist der einzige Eid, den diese treulosen Völker nicht zu verletzen wagen. Die Negern und größtentheils alle Wilde wissen nichts von abgöttischer Verehrung vergötterter Menschen. Die Sonne und die Fetische sind bey ihnen die wahren Gottheiten: wiewol auch einige von ihnen, die irgend eine schwache Idee von einem höchsten Wesen haben, sie demselben nicht gleich achten, und einige andere, die einen Anstrich von mahomedanischer Religion haben, sie blos zu untergeordneten Genien und Talismane machen. Es giebt in jedem Lande einen Hauptfetisch der Nation und überdem hat ein jeder Einzelner für sich einen, der ihm eigen und gleichsam sein Hausgott ist: oder hat auch deren noch eine größere Anzahl, nachdem er mehr oder weniger zur Furcht und Andacht geneigt ist. Diese ist bey ihnen so groß, daß sie jene sehr oft vervielfachen, indem sie das erste Geschöpf, das ihnen aufstößt, dazu erwählen, z. B. einen Hund, eine Katze, oder sonst ein schnödes Thier. Komt ihnen aber dergleichen nicht vor, so fallt ihre Wahl bey ihrem Anfall von Aberglauben auf einen Stein, auf ein Stück Holz, oder auf den ersten Gegenstand, der ihrem Eigensinne schmeichelt. Der neue Fetisch wird sogleich mit Geschenken überhäuft und empfängt das feyerliche Versprechen, daß man ihn wie einen geliebten Patron ehren wolle, wenn er der guten Meinung entspräche, die man sich mit einmal von seiner Macht in den Kopf gesetzt. Diejenigen, deren Fetisch ein Thier ist, essen nie von dessen Fleische: es würde ein unverzeihliches Verbrechen seyn, es zu tödten; und Fremde, die eine solche Entheiligung begingen, würden sehr bald ein Schlachtopfer der Wuthder Eingebornen seyn. Es giebt unter ihnen einige, die aus Ehrerbietung und Furcht sich enthalten, jemals ihren Fetisch zu sehen. Französische Handelsleute erzählen, daß ein dasiger Landsfürst unweit der Küste auf ihre Bitte nicht mit ihnen der Handlung wegen aufs Schif habe kommen können, weil das Meer sein Fetisch gewesen und weil in der dortigen Gegend weit ausgebreitet der allgemeine Glauben herrschte, daß, wer seinen Gott sähe, auf der Stelle sterben müsse. Dies ist eine Meinung, die nicht blos hier herrschte, sondern es finden sich auch Spuren davon bey einigen alten morgenländischen Völkern. »Fast im ganzen Nigritien, sagt Loyer *)[2], giebt es, ausser den Fetischen einzelner Personen auch solche, die einem ganzen Reiche gemeinschaftlich sind und dies sind gewöhnlich einige große Berge, oder sich auszeichnende Bäume. Wenn jemand ruchlos genug seyn solte, sie abzuhauen, oder zu verunstalten, so würde er unfehlbar ein Kind des Todes seyn. Ueberdem steht jede Dorfschaft unter dem Schutze ihres eigenen Fetischen, der auf gemeinschaftliche Kosten geschmückt und um gemeinschaftliches Wol angefleht wird. Der Schutzgott des Wohnplatzes hat an den öffentlichen Plätzen seinen Altar von Schilf, der auf vier Pfeilern ruht und mit Palmblättern überdeckt ist. Einzelne Personen haben innerhalb ihres Bezirks oder vor ihrer Thür einen

---

2 *) Voyage d'Issini.

besondern Platz für ihren Fetisch. Sie schmücken denselben, wie es ihnen ihre Andacht eingiebt und bestreichen ihn einmal die Woche mit verschiedenen Farben. Man trift in den Gehölzen und Haiden eine Menge solcher Altäre an, die nebst Schüsseln und Töpfen, die man mit Erde, Maiz, Reis, und Früchten angefüllt, auch mit Fetischen aller Art besetzt sind. Haben die Negern Regen nöthig, so setzen sie neben dem Altar ledige Krüge: Sind sie in Krieg verwickelt, so legen sie, um sich den Sieg zu erbitten, Schwerdter und Wurfspiesse hin: Haben sie Fleisch und Fische nöthig, so nehmen sie Knochen und Graten: Wollen sie Palmwein haben, so lassen sie am Fusse des Altars ein kleines Messer zurück, das zu Ein- schnitten in den Baum dient. Vermöge dieser Zeichen der Ehrerbietung und des Zutrauens glauben sie sicher keine Fehlbitte zu thun: wenn es aber doch einmal nicht nach ihrem Wunsche geht, so schreiben sie dies irgend einem gerechten Unwillen ihres Fetischen zu und ihre ganze Sorge geht dann dahin, Mittel aus zu finden, um ihn wieder zu besänftigen.« Man merkt gleich, wie viel Aehnlichkeit alle diese Handlungen mit dem haben, was man uns von der alten Egyptischen Religion erzählt; doch um es bey Gelegenheit eines besondern Umstandes, auf den ich nicht wieder zurückkommen werde und der eine eigene Abhandlung erforderte, im Vorbeygehen zu sagen: Die Vergleichung die man zwischen der Erzählung des Loyer und den Figuren anstellen könte, die auf den Egyptischen Pyramiden eingegraben sind, wo man nemlich Köpfe von Hunden und Sperbern, Sonnen, Schlangen, Vögel und so weiter sieht, denen Menschen kleine mit Gefässen und Früchten besetzte Tafeln auf den Knieen darbieten u. s. w. – würde vieleicht nicht undienlich seyn die Egyptischen Hieroglyphen zu erklären.

Die Religion des Fetischismus wird für die alleräleste in Afrika gehalten, wenigstens ist sie daselbst so allgemein ausgebreitet, daß ein umständlicher Bericht von derselben, wie sie in besondern Landschaften ausgeübt wird, sehr weitläufig seyn würde. Diejenigen, die von den einzelnen Gebräuchen eines jeden Landes unterrichtet seyn wollen, dürfen sich nur an die Reisebeschreibungen halten, wo hiervon ausführlich genug gehandelt wird. Die Ausübung dieser Religion sowol in Absicht auf die Art der Verehrung, als in Betracht der gottesdienstlichen Gebräuche ist noch immer fast eben dieselbe bey den Negern, der abergläubischsten Nation neuerer Zeiten, die bey den Egyptern, die ehemals auch an Aberglauben alle Völker übertrafen, statt fand. Jedoch ich kann mich nicht enthalten, die Erzählung des zu Juidah, einem kleinen Königreiche an der Küste Guineens, gebräuchlichen Fetischismus hieher zu setzen. [...]

**Dritter Abschnitt.**
**Prüfung der Ursachen/ denen man den Fetischismus zuschreibt.**
So viele ähnliche oder gleichartige Thatsachen beweisen so deutlich, als möglich, daß die Religion bey den alten Völkern ehemals eben so beschaffen gewesen, als

sie es itzt bey den Afrikanischen Negern und bey den übrigen heutigen barbarischen Völkern ist; und daß man in allen Jahrhunderten, wie nicht weniger über die ganze Erde, diese Verehrung, die man unmittelbar und unfigürlich den Erzeugnissen des Thier- und Pflanzenreichs bewies, herrschen gesehn hat. Es ist hinlänglich, die Sache durch einen Haufen von Beweisen festgesetzt zu haben. Man hat nicht nöthig, die Ursache von einer Sache anzugeben, wenn keine da ist; und es würde, wie ich glaube, vergebens seyn, daß man eine suchte, ausser der Furcht und Schwachheit, denen der menschliche Verstand so leicht die Herrschaft einräumt und der Leichtigkeit, womit derselbe in einem solchen Zustande abergläubische Dinge aller Art zur Welt bringt. Der Fetischismus gehört zu den Dingen, die so äusserst ungereimt sind, daß man sagen kann, gegen sie sey nicht einmal ein Raisonnement, das sie angreiffen wolte, überall anzubringen. Um so weniger, muß man also denken, läßt sich von diesem Unsinn eine irgend scheinbare Ursache angeben. Jedoch die Unmöglichkeit, den Fetischismus dem Auge der Vernunft einigermassen erträglich darzustellen, vermindert die Gewißheit der Sache im geringsten nicht und die Wirklichkeit dieses einfachen und unmittelbaren Gottesdienstes in Egypten und bey den Negern leugnen zu wollen, hiesse wirklich den historischen Pyrrhonismus über alle Gränzen hinaus treiben. Die Völker können in Betracht dieser Ungereimtheiten völlig einerlei Gedanken und Einfälle gehabt, oder sich solche unter einander mitgetheilet haben. Die Nachbarschaft zwischen Egypten und dem übrigen Afrika macht dies leztere sehr wahrscheinlich; es sey nun, daß die Negern solche von den Egyptern erhalten, oder diese sie von jenen: denn es ist bekant, daß die Egypter einen Theil ihrer ältesten Gebräuche von den Ethiopiern entlehnt haben. Wenn man aber anderntheils in so weit von einander abstehenden Zeiten und Himmelsstrichen Menschen sieht, die mit einander nichts, als ihre Unwissenheit und Barbaren gemein haben und bey denen man doch ähnliche Gebräuche findet, so macht man daruas noch natürlicher den Schluß, daß der Mensch so eingerichtet ist, daß er, seinem natürlichen rohen und wilden Zustande überlassen, und noch durch kein vernünftiges Nachdenken oder durch Nachahmung gebildet, in Absicht der ursprünglichen Sitten und der Art, zu handeln in Egypten ebenderselbe als in den Anskillen, in Persien nicht anders als in Gallien ist: durchgehends ist einerley Mechanismus der Ideen, worauf einerley Art zu handeln folgt. Wundert man sich über diesen besonderen Fall, der wirklich befremdend ist, und erstaunt man, den Fetischismus bey allen rohen Völkern der ganzen Welt, zu jeder Zeit und an allen Orten ausgebreitet zu sehen; so darf man, um dieses Phänomen zu erklären, es blos auf die demselben eigene bereits angeführte Ursache zurück bringen: es ist die Einförmigkeit, vermöge welcher der wilde Mensch sich immer gleich bleibt; sein Herz, das der Furcht immer geöfnet ist, seine ohne Aufhören nach Hofnungen begierige Seele, durch welche die Unordnung seiner Ideen unterhalten wird und die ihn zu tausend sinnlosen Handlungen vermögen; indessen sein

Verstand ohne Cultur und Beurtheilungskraft, nicht vermögend ist, den geringen Zusammenhang zwischen gewissen Dingen und den Wirkungen, die er davon erwartet, wahrzunehmen. Da man nicht erstaunt, wenn man Kinder sieht, deren Verstand sich nicht über ihre Puppen erhebt, die sie für beseelt halten und dem zufolge mit ihnen als solchen umgehn, warum erstaunt man, wenn man Völker, die diesen Kindern ihr ganzes Leben hindurch ähnlich bleiben, und deren Verstand nie über vier Jahre alt wird, ganz falsch urtheilen und nach ihrem kindlichen Verstande handeln sieht? Geister von dieser Beschaffenheit sind selbst in aufgeklärten zeiten und unter civilisirten Völkern gar nichts seltenes. Auch verliert diese Art unvernünftiger Gebräuche in einem Lande nicht nach dem Verhältniß ihren Credit, als die Vernunft festeren Fuß faßt; besonders, wenn jene alten Gebräuche durch eine eingewurzelte Gewohnheit und andächtige Leichtgläubigkeit eine gewisse Heiligkeit erhalten haben. Ihr Alterthum erhält sie bey einem Theile der Nation in Ansehen, indeß vieleicht der andere sie lächerlich vorstellet. Man vermischt sie sogar mit andern herrschenden Religionen, und mit neuangenommenen Lehrsätzen, wie in Egypten geschehn ist. Kurz, es ist mit dem Fetischismus eben der Fall, wie mit der Magie, von welcher Plinius die Anmerkung macht, daß sie natürlicher Weise von Völkern angenommen werden, die nie aneinander etwas mitgetheilt, oder von einander entlehnt hätten: adeo ifta toto mundo consensere, quanquam discorci sibi & ignoto. Ich sehe übrigens nicht, warum man sich so sehr daran stößt, daß gewisse Völker Thiere vergöttert haben, da mna es doch weit weniger anstößig findet, daß die Menschen vergöttern. Diese Befremdung und Verschiedenheit mit der man hierüber urtheilt, schenit mir eine Wirkung der Eigenliebe zu seyn, die isch bey dieser Gelegenheit heimlich in uns regt. Denn ungeachtet die menschliche Natur sehr weit über die Natur der Thiere hervorragt, so sind doch im Grunde beide von der göttlichen Natur gleich weit entfernt, d. i. es ist für beide gleich unmöglich bis dahin zu gelangen. Da ein Mensch eben so wenig, als ein Löwe, eine Gottheit werden kann, so hat diejenige Nation, die es von dem ersteren behauptet, eine eben so unvernünftige Denkungsart, als diejenige, die es von dem andern vorgiebt. Man gesteht indessen doch ohne Schwierigkeiten zu, daß wol civilisirte, wol eingerichtete und sehr geistreiche Nationen, wie die Römer, Griechen und selbst die Egypter sterbliche Menschen vergöttert und angebetet haben; zu gleicher Zeit aber bildet man sich ein, es werde der Achgtung, die man für die Klugheit der Egypter billig hegen müsse und die sie auch in mancher Betrachtungn wirklich verdienten, durch die Behauptung, daß dieses Volk geradzu Thiere angebetet und vergöttert habe, zu nahe getreten. Meines Erachtens sind jedoch alle diese Arten der Abgötterey gleich unvernünftig; und was mich am mehrsten hiebey befremdet, ist, daß diese Nationen, die man so gerühmt hat und die es auch in so vielen Stücken verdienen, sich eingebildet haben, sie hätten Macht, was ise wollten mit der Göttlichekit zu begaben und vergängliche Wesen tzu dem Range der Götter zu erheben. Dennoch

ist dies ehemals bey so vielen geistreichen und philosophischen Völkern, bey denen die Apotheosen üblich waren, wirklich der Fall gewesen.
[...]

## Friedrich Max Müller: *Vorlesungen über den Ursprung und die Entwicklung der Religion* (1880 [1878])

Auszüge aus: **Müller**, Friedrich Max (1880 [1878]): *Vorlesungen über den Ursprung und die Entwicklung der Religion*. Strassburg: Karl J. Trübner. (S. 68–72; 106–111; 115–120; 133–138; 140–146)

Friedrich Max Müller<br>
Vorlesungen über den Ursprung und die Entwickelung der Religion,<br>
mit besonderer Rücksicht auf die Religionen des alten Indiens

Zweite Vorlesung.<br>
Ist Fetischismus die Urform aller Religion?

[...]

### Ursprung des Wortes Fetisch

Warum nannten nun die Portugiesen, die Christen waren, aber Christen in jenem metamorphischen Zustande, wie er den römischen Katholicismus des vorigen Jahrhunderts beim niederen Volke bezeichnete, warum nannten diese das, was sie bei den Negern der Goldküste sahen, *feitiços*? Der Grund ist klar. Feitiços waren ihnen wohl bekannt, als Amulette oder Talismane, und sie trugen wahrscheinlich alle entweder Ketten, Kreuze oder Bilder, die, ehe sie zur See gingen, von ihren Priestern geweiht und gesegnet worden waren. Sie waren in einem gewissen Sinne selbst Fetischdiener. Als sie sahen, wie ein Eingeborener irgend einen Schmuck umarmte, einen bunten Stein nicht hergeben wollte, oder gar vor einem Knochen, den er sorgsam in seiner Hütte aufbewahrte, sich niederwarf und ihn anzubeten schien, was war da wohl natürlicher als zu glauben, dass die Neger diese Dinge nicht nur aus einer Art von gedankenlosem Aberglauben thaten, sondern dass es heilige Reli quien waren, Etwas wie ihre eigenen feitiços! Da sie weiter keine Spuren von Religion oder Gottesdienst bei den Negern entdeckten, so schlossen sie nicht ganz unnatürlich, dass diese äusserlichen Zeichen von Verehrung für ihre feitiços die ganze Religion des Negers ausmachten.

Man nehme den Fall, dass die Neger, nachdem sie das Treiben der weissen Ankömmlinge von Weitem betrachtet, sich gefragt hätten, was wol die Religion dieser Menschen sein könne; – was würden sie gesagt haben? Sie sahen, wie die portugiesischen Matrosen ihre Rosenkränze trugen, wie sie vor hässlichen Bildern Weihrauch brannten, wie sie sich vor Altären verneigten, bunte Fahnen schwenkten und sich vor einem hölzernen Kreuze niederwarfen. Sie beobachteten sie nie, während sie im Stillen ihre Gebete sagten, noch sahen sie irgend welche grosse Opfer, die man den Göttern brachte. Auch ihr moralischer Lebenswandel hinterliess wohl kaum den Eindruck, dass sie aus Furcht vor den Göttern sich von Verbrechen fern hielten. Was wäre also wohl natürlicher gewesen, als dass sie gesagt hätten, die Religion der Weissen bestände nur aus einer Verehrung von Gru-grus, – dies war ihr Name für das, was die Portugiesen feitiço nannten – dass sie keine Kenntniss von einem höchsten Geiste oder einem König im Himmel besässen oder ihm irgend welche Verehrung bezeugten!

Was nun das Wort für Fetisch betrifft, so ist es bekannt, dass das portugiesische feitiço dem lateinischen factitius entspricht. *Factitius* bedeutete zunächst, was mit der Hand gemacht, dann, was künstlich, unnatürlich, magisch, bezaubernd oder bezaubert ist. Ein falscher Schlüssel z. B. heisst im Portugiesischen chave feitiça, und feitiço war bald die gewöhnliche Bezeichnung für Amulette und ähnliche halb heilige, halb profane Schmucksachen. Der Handel in diesem Artikel war im Mittelalter durch ganz Europa ebenso verbreitet, wie er noch jetzt in Afrika ist. Ein Fabrikant oder Verkäufer solcher Dinge hiess ein feitiçero, ein Wort, das jedoch bald auch in der Bedeutung von Zauberer gebraucht wurde. Wie weit verbreitet der Gebrauch dieser Worte im Portugiesischen war, zeigt sich am besten in dem Ausdruck *meu feitiçinho*, welches so viel als mein Liebling bedeutet.

Einen ähnlichen Uebergang in der Bedeutung wie in feitiço, factitius, sehen wir im Sanskrit kṛityâ, im italienischen fattura, Zauberformel, welches in dieser Bedeutung schon im mittelalterlichen Latein von 1311 vorkommt;[1] ebenso in *charme*, das ursprünglich einfach carmen war, und im griechischen epodé [Nachgesang).

### Ausdehnung der Bedeutung von Fetisch

Genau genommen konnten also die portugiesischen Matrosen – denn ihnen verdanken wir schliesslich die Einführung des Wortes – feitiço nur in Bezug auf leblose und greifbare Gegenstände anwenden, und es war schon eine grosse Freiheit, die sich De Brosses nahm, wenn er dieses Wort auch auf Thiere, auf Berge, Flüsse und Bäume ausdehnte. Man kann zu seiner Entschuldigung anführen, dass er die wahre Etymologie des Wortes nicht kannte und feitiço von fatum abgeleitet glaubte, wovon auch Fata, eigentlich ein Pluralis neutr., der aber,

---

1 Synodus Pergam, anno 1311, apud Muracorium, tom. 9 col. 561; »Hexereien, Freveleien, Weissagungen oder Zaubereien, welche für gewöhnlich Machenschaften [*facturae*] oder Gaukeleien genannt werden«.

wie viele solcher Plurale, für einen Sing. fem. genommen wurde und später als *fée*, Fee, erscheint. Dies liess es ihm weniger gezwungen erscheinen, den Namen Fetisch auch auf natürliche Gegenstände, wie Bäume, Berge und Flüsse, ja selbst auf Thiere auszudehnen. Nichtsdestoweniger blieb es ein unglücklicher Schritt, denn er vermischte auf diese Weise drei gänzlich verschiedene Phasen der Religion:

1) *Physiolatrie*, oder die Verehrung von Naturgegenständen, welche Gefühle der Ehrfurcht und Dankbarkeit im Menschen erregen, wie Berge, Flüsse, Bäume etc.;
2) *Zoolatrie*, oder Verehrung von Thieren, wie wir sie namentlich bei den hochgebildeten Einwohnern des alten Aegyptens finden;
3) *Fetischismus* im wahren Sinne des Wortes, d. h. die abergläubische Verehrung zufälliger und anscheinend unbedeutender Gegenstände, die an sich selbst durchaus keinen Anspruch auf irgend welche Auszeichnung zu haben scheinen.

Aber dies ist noch nicht Alles. De Brosses unterschied auch nicht einmal zwischen Fetischismus und Idolatrie, so weit auch die beiden von einander entfernt sind. Ein Fetisch nämlich, in der ursprünglichen Bedeutung des Wortes, gilt an sich selbst für übernatürlich; das Idol, im Gegentheil, war von Anfang an ein Bild, ein Zeichen, ein Symbol von etwas Anderem. Ohne Zweifel konnte ein Idol zu einem Fetisch herabsinken, aber ursprünglich fliesst der Fetischdienst aus einer ganz anderen Quelle als die, aus welcher Idolatrie entspringt.

Hören wir, was De Brosses sich unter einem Fetisch vorstellt.

»Fetische,« sagt er, »sind Alles, was sich Menschen zur Verehrung wählen mögen, ein Baum, ein Berg, die See, ein Stück Holz, der Schwanz eines Löwen, ein Kieselstein, eine Muschel, Salz, ein Fisch, eine Pflanze, eine Blume, gewisse Thiere, wie Kühe, Ziegen, Elephanten, Schaafe etc. Dies sind die Götter des Negers, seine Heiligthümer, Talismane. Die Neger verehren sie, richten Gebete an sie, bringen ihnen Opfer, tragen sie bei Prozessionen herum, befragen sie bei grossen Gelegenheiten. Sie schwören bei ihnen, und ein solcher Schwur wird nie gebrochen.«

»Einige Fetische gehören einem ganzen Stamme, andere einzelnen Menschen zu. National-Fetische haben ein öffentliches Heiligthum; Privat-Fetische werden an ihrem eigenen Platz in den Häusern und Hütten aufbewahrt.«

»Wenn z. B. die Neger Regen haben wollen, so setzen sie ein leeres Geschirr vor den Fetisch. Ziehen sie zur Schlacht, so legen sie Waffen vor ihm nieder. Haben sie kein Fleisch oder keinen Fisch, so werden Knochen und Gräten zum Fetisch gebracht, während, wenn sie Palmenwein zu haben wünschen, sie die Scheere bei dem Fetisch lassen, mit der die Einschnitte am Palmbaume gemacht werden.² Werden ihre Wünsche erfüllt, so ist es gut. Werden sie nicht erfüllt, so glauben sie, dass der Fetisch gegen sie erzürnt ist, und sie versuchen dann ihn gnädig zu stimmen.«

Dies ist in Kurzem, was De Brosses unter Fetischismus versteht, was, wie er glaubte die Religion aller Neger war, und was, wie er zu beweisen suchte, die Religion aller grossen Nationen des Alterthums gewesen sein muss, ehe sie die höheren Stufen des Polytheismus und Monotheismus erreichen konnten.

[...]

### Abneigung der Wilden, über ihre Religion zu sprechen

Schliesslich müssen wir noch einen Punkt in Betracht ziehen, nämlich dass, um ein wahres Verständniss irgend einer Religion zu gewinnen, der Wunsch und Wille auf beiden Seiten da sein muss. Viele Wilden scheuen sich vor allen Fragen über Religion, theilweis vielleicht aus abergläubischer Furcht, theilweis wol auch aus einer gewissen Unbehülflichkeit, ihre halbfertigen Gedanken und Gefühle in fertigen Worten auszudrücken. Einige Stämme sind entschieden schweigsam, für andere ist Sprechen eine Anstrengung. Nach zehn Minuten Unterhaltung klagen sie über Kopfweh.³ Andere im Gegentheil schwatzen unaufhörlich und haben auf jede Frage eine Antwort fertig, ohne sich viel zu kümmern, ob was sie sagen wahr oder unwahr ist.⁴

Diese Schwierigkeit ist sehr treffend von R. H. Codrington in seinem Brief (3. Juli, 1877) von den Norfolk Islands geschildert. »Die Verwirrung in Bezug auf solche Dinge liegt gewöhnlich nicht an den Eingeborenen, sondern entspringt aus dem Mangel eines klaren Gedankenaustausches zwischen Eingeborenen und Europäern. Ein Eingeborener, der ein wenig Englisch versteht oder der versucht mit einem Engländer in seiner eigenen Sprache zu verkehren, findet es viel leichter, zu Allem, was der Weisse andeutet, zu nicken, oder solche Worte zu gebrauchen, die ihm eben bekannt sind, ohne dass er sich von ihrer Bedeutung genaue Rechenschaft geben kann, als sich abzuquälen, um gerade das auszudrücken, was er auf dem Herzen hat. In dieser Weise erhalten Reisende was sie für ganz zuverlässige Mittheilungen von den Eingeborenen halten, und drucken dann Dinge, die denen, welche wirklich eine genaue Kenntniss davon haben, ganz lächerlich klingen. So haben wir heute sehr gelacht, als ich einem jungen Merlav-Knaben mittheilte, was ich eben in einem Buche (Capt. Moresby's Ueber Neu-

---

2 Aehnliche Gebräuche erwähnt [Theodor] Waitz, Anthropologie [der Naturvölker, Leipzig 1860] II, S.177.
3 [William J.] Burchell, »Reisen in das Innere von Südafrika«, [Weimar] 1823, S. 71, 281. H[erbert] Spencer, [The Principles of] Sociology [London 1876], I, P. 94.
4 [Adolf Bernhard] Meyer, [Über die Mafoor'sche und einige andere] Papuasprachen (auf Neu-Guinea, Wien 1874], S. 19.

Guinea) von den Götzenbildern gelesen hatte, die er in seinem Dorfe gesehen haben will, und von denen er hofft, dass mein junger Freund dazu beitragen werde, dass die Eingeborenen sie mit der Zeit abschaffen. Mein junger Freund hatte nämlich diese sogenannten Götzenbilder selbst mit machen helfen und sie sind so wenig Götzenbilder als die Regenrinnen (gurgoyles) an den gothischen Kirchen. Ich habe aber gar keinen Zweifel, dass irgend ein Eingeborener dem Schiffscapitän sagte, sie wären Götzenbilder, oder Teufel, oder etwas dem Aehnliches, als man ihn gefragt, ob sie nicht Götzen wären, und man lobte ihn dann wahrscheinlich ganz besonders wegen seiner Kenntniss des Englischen.«

Wir besitzen eine sehr gute Beschreibung von Benedictinern,[5] die, nachdem sie drei Jahre lang auf ihrer Station in Australien als Missionäre gearbeitet hatten, vollkommen überzeugt waren, dass die Eingeborenen keine Gottheit, wahr oder falsch, verehrten. Später aber wurde es ihnen ganz klar, dass diese Wilden an ein höchstes Wesen glaubten, welches die Welt geschaffen habe. Wenn nun diese Benedictiner ihre Station verlassen hätten, ehe sie diese Entdeckung gemacht, wer würde gewagt haben, ihren Berichten zu widersprechen?

Für De Brosses, als er sein unglückseliges Buch über den Fetischismus schrieb, existirte keines von allen diesen Bedenken. Alles, was er in der Reisebeschreibung von Seeleuten oder Handelsleuten vorfand, war ihm willkommen. Er hatte eine Theorie, die vertheidigt werden musste, und Alles, was sie zu bestätigen schien, musste nothwendig wahr sein.

Ich hielt es für nothwendig, die bei einem wissenschaftlichen Studium der Religionen wilder Völker unvermeidlichen Schwierigkeiten klar und offen darzulegen, um gegen zwei Gefahren zu warnen, die eine, dass wir einseitige Beschreibungen solcher Religionen für zuverlässig annehmen, die andere, und noch grössere, dass wir auf so unsicherem Boden weitgreifende Theorien über den Ursprung und das Wesen von Religion im Allgemeinen aufbauen. Es scheint jetzt fast unmöglich, den tiefeingewurzelten Glauben an einen ursprünglichen Fetischismus aus den Handbüchern der Geschichte wieder fortzuschaffen. Er ist zu einer Art von wissenschaftlichem Fetischismus geworden, der, wie die meisten Fetische, aus Unwissenheit und Aberglauben entstanden ist, aber nichts destoweniger eine gewisse Heiligkeit noch lange behaupten wird.

Nur möchte ich nicht missverstanden werden. Die Thatsache, dass Fetischismus unter den Negern von West-Afrika und auch unter anderen wilden Stämmen weit verbreitet ist, soll durchaus nicht in Abrede gestellt werden.

Was ich nicht zugeben kann, ist, dass irgend Jemand, der über diesen Gegenstand geschrieben, mit De Brosses anzufangen, bewiesen oder auch nur zu

---

5 Vergl. C. H. E. Carmichael, A Benedictine Missionary's Account, im Journal of the Anthropological Institute, Februar 1878.

beweisen versucht hat, dass alles das, was sie Fetischismus nennen, wirklich eine ursprüngliche, uranfängliche Form der Religion sei.

### Der Begriff von Fetisch zu weit ausgedehnt

Eine der grössten Schwierigkeiten, die uns entgegentritt, wenn wir in wirklich wissenschaftlicher Weise das Problem des Fetischismus zu behandeln suchen, ist die weite Ausdehnung, welche man der Bedeutung dieses Wortes gegeben hat.

De Brosses, wie wir sehen, spricht schon von Fetischen nicht nur in Afrika, sondern bei den rothen Indianern, den Polynesiern und den Stämmen im Norden von Asien. Nach seiner Zeit hat es kaum einen Winkel der Erde gegeben, wo Reisende nicht Spuren von Fetischdienst zu finden geglaubt. Diese Tendenz, an allen Orten Aehnlichkeiten zu finden, hat ihre volle wissenschaftliche Berechtigung. Es ist eben der vergleichende Geist, der überall geschäftig ist und der bereits die grössten Erfolge in unserer Zeit errungen hat. Nur sollte dabei nicht vergessen werden, dass Vergleichung, um wirklich wissenschaftlich haltbare Resultate zu Tage zu fördern, mit Unterscheidung Hand in Hand gehen muss, sonst kommen wir in Versuchung, so oft wir zwei aufrechte Steine und einen dritten darüber gelegt finden, von Cromlechs zu schwärmen, und jeden Stein mit einem Loch für einen Dolmen zu erklären.

Wir haben z.B. vor Kurzem in Deutschland und in England viel von Baumdienst und Schlangendienst zu hören gehabt. Nichts kann nützlicher sein, als analoge Fälle in weitesten Kreisen zu sammeln; aber ihren wahren wissenschaftlichen Werth erhalten solche Analogien erst dann, wenn wir es uns klar machen können, wie unter der auf der Oberfläche erscheinenden Aehnlichkeit, oft die grösste Verschiedenheit in Bezug auf ihren Ursprung zu entdecken ist.

Das ist ja auch der Hauptreiz der vergleichenden Sprachforschung. Natürlich gibt es Grammatik überall, selbst in den Sprachen der niedrigsten Völker. Die Frage ist, wie sie entstanden. Wenn wir unsere grammatische Terminologie, oder Classification, unseren Nominativ und Accusativ, unser Activum und Passivum, unser Gerundium und Supinum in allen Sprachen finden wollen, so verlieren wir das Nützlichste, was ein vergleichendes Studium der Sprache uns lehren soll, wir lernen nicht, wie dieselbe Absicht in hundert verschiedenen Sprachen, auf hundert verschiedenen Wegen erreicht werden konnte und erreicht worden ist. Hier erhält der alte lateinische Spruch seine wahre Bedeutung: Si duo dicunt idem, non est idem. Wenn zwei Sprachen dasselbe sagen, so ist es deshalb nicht immer dasselbe.

Wenn es überall auf Erden Fetischdienst gibt, nun so ist dies gewiss eine interessante Thatsache, aber ihre wahre wissenschaftliche Bedeutung erhält sie erst, wenn wir verstehen lernen, warum dies so ist. Die Hauptschwierigkeit, die zu lösen, ist, wie ein Fetisch ein Fetisch geworden; und wenn wir den Fetischismus von dieser Seite angreifen, so werden wir bald sehen, dass, obgleich die Fetische anscheinend überall dieselben sind, ihre Antecedentien fast nirgends dieselben gewesen. Ich halte dafür, dass es keinen Fetisch ohne Antecedentien gibt, und dass das wahre und wissenschaftliche Interesse des Fetischismus hauptsächlich in diesen Antecedentien liege.

[...]

### Fetischismus überall

Gehen wir einmal so weit, so ist es natürlich leicht, Fetische überall bei alten und neuen, bei wilden und civilisirten Völkern zu finden. Das Palladium von Troja, welches, wie man annahm, vom Himmel gefallen war und die Stadt uneinnehmbar machte, kann ein Fetisch genannt werden, und wie ein Fetisch musste es von Odysseus und Diomedes gestohlen werden, ehe Troja erobert werden konnte.

Pausanias[6] erzählt, dass in alten Zeiten die Götterbilder in Griechenland rohe Steine waren, und er erwähnt solche Steine als noch zu seiner Zeit, im 2. Jahrhundert n. Chr. G., in vielen Theilen Griechenlands existirend. In Phärä erzählt er von 30 viereckigen Steinen, nahe bei der Statue des Hermes, welche das Volk verehrte und jedem derselben einen Namen gab. Die Thespianer, die den Eros verehrten, hatten eine Bildsäule von ihm, die ein blasser Stein war.[7] Die Bildsäule des Herakles zu Hyettos war von derselben Art,[8] nach dem Brauch der Alten, wie Pausanias selbst bemerkt. In Sicyon erwähnt er ein Bild des Zeus Meilichios, und ein anderes der Artemis Patroa, beide ohne jede Kunst, das erstere eine blosse Pyramide, das letztere eine Säule.[9] Zu Orchomenos beschreibt er wieder einen Tempel der Chariten, in dem sie als rohe Steine verehrt wurden, von denen man glaubte, dass sie zur Zeit des Eteokles vom Himmel gefallen seien. Erst zur Zeit des Pausanias wurden wirkliche Statuen der Chariten in ihrem Tempel aufgestellt.[10]

Aehnliches finden wir in Rom. Steine, welche vom Himmel gefallen sein sollten, wurden angerufen, einen günstigen Erfolg bei kriegerischen Unternehmungen zu verleihen.[11] Mars wurde durch eine Lanze dargestellt. Augustus, nachdem er zwei Seeschlachten verloren, strafte seinen Neptun wie einen Fetisch, indem er sein Bild von der feierlichen Procession der Götter ausschloss.[12] Nero war, nach Suetonius, ein grosser Verächter der Götter, obgleich er eine Zeit lang eine starke Verehrung für die Dea Syria an den Tag legte. Dies aber hatte bald ein

---

6 Paus[aniae Graeciae Descriptio] VII, 22, 4.
7 Paus. IX, 27, 1.
8 Paus. IX, 24, 3.
9 Paus. II, 9, 6.
10 Paus. IX, 38, 1.
11 Plin[ius] H[istoria] N[aturalis] 37, 9.
12 Suet[onius] Augustus.

Ende und er that später ihrem Bilde den grössten Schimpf an. Man sagt, dass ihm eine unbekannte Person ein kleines Bild von einem Mädchen gegeben habe als ein Schutzmittel gegen Verrath, und da er bald darauf eine Verschwörung gegen sein Leben entdeckte, so beschloss er, dieses Bild in Zukunft als die höchste Gottheit zu verehren durch dreimaliges Opfer an jedem Tage; ja er wollte, dass man glaube, dass er durch dessen Stimme die Zukunft vorherwisse.[13] Wenn diese Dinge in Timbuktu anstatt in Rom und Griechenland stattgefunden, würde man sie nicht Fetischismus nennen?

Wenden wir uns nun zu unserer eigenen Religion, zur christlichen, so ist bekannt, wie schlecht die Heiligenbilder von den niederen Classen der römischen Katholiken behandelt zu werden pflegten. Della Valle erzählt, dass in der Mitte des 17. Jahrhunderts portugiesische Matrosen bei einer Windstille die heftigsten Drohungen gegen den heiligen Antonius von Padua ausstiessen, und ihn gebunden haben würden, wenn ihm nicht Jemand zu Hülfe gekommen wäre. Sie setzten endlich sein Bildniss auf das Ende des Bugspriets und sagten dabei knieend: »Heiliger Antonius, sei so gut, so lange dort zu stehn, bis Du uns einen guten Wind zur Fortsetzung unserer Reise gegeben hast.«[14] Frezier erzählt von einem spanischen Schiffscapitän, der ein kleines Marienbild an den Mast befestigte und ihm erklärte, es solle so lange dort hängen bleiben, bis es ihm günstigen Wind gegeben hätte.[15] Kotzebue erzählt, dass die Neapolitaner den heiligen Gennaro vecchio ladrone, birbone, scelerato schimpften, weil er einen Lavastrom nicht aufgehalten hatte, und dass man ihn sogar geprügelt habe.[16] Wenn russische Bauern und Bäuerinnen irgend eine unziemliche That in der Nähe von Heiligenbildern begehen wollten, so deckten sie Tücher über die Bilder, damit dieselben nichts davon sähen. Ja ein russischer Bauer, der eine schlechtere Ernte gehabt als sein Nachbar, borgte von diesem dessen Heiligenbild und stellte es beim Ackern auf den Pflug, um so einen reicheren Ertrag zu erzielen.[17]

Alle diese Erscheinungen würden von einem Fremden der ihre Entstehung nicht kennt oder errathen kann, einfach als Fetischismus behandelt werden, während wir eine unendliche Reihe von Antecedentien erblicken, durch die allein es möglich wurde, dass das Bild einer Jungfrau oder eines Heiligen an den Mast gebunden werden konnte, um günstigen Wind zu bringen. Muss es denn in Afrika so ganz anders gewesen sein? Warum sollen diese Fetische keine Ge-

---

13 Suetonius, Nero, c. 56.
14 Della Valle, Voyage [Paris 1745] VII, p. 409. Meiners, Geschichte der Religionen [Hannover 1806], 1, S. 181. F. Schultze, Fetischismus [Leipzig 1871], S. 175 [siehe hier S.115].
15 Frezier, Relation du Voyage de la Mer du Sud [Amsterdam 1777], p. 248. Schultze, 1. c.
16 Kotzebue, Reise nach Rom [*Bemerkungen auf einer Reise aus Liefland nach Rom und Neapel*, Köln 1805], I, S. 327.
17 F. Schultze, Fetischismus, S.176. Vergleiche Rigveda [Deutsch mit Commentar und Einleitung von A. Ludwig, Prag 1876–1888], TV, 24, 10.

schichte, keine Entwickelung gehabt haben, sondern so wie sie sind aus der Erde gesprungen sein? Um es kurz zu sagen, wenn wir sehen, dass Alles, was Fetisch genannt werden kann, in anderen uns bekannten Religionen secundär ist, warum sollen alle Fetische in Afrika primär gewesen sein? Wenn ein Fetisch überall Voraussetzungen hat, wenn er überall von mehr oder weniger entwickelten religiösen Ideen begleitet ist, warum soll er in Afrika den Anfang aller Religion gebildet haben? Anstatt den Fetischismus in allen anderen Religionen, deren Entwickelung wir theilweis kennen, durch den Fetischismus der Neger, dessen Entwickelung wir nicht kennen, zu erklären, warum nicht umgekehrt den Fetischismus Afrikas durch den Fetischismus Europas zu verstehen suchen?

**Keine Religion besteht blos aus Fetischismus**
Man hat also bis jetzt nirgends bewiesen, dass Fetischismus in Afrika oder sonstwo die ursprünglichste Form menschlicher Religion war, ja man sieht leicht, dass es unmöglich ist, dies jemals factisch zu beweisen. Aber ich gehe noch weiter und behaupte, dass man bisher auch nirgends bewiesen hat, dass Fetischismus irgendwo, sei es in Afrika oder in anderen Ländern, die ganze Religion eines Volkes ausmache. So unvollkommen auch unsere Kenntniss der Religion der Neger ist, dies kann man mit Sicherheit sagen, dass, wo sich die Gelegenheit geboten, die religiösen Anschauungen selbst der niedrigsten Stämme einer langen, sorgsamen Prüfung zu unterwerfen, man noch nie gefunden hat, dass ein ganzer Stamm nichts von Religion aufzuweisen habe als blossen Fetischdienst. Eine Verehrung lebloser Gegenstände ist in Afrika weiter verbreitet, als in anderen Ländern. Die geistigen und gemüthlichen Anlagen des Negers drängen ihn mehr als andere Völker zu dieser niedrigen und erniedrigenden Art des Cultus hin. Dies Alles gebe ich gern zu. Aber ich behaupte, dass Fetischdienst in Afrika ebenso wie anderswo einen Verfall bezeichnet, dass der Neger höhere religiöse Begriffe hat als Verehrung von Stöcken und Steinen, und dass Viele, die an Fetische glaubten, zu gleicher Zeit höhere, reinere, wahrere Ansichten über das Göttliche hatten. Aber freilich, es gehören Augen dazu, um dies zu sehen, Augen, die das Gute entdecken können, wo es auch existirt, ohne immer nur von dem angezogen zu werden, was schlecht ist. Je länger ich mich mit dem Studium der heidnischen Religionen beschäftige, desto mehr wächst meine Ueberzeugung, dass, wenn wir sie mit richtigem Massstabe messen wollen, wir sie messen müssen wie die Alpen, nach den höchsten Punkten, die sie erreicht haben. Religion ist überall weit mehr ein Sehnen als ein Erfüllen, und ich verlange für die Religion des Negers nicht mehr als was ich für unsere eigene verlange, dass man sie beurtheile nicht nach dem, was sie zu sein scheint, sondern nach dem, was sie ist; ja noch mehr, nicht nur nach dem, was sie ist, sondern nach dem, was sie sein kann oder sein möchte im Herzen ihrer besten Bekenner.

[...]

### Vielseitigkeit der afrikanischen Religionen

Nun frage ich, ist eine Religion, die so viele verschiedene Seiten darbietet, einfach als afrikanischer Fetischdienst hinzustellen? Finden wir nicht fast jeden Bestandtheil anderer Religionen in dem Wenigen, was wir bis jetzt mit irgend welcher Genauigkeit vom Glauben und vom Gottesdienst des Negers wissen? Hat man irgend einen Beweis erbracht, dass es je eine Zeit gegeben, in der diese Neger nur Fetischdiener waren, und weiter nichts? Führt uns nicht Alles, was wir thatsächlich wissen, gerade zum Gegentheil, dass nämlich der Fetischismus eine rein parasitische Entwickelung darstellt, die begreiflich ist mit gewissen Antecedentien, aber ganz unverständlich, wenn man sie nur als einen ursprünglichen Impuls der menschlichen Seele darstellen will?

Nein, vom psychologischen Standpunkte aus liegt die wirkliche Schwierigkeit vielmehr darin, wie man die vernünftigen und in manchen Fällen erhabenen religiösen Ansichten dieser Neger mit der rohen Form des Fetischismus zusammenreimen soll, die natürlich nicht weggeleugnet werden kann. Hier können wir nur daran erinnern, dass alle Religion ein Compromiss ist und sein muss zwischen den Weisesten und den Thörichtsten, zwischen Alt und Jung, und dass, je höher der menschliche Geist sich erhebt in seinem Suchen nach göttlichen Idealen, desto unvermeidlicher ihre blos symbolische Darstellung wird im Geiste der Kinder, ja der Majorität eines Volkes, die stets unfähig ist, die höchsten Abstractionen rein zu erfassen.

Es lässt sich viel zur Entschuldigung der verschiedenen Arten und Weisen des Fetischismus sagen. Er ist eine Hülfe für die schwache menschliche Natur. Er dient als äusserliche Erinnerung an unsere Pflichten, und in vielen Fällen kann sich der Mensch vom materiellen Zeichen oder Symbol wieder zu höheren geistigen Anschauungen erheben. Oft auch findet das menschliche Herz in solchen äusserlichen Dingen Trost, wenn es ihn sonst nirgends finden kann. Man hört so oft, dass diese äussere Symbolik jedenfalls unschuldig sei, und man wundert sich, wesshalb die weisesten Lehrer der Menschheit in so harten Ausdrücken gegen diese Richtung des menschlichen Geistes oder des menschlichen Herzens geeifert haben. Mancher mag sich gewundert haben, dass unter den zehn Geboten welche die höchsten und wichtigsten Pflichten der Menschen in kürzester Form zusammenfassen sollten, die zweite Stelle dem Verbote jeder bildlichen Darstellung des Göttlichen zuerkannt worden ist: »Du sollst dir kein Bildniss noch irgend ein Gleichniss machen, weder dess, das oben im Himmel, noch dess, das unten auf Erden, oder dess, das im Wasser unter der Erde ist. Bete sie nicht an, und diene ihnen nicht.«

Nur ein Studium der Geschichte der alten Religionen zeigt uns die verborgene Weisheit dieser Worte. Man lese nur die Beschreibungen der religiösen Festlichkeiten bei Afrikanern, Amerikanern und Australiern, man sehe nur die pomphaften Schaustellungen in einigen unserer eigenen christlichen Kirchen und Kathedralen. Es ist schwer nachzuweisen, was denn eigentlich bei all diesen äusseren Zeichen und Symbolen, bei Bildern, Weihrauch und Kerzen so verwerflich ist. Viele versichern und sagen, dass sie in ihnen Trost und Stärkung finden. Aber die Geschichte ist eine strengere und unwiderstehlichere Lehrerin als alle Logik, und was die Geschichte der Religion immer wieder lehrt, ist, dass der Fluch gegen die, welche das Unsichtbare in das Sichtbare, das Göttliche in das Menschliche, das Unendliche in das Endliche verwandeln wollen, bei allen Völkern sich bewährt hat. Wir mögen meinen, dass wir selbst ganz sicher gegen die Gefahren des Fetischismus sind; und doch gibt es wenige Menschen, die nicht ihre Fetische oder ihre Götzen in ihren Kirchen oder in ihren Herzen haben.

Die Resultate, zu denen wir gelangt, indem wir die zahlreichen Werke über den Fetischismus von De Brosses bis auf die Jetztzeit zu Rache gezogen, sind die folgenden:
1) Die Bedeutung des Wortes Fetisch (feitiço) ist von Anfang an eine undefinirte geblieben und von den meisten Schriftstellern so weit ausgedehnt worden, dass sie fast jede symbolische oder bildliche Darstellung religiöser Gegenstände in sich schliessen kann.
2) Bei Völkern, die eine Geschichte haben, finden wir, dass Alles, was unter die Kategorie von Fetisch fälle, historische und psychologische Antecedentien hat. Wir dürfen daher nicht voraussetzen, dass dies bei Völkern, deren religiöse Entwickelung uns unzugänglich ist, anders gewesen sei.
3) Es gibt keine Religion, die sich ganz frei vom Fetischismus gehalten hat.
4) Es gibt keine Religion, die ganz und gar aus Fetischismus bestehe.

Hiermit glaubte ich meine Stellung der Annahme eines universellen urzeitlichen Fetischismus gegenüber hinlänglich genau angezeigt und wenigstens das klar gemacht zu haben, dass die bisher bekannten Thatsachen des Fetischdienstes die Frage nach dem natürlichen Ursprung der Religion in keiner Weise zu lösen vermögen.

### Die psychologische Nothwendigkeit des Fetischismus
Man hat jedoch von Seiten derer, die am Fetischismus oder vielmehr an der Comtischen Theorie des Fetischismus festhalten, den Einwurf erhoben, dass dies eben nur Thatsachen sind, und_dass zuerst ein ganzes theoretisches System aus dem Wege geräumt werden muss, ehe man zugeben könnte, dass der erste Impuls aller Religion von der Wahrnehmung des Unendlichen komme, das sich uns von allen Seiten in den grossen Erscheinungen der Natur entgegendrängt, und nicht von Gefühlen, wie Ueberraschung oder Furcht, die durch den Anblick zufälliger Gegenstände, wie Muscheln, Steine oder Knochen, d.h. durch Fetische, hervorgerufen werden.

Was auch die Thatsachen sein mögen, entgegnet man uns, die Zeugniss für die früheste Entwickelung der Religion ablegen sollen, und die ja nur der reine Zufall uns aufbewahrt hat, Niemand darf daran zweifeln, dass es eine Zeit gegeben, sei es in historischen oder vorhistorischen Perioden, wo die Menschen nur Stöcke oder Steine, und nichts weiter, verehrten.

Ich gehöre nun gar nicht zu denen, die meinen, dass unter keinen Umständen eine rein theoretische Beweisführung ebenso überzeugend sein könne als historische Thatsachen. In Bezug auf die Frage aber, die uns hier beschäftigt, glaubte ich allerdings genug gethan zu haben, indem ich nachwies, dass sich gerade bei den Völkern, die uns als lebendige Beweise des ursprünglichen Fetischdienstes vorgeführt wurden, religiöse Ideen oft von solcher Reinheit und Erhabenheit finden, wie wir sie kaum bei Homer und Hesiod erwarten. Thatsachen sollten hier eine Theorie beweisen, ja hatten anerkanntermassen den ersten Anstoss zu einer Theorie gegeben, und diese Theorie soll nun bleiben, trotzdem dass die Thatsachen verschwunden oder jedenfalls durch und durch verändert sind.

Da es nun aber nie rathsam ist, eine Festung im Rücken zu lassen, wenn wir sie auch auf unserem Marsch sehr gut unberücksichtigt lassen könnten, so will ich versuchen, auch noch diese rein theoretische Ansicht des Fetischismus so kurz als möglich einer Prüfung zu unterwerfen.

Wir können es wol für zugestanden annehmen, dass diejenigen, welche die Ansicht festhalten, Religion habe überall mit Fetischdienst angefangen, das Wort Fetisch ausschliesslich in der Bedeutung von zufälligen Gegenständen gebrauchen, die aus einem oder dem anderen Grund, oder sogar ohne allen Grund, als mit ausnahmsweisen Eigenschaften begabt, betrachtet, und allmählich zur Würde von Geistern und Göttern erhoben wurden. Es scheint unmöglich, dass sie der anderen Ansicht sein könnten, wonach ein Fetisch von Anfang an nur ein Emblem oder Symbol, ein äusserliches Zeichen von etwas Anderem gewesen sei, welches Andere ursprünglich vom Fetisch verschieden, erst später in ihn hineinversetzt und schliesslich mit ihm identificirt wurde. Denn in diesem Falle würde ja das Problem, welches ein Beobachter der Entwicklung des menschlichen Geistes zu lösen hat, nicht der Ursprung und die Entwicklung des Fetisch, sondern der Ursprung und die Entwickelung von jenem anderen Etwas sein, welches in den Fetisch hineinversetzt und mit ihm identificirt wird. Der wahre Ursprung der Religion läge dort, und der Fetisch würde nur eine zweite Stufe in ihrer Entwickelung darstellen. Es genügt auch nicht, mir Professor Zeller[18] zu sagen: »dass die Phantasie vernunftlose, selbst leblose Dinge zu Göttern personificiren kann«. Die Frage für uns ist, woher kam jene Phantasie? und woher kam vor allen Dingen jenes ganz grundlose, ganz unberechtigte Prädicat Gott? Die Theorie des Fetischismus, mit der allein wir hier zu rechnen haben, ist also

---

18 [Eduard Zeller,] Vorträge und Abhandlungen, Zweite Sammlung, [Leipzig] 1877; S. 32.

die, dass eine Verehrung zufälliger Gegenstände der erste un vermeidliche Schritt in der Entwickelung des religiösen Bewusst seins gewesen sein muss und gewesen ist. Religion, so versichert man uns, muss anfangen und fängt an mit einer Beobachtung von Steinen, Muscheln, Knochen und ähnlichen Dingen, und kann sich erst von dieser Stufe zu einem Begreifen von etwas Anderem erheben, nennen wir es Mächte, Geister, Götter oder mit irgend welchem anderen Namen.
[...]

### Sind die Wilden Kinder?

Man machte sich dies früher ziemlich leicht, indem man meinte, dass das im Fetischismus enthaltene psychologische Problem durch einen blossen Hinweis auf Kinder erklärt werden könne, die mir ihren Puppen spielen, oder die den Stuhl schlagen, an den sie sich gestossen haben. Die Unzulänglichkeit dieser Erklärungsweise wurde jedoch bald erkannt, denn selbst zugegeben, dass Fetischismus nur darin bestände, dass man leblosen Dingen eine Art von Le ben, von Thätigkeit und Persönlichkeit zuschreibt (man mag dies nun Figurismus, Animismus, Personification, Anthropomorphismus oder Anthropopathismus nennen), so kann uns offenbar die Thatsache, dass Kinder dasselbe thun wie erwachsene Wilde, nicht über die Thatsache selbst hinweghelfen, oder uns den Schlüssel zur Lösung beider psychologischen Probleme in die Hand geben. Die Thatsache, angenommen dass es eine Thatsache ist, bleibt bei den Kindern so unerklärlich als bei den Wilden. Denn obgleich eine gewisse Wahrheit darin liegt, Kinder Wilde oder Wilde Kinder zu nennen, so müssen wir doch hier, wie bei allen Vergleichen, zu unterscheiden suchen. Wilde sind Kinder in gewissen Dingen, aber nicht in allen. Es hat noch nie einen Wilden gegeben, der, wenn er heranwächst, nicht zwischen lebendigen und leblosen Dingen, also zwischen einem Strick und einer Schlange, unterscheiden lernte. Zu behaupten, dass sie in Bezug auf solche Dinge Kinder bleiben, heisst nur, sich selbst durch Metaphern täuschen. Auch können Kinder, so wie sie jetzt sind, uns nur wenig helfen, um eine richtige Vorstellung von dem zu gewinnen, was Wilde in vollem Naturzustande gewesen sein mögen. Vom ersten Erwachen ihres geistigen Lebens athmen unsere Kinder eine Atmosphäre, die durch und durch von den Ideen einer weit vorgeschrittenen Civilisation erfüllt ist. Ein Kind, das nicht durch eine schön angezogene Puppe angeführt werden kann, oder das sich so beherrsche, dass es nicht gegen den Stuhl ausschlägt, gegen den es mit dem Kopf gerannt, würde viel eher ein junger Philosoph als ein Wilder sein, der sich noch nicht über den Fetischdienst erhoben hat. Die ganzen Umstände und Bedingungen sind so verschieden für das Kind und den Wilden, dass Vergleiche zwischen den beiden mit der grössten Vorsicht ausgeführt werden müssen, ehe sie auf irgend welchen wissenschaftlichen Werth Anspruch machen können.

Ich stimme soweit ganz mit den Anhängern der Fetischtheorie überein, dass ich vollkommen zugebe, dass, wenn wir Religion als ein allgemeines Charakteristicum des menschlichen Geschlechts betrachtet wissen wollen, wir dieselbe aus Bedingungen erklären müssen, die allgemein gegenwärtig sind. Und ich kann es ihnen durchaus nicht verdenken, wenn sie es ablehnen, über den Ursprung der Religion mit denen zu discutiren, die eine Uroffenbarung annehmen, oder eine sogenannte religiöse Anlage, die den Menschen vom Thier unterscheidet. Wir müssen jedenfalls von gemeinsamen und von sichern Prämissen ausgehen. Wir müssen den Menschen so nehmen, wie er ist, im Besitz seiner fünf Sinne, und zur Zeit noch ohne irgend welches Wissen ausser dem, was ihm seine fünf Sinne bringen. Ein solcher Mensch kann allerdings einen Stein auflesen, oder eine Muschel, oder einen Knochen. Aber dann kommt die Frage, die wir vergebens an die Verfechter des uranfänglichen Fetischismus richten, wo liest dieser Mensch, wenn er Steine, Muscheln und Knochen aufgelesen, zugleich den Begriff eines übersinnlichen Wesens, eines Geistes, eines Gottes auf, und wie kommt er dazu, diese unsichtbaren Wesen zu verehren?

### Die vier Stufen

Eine Art von Antwort wird uns schon gegeben in den bekannten vier Factoren, oder den vier Stufen, durch welche Alles erklärt und der Ursprung des Fetischismus vollkommen verständlich gemacht werden soll. Erst kommt die Vorstellung von dem sehr seltsamen Objecte als einem gerade deshalb sehr eigenthümlichen, ganz besonders, werthvollen. Zweitens, die anthropopathische Auffassung dieses Objectes als eines lebendig fühlenden und wollenden. Drittens, die Setzung des Causalzusammenhanges zwischen diesem Objecte und andern Vorstellungen. Viertens, die Anerkennung des Objectes als eines machtvollen, welches deshalb mit Ehrfurcht zu behandeln ist, damit es nicht feindlich, sondern freundlich gesinnt sei und wirke; d.h. also eines Objectes, welches in Folge seines ihm zugeschriebenen Wesens und Wirkens Gegenstand der Verehrung wird.

Wird aber durch solche Erklärungen die Schwierigkeit nicht vielmehr durch einen Goldregen von Worten verhüllt, als wahrhaft gelöst? Zugegeben, dass ein Mensch über einen seltsamen Stein oder eine Muschel in Staunen geräth, obgleich es so viele andere Dinge gibt, die den Menschen in seiner ersten Entwickelung weit mehr in Staunen versetzt haben müssen, was ist denn dann eine anthropopathische Auffassung eines solchen Steines? Wenn wir dies Wort in's Deutsche übersetzen, so bedeutet es eben weder mehr noch weniger, als dass man den Stein nicht als einen Stein, wie alle anderen Steine, betrachtet, sondern als lebendig, fühlend und wollend. Dies mag sehr einfach und natürlich klingen, wenn es in technische Ausdrücke übersetzt wird, wenn wir uns durch lange Worte wie Anthropopathismus, Anthropomorphismus, Animismus, Figurismus und wie sie sonst heissen, bestechen lassen. Aber ruhig betrachtet scheint nichts dem gesunden Menschenverstande oder unseren fünf Sinnen grössere Gewalt anzuthun, als zu sagen, dieser Stein ist ein Stein, aber doch nicht ganz ein Stein; oder, dieser Stein ist ein Mensch, aber doch nicht ganz ein Mensch. Es ist ganz wahr, dass nach einer langen Reihe von Zwischenstufen solche Widersprüche im menschlichen Geiste möglich werden, aber sie entstehen nicht plötzlich, sie finden sich nicht am Anfang der Dinge, wenn wir nicht ein wahres Wunder annehmen wollen, das doch noch wunderbarer wäre, als die alte Uroffenbarung.

Nein, es ist eben die Aufgabe der Religionswissenschaft, die langsamen und furchtsam wiederholten Schritte zu beobachten, durch welche der menschliche Geist von dem, was einfach und verständlich ist, zu dem fortschreitet, was zuerst über allen menschlichen Verstand hinweg zu gehen scheint. Wenn wir das, was wir erklärt sehen wollen, ohne Weiteres als ganz natürlich hinnehmen; wenn wir einmal zugeben, dass es für einen naturwüchsigen Wilden ganz natürlich war, einen Stein anthropopathisch aufzufassen, d.h. einen Stein als etwas Menschliches zu betrachten; wenn wir uns mit Worten wie Anthropomorphismus, Animismus, Figurismus u. s. w. befriedigt fühlen, nun dann ist allerdings im Fetischismus wenig zu erklären übrig, und wir können ihn ebenso gut für eine frühe als für eine späte Phase des religiösen Bewusstseins ausgeben. Ein menschlicher Stein hat alles Recht, für übermenschlich zu gelten, und übermenschlich ist nicht mehr sehr weit vom Göttlichen entfernt. Noch brauche es uns zu wundern, dass die Verehrung, die man einem solchen Object erweist, grösser ist als die, welche einem Steine oder einem Menschen zukommt, dass also auch die Verehrung übermenschlich, und nicht sehr weit entfernt von göttlicher Verehrung sei.

### Der Fetischismus nie ursprünglich
Meine Stellung zum Fetischismus ist also einfach diese: Mir scheint es, dass die, welche alle Religion mit einem ursprünglichen Fetischismus anfangen lassen, das annehmen, was erst zu erweisen ist, dass nämlich jedes menschliche Wesen auf wunderbare Weise mit dem Begriff beschenkt worden ist, welcher das Prädicat eines jeden Fetischs bildet, nennen wir es nun Macht, Geist oder Gott. Dass zufällige Objecte wie Steine, Muscheln, der Schwanz eines Löwen, ein Zopf von Haaren oder ähnlicher Unrath einen theogonischen Charakter haben, d.h. für sich allein zur Ahnung von etwas Uebersinnlichem und Unendlichem hinführen, ist nie bewiesen worden, während die Thatsache, dass alle wilden Völker, nachdem sie sich einmal zur Ahnung eines Uebersinnlichen, Unendlichen und Göttlichen erhoben, später die Gegenwart desselben auch in rein zufälligen, unscheinbaren Objecten zu finden meinten, übersehen worden ist. Es ist erst noch zu beweisen, dass es jetzt ein Volk gibt, oder dass es jemals ein Volk gegeben hat, dessen ganze Religion aus Fetischismus bestand. Es ist erst noch zu beweisen, dass es irgend ein Volk gibt, dessen Religion ganz frei von Fetischismus geblie-

ben. Meine letzte, aber nicht meine geringste Beschwerde ist, dass Viele, die über Fetischismus als eine allgemeine, urweltliche Religion geschrieben, sich oft auf Autoritäten verlassen haben, die kein Philolog und kein Historiker als zulässig anerkennen würde.

Es ist also unsere Pflicht, neue Wege einzuschlagen, wenn wir wissen wollen, welche sinnlichen Eindrücke es waren, die im menschlichen Geiste zuerst die Ahnung eines Uebersinnlichen, Unendlichen und Göttlichen hervorriefen.[19]

## Jean-Martin Charcot / Victor Magnan: *L'inversion du sens génital* (1882)

Auszüge aus: Jean-Martin Charcot / Victor Magnan: *L'inversion du sens génital*. [1882] entnommen der von Gérard Bonnet besorgten Ausgabe. Paris: Frénésie Éditions 1987. (S. 21–35; Übersetzung von Suzanne Kirsch)

Herr X..., Arzt, dreiunddreißig Jahre alt, an einer tiefen Traurigkeit leidend, kommt im Oktober 1881 wegen der seltsamen Phänomene, die er verspürt, jemanden von uns um Rat zu fragen.

Seine Mutter, an Hysterie leidend, zeigt Anfälle und Phasen heftiger intellektueller Erregung; ihr Vater, mit vierundsechzig verstorben, war Asthmatiker; einer ihrer Brüder ist Migräniker; während er bereits ab seinem zehnten Lebensjahr das Opfer von Zwangsvorstellungen gewesen ist, denen er nur mit viel Mühe widerstehen konnte; so fühlte er sich, wenn er etwas in der Hand hielt, beispielsweise einen Teller, dazu gedrängt, diesen zu Boden fallen zu lassen. Zwei Jahre lang musste er dieser krankhaften Neigung widerstehen, die übrigens letztlich verschwand. Seit jeher gab er sich der Onanie hin; er studierte Medizin mit großer Mühe, nicht weil es ihm an Intelligenz gefehlt hätte, sondern weil das Arbeiten ihn rasch ermüdete. Vor allem in den letzten acht Jahren fiel es ihm schwer, einen Gedanken zu fassen, sich auf das Studium zu konzentrieren; es schien ihm, dass er Verständnisschwierigkeiten hatte und sein Auffassungsvermögen langsamer geworden war.

Um diese Zeit herum begann er seltsame Phänomene zu verspüren: Wenn er eine Frau sah, richteten sich seine Gedanken auf die Gesäßregion und er konnte

---

19 Es freut mich zu constatiren, dass sowohl Dr. Happel, in seinem Werke: »Die Anlage des Menschen zur Religion [vom gegenwärtigen Standpunkte der Völkerkunde aus betrachtet und untersucht]. [Haarlem] 1878 [richtig: 1877]«, als Professor [Otto] Pfleiderer, in seiner eben erschienenen »Religionsphilosophie [auf geschichtlicher Grundlage]«, [Berlin 1878) fast ganz dasselbe Verdammungsurtheil über die Ferischtheorie ausgesprochen haben. Ein werthvolles Zeugniss für die Richtigkeit unserer Bedenken findet sich in dem sehr beachtungswerthen Buche von [Wilhelm] Hübbe-Schleiden, »Ethiopien«, Hamburg, 1879.

sich nicht zurückhalten, das Gesäß anzuschauen. Dieser Zwang wurde drängender, sobald es sich um kleine Mädchen handelte. In Menschenmengen rieb er sich an den Hinterteilen der Frauen; aber sobald es zur Erektion kam, hatte er es eilig, sich zu entfernen und die Gruppen zu meiden. Er flüchtete und mied Bilder und Statuen, die nackte Frauen darstellten, weil sie in ihm die obszönen Gedanken hervorriefen, die ihm unangenehm sind.

Während des gesamten Jahres 1880 konnte er keinen kleinen Buben sehen, ohne dass sich seine Augen auf den unteren Teil des Rückens gerichtet hätten und sich die Vorstellung des Anus in seinem Geist eingenistet hätte. Er war sehr unglücklich darüber, denn er hatte nie eine Tendenz zur Päderastie gehabt, und seine sexuellen Beziehungen waren immer normal gewesen. Es ist gut festzuhalten, dass nackte Kinder ihn gleichgültig ließen und dass er im Hörsaal und in den Sezierräumen keinerlei bizarre Vorstellungen hatte. Seit einem Jahr zeigt er alternierend Zustände von Erregung und Depression, und manchmal treten Suizidgedanken auf; er würde gerne, so sagt er, sich das Hirn verbrennen.

[...]

Im Alter von sechs oder sieben Jahren wurde Herr X... schon von einem unwiderstehlichen Instinkt dazu gedrängt, sich die Füße der Frauen anzuschauen, um zu sehen, ob nicht Nägel an ihren Schuhen waren; wenn welche dort waren, bewirkte deren Anblick ein undefinierbares allumfassendes Glücksgefühl. Zwei junge Frauen, seine Verwandten, wohnten bei seiner Familie; er ging an den Ort, wo ihre Schuhe standen; er nahm sie mit fiebriger und zittriger Hand an sich; er berührte die Nägel, er zählte sie, er konnte seinen Blick nicht davon abwenden, und abends, in seinem Bett, kehrte er in Gedanken, abwechselnd zu dem einen oder anderen dieser jungen Mädchen zurück, und er ließ sie in seiner Fantasie eine Rolle spielen, die er sich ausdachte; er sah seine Mutter das Mädchen zum Schuster begleiten, er hörte, wie sie diesem gebot, die Schuhe ihrer Tochter mit Nägeln auszustatten. Er sah den Schuster, wie er die Nägel anbrachte und dem jungen Mädchen die Schuhe zurückgab; dann versuchte er, sich die Empfindungen, die dieses verspürte, wenn es mit seine Nagelschuhen ging, vorzustellen; schlussendlich erlegte er dem jungen Mädchen die grausamsten Torturen auf, er nagelte ihm Eisen unter die Füße, so wie man es bei Pferden tut, oder er schnitt ihr die Füße ab, und gleichzeitig masturbierte er; aber er tat das nicht nur, um sich das materielle Genießen, das man darin findet, zu erlangen; es diente eher als Begleitung der fantastischen Geschichte, die seiner Imagination schmeichelte.

[...]

Um 1868 herum traten bemerkenswerte Veränderungen seines Zustandes auf, und seither blieb dieser Zustand fast derselbe.

Beim Anblick der Dinge, die früher Erektionen hervorriefen, treten diese kaum mehr auf; im Gegensatz dazu haben die nervösen Spasmen, die ihm, ohne

Hilfe durch Masturbation, die Lust verschaffen, die er sucht, an Intensität zugenommen. Dauernd spürt Herr X… einen vagen Schmerz am höchsten Punkt seines Kopfes; es hat den Eindruck, dass dieser Teil des Schädels weniger dick ist als der Rest, und dass er nur die Konsistenz von Knorpel hat; dennoch ist es genau dieser Teil der Schädelwand, die ihm Druck auf sein Gehirn auszuüben scheint, und es passiert ihm oft, dass er nach seinen Haaren greift und mit aller Kraft an dieser Stelle an ihnen zieht, um diese Region des Schädels zu heben, und den Druck zu beenden; in manchen Momenten ist der Schmerz dort sehr heftig. An dieser Stelle beginnt der Spasmus, der eintritt, wenn Herr X… in der Nähe der Objekte ist, die ihn hervorrufen: Sein Gehirn scheint in Wallung zu geraten und die Schädeldecke sprengen zu wollen; von dort aus zieht sich das Gefühl über den Nacken hinunter, folgt der Wirbelsäule, und breitet sich bis in Arme und Beine aus, einem Stromschlag vergleichbar; und zur gleichen Zeit schnürt sich seine Kehle zusammen, sein Brustkorb verengt sich und, wie man ihm erzählt hat, belebt sich sein Gesicht, seine Blicke werden von einen seltsamen Feuer erfüllt und seine Physiognomie nimmt einen Ausdruck einer dummen Verzücktheit an. Er verspürt ein inneres Beben in seinem Glied, aber es kommt zu keiner Erektion, und wenn er seine Hand auf seinen Unterbauch legt, gelingt es ihm durch leichten Druck, die Intensität des Spasmus zu steigern und dessen Dauer zu verlängern. Diese Intensität ist im Übrigen nicht immer gleich, sie variiert mit den Begebenheiten: Sie ist beispielsweise weniger ausgeprägt, wenn ein Schuster Herrn X… auf allgemeine Art von den Nägeln erzählt, die man in Frauenschuhe gibt; sie ist stärker, wenn es um Frauen geht, die er kennt, oder wenn der Schuster anstatt bloß zu sagen: *Nägel in Damenstiefeletten hineingeben* sagt: *Damenstiefeletten mit Nägeln beschlagen*; die Intensität nimmt auch graduell zu, wenn Herr X…, nachdem er Schuhe im Geschäft des Schusters gesehen hat, diese an den Füßen einer Frau sieht, wenn viele Nägel darin sind, und wenn die Nägel dick sind, wenn sie an Schuhen, und nicht an Stiefeletten befestigt sind, und wenn die Frau, die sie trägt, jung, hübsch und elegant ist. Der Eindruck ist manchmal so stark, dass er knapp davor ist, ohnmächtig zu werden oder er wird von einem nervösen und unbezwingbaren Lachen gepackt, das mehrere Minuten anhält.

[…]

Im Alter von fünf Jahren, als er fünf Monate lang mit einem Verwandten in seinen Dreißigern im gleichen Bett schlafen musste, verspürte er zum ersten Mal ein eigenartiges Phänomen, es war eine genitale Erregung und eine Erektion, die auftrat, sobald er bemerkte, dass sich sein Bettgenosse eine Schlafmütze aufsetzte. Um die gleiche Zeit hatte er die Gelegenheit, zu beobachten, wie sich eine alte Dienerin entkleidete, und sobald sich diese eine Schlafhaube aufsetzte, fühlte er sich sehr erregt und es kam unmittelbar zur Erektion. Später reichte bereits die Vorstellung des Kopfes einer alten, runzligen, hässlichen Frau, sofern sie mit einer Schlafhaube bekleidet war, um einen genitalen Orgasmus hervorzurufen.

Der Anblick einer Schlafhaube allein hat wenig Einfluss, aber die Berührung einer Schlafhaube löst die Erektion aus und manchmal die Ejakulation. Hingegen, so erinnert er sich, war er mit sieben Jahren völlig unempfänglich für die von einem seiner Schulkameraden an ihm ausgeübten Masturbationsversuche. Er hat nie nach anormalen sexuellen Kontakten gesucht; er versichert, dass der Anblick eines nackten Mannes oder einer nackten Frau ihn absolut kalt lassen. Bis er zweiunddreißig Jahre alt war, zum Zeitpunkt seiner Hochzeit, habe er keine sexuellen Kontakte gehabt; er heiratet ein hübsches vierundzwanzigjähriges Fräulein, für die er eine lebhafte Zuneigung empfand. Die erste Hochzeitsnacht bleibt er impotent an der Seite seiner jungen Frau; am nächsten Tag war die Situation die gleiche, bis er sich in seiner Verzweiflung das Bild der alten faltrigen Frau, mit einer Schlafhaube bekleidet, vorstellt; das Ergebnis lässt nicht auf sich warten, er kann unmittelbar seine ehelichen Pflichten erfüllen. In den fünf Jahren, seit er verheiratet ist, ist er auf den gleichen Ausweg angewiesen, er bleibt impotent bis zu dem Moment, in dem die Erinnerung das bevorzugte Bild reproduziert. Er bedauert diese besondere Situation, die ihn, so sagt er, zur Profanierung seiner Frau zwingt. Manchmal, aber in sehr großen Abständen, hat er nachts Halluzinationen, diese traten bereits im Alter von zehn Jahren auf und auch im vergangenen Jahr hat er solche gehabt: Üblicherweise sieht er ein schwarzes Tier, das ihn am Hals packen will. Bereits in seiner Kindheit hat er auch vorübergehende Anfälle tiefer Traurigkeit mit Suizidgedanken gehabt, vor allem durch Untertauchen oder Erhängen; er hat auch manchmal daran gedacht, sich zu vergiften; aber er hat nicht den Mut, es zu tun, sagt er; er zögert auch wegen der Zuneigung, die er für seine Frau empfindet. Er verspürt ebenfalls lebhafte Ängste, wenn er auf das Oberdeck eines Autobusses steigt: Er wird von Schwindel und Übelkeit erfasst, er fühlt sich in großer Höhe und stellt sich vor, nichts zu haben, an dem er sich festhalten kann, und es scheint ihm, dass er hinabfallen wird. Er kann nicht ohne heftigste Befürchtungen aus dem Fenster eines dritten oder vierten Stockwerks schauen. Wenn er an einem hohen Haus vorbeigeht, hat er Angst, dass es auf ihn stürzen wird.

Bei diesem Kranken mit veritabler hereditärer Konstitution sind die psychopathischen Auffälligkeiten zahlreich. Seit seinem 5. Lebensjahr, ohne jegliche Vorbereitung, gewissermaßen passiv, wird L... von der krankhaften Vorstellung überfallen und so zum Sklaven der allerseltsamsten Zwangsvorstellung:

Die Nachthaube wird von diesem Tag an auf seiner gesamten Existenz lasten. Wer könnte sich eine solche zutiefst traurige Situation vorstellen, außer dem Kranken und dem Arzt, den er ins Vertrauen zieht? Und dennoch enthüllt eine Vielzahl an Symptomen die krankhafte Prädisposition, die er von seinen Eltern geerbt hat: Halluzinationen, Zwangsvorstellungen jeder Art, Zwangshandlungen, imaginäre Befürchtungen, extreme Emotionalität, melancholische Tendenzen, Suizidgedanken; nichts fehlt. Oberflächlich betrachtet ist dieser Mann allen anderen ähnlich, er lebt ein gewöhnliches Leben während im Gegenteil bei ihm alles Kampf, Künstlichkeit und Zwang ist; in jeder Minute taucht ein neuer Grund für Angst und Hilflosigkeit auf.

Das ist der krankhafte Zustand. Wie könnte man diesen erahnen, wenn man sich, vom Studium der Fähigkeiten der Seele ausgehend, an einfache psychologische Spekulationen hielte?

[...]

Beobachtung V. – Konvergierende krankhafte Heredität. – unausgewogene Intelligenz; gemeine Schädelform; mit fünfzehn ein zwanghafter Impuls, weiße Schürzen zu stehlen, um zu masturbieren; Träume von weißen Schürzen; schläft manchmal mit weißen Schürzen im Bett; drei Verurteilungen wegen Diebstahl von weißen Schürzen; Einstellung des Verfahrens bezüglich des letzten Diebstahls. – Melancholische Depression; Tendenzen zum Suizid.

C... (Auguste), Tagelöhner, siebenunddreißig Jahre alt, wird zum zweiten Mal am 24. November 1881 in Sainte-Anne aufgenommen. Er zeigt eine doppelte krankhafte Heredität, sein alkoholabhängiger Vater ist an einer Leberzirrhose verstorben: sein Onkel väterlicherseits ist verrückt im Irrenhaus von Pontorson verstorben. Die Mutter und die Schwester nervös, reizbar, beide neigen zur Melancholie. Ein geistesschwacher Bruder hatte mit zwanzig einen manischen Schub. Er selbst, dessen Intelligenzniveau nicht hoch ist und dessen geistige Fähigkeiten unausgewogen sind, zeigt physische Zeichen der Degeneration; sein Schädel ist schlecht geformt; die rechte Stirnvorwölbung und die linke Temporalvorwölbung sind sehr ausgeprägt, die Stirn fliehend, und das Ganze zeigt einen beachtlichen Grad von Plagiozephalie. Mit dreizehneinhalb soll er ein typhoides Fieber gehabt haben; er ging zur Schule, wo er lesen und schreiben gelernt hat, aber er war nicht besonders fleißig und immer wechselhaft in seinem Fleiß und seinem Benehmen. Mit fünfzehn sieht er, in der Sonne schwebend, eine dort trocknende Schürze von blendender Weiße, er nähert sich ihr, reißt sie an sich, wickelt die Bänder um seine Taille und entfernt sich, um hinter einer Hecke in Berührung mit der Schürze zu onanieren.

Seit diesem Tag ziehen ihn Schürzen an. Er kann nicht widerstehen, sie an sich zu nehmen, er benützt sie zum Praktizieren der Onanie, dann bringt er sie an den Platz, von wo er sie genommen hat, zurück oder er wirft sie weg oder lässt sie bei sich in einer Ecke herumliegen. Wenn er einen Mann oder eine Frau mit einer weißen Schürze sieht, folgt er ihnen, dem Geschlecht keine Beachtung schenkend, von der Schürze allein geht die gesamte Anziehungskraft aus. Im Jahr 1861, um dem Schürzendiebstahl ein Ende zu setzen, sorgen seine Eltern dafür, dass er in der Marine engagiert wird; er war damals sechzehn Jahre alt. An Bord des Schiffes, keine Schürzen mehr sehend, beruhigt er sich und sein Geist bleibt erholt. »Ich dachte nicht daran«, sagt er, »ich sah keine mehr.« Zurück in Frankreich im Jahr 1865 verbringt er zwei Urlaubsmonate in Pontorson; der

Anblick von Schürzen drängt ihn neuerlich dazu, sie an sich zu nehmen und sich der Onanie hinzugeben. Oft schließt er seine Augen und verspürt eine sehr starke Befriedigung dadurch, dass er sich eine weiße Schürze vorstellt, schwebend, so wie sie ihm beim ersten Mal erschien. Nachts träumt er von weißen Schürzen. Er fühlt sich dazu gedrängt, weiße Schürzen zu entwenden, und nichts anderes; selbst wenn, wie er sagt, hundert Francs, tausend Francs, neben der Schürze lägen, würde er nur diese an sich nehmen und nicht das Geld.

Im Jahr 1865, während eines fünfzehntägigen Urlaubs, wird er von der Polizei wegen des Diebstahls einer weißen Schürze verhaftet. Vor dem Gericht erzählt er von seinen Zwangsvorstellungen, seinen impulsiven Zwangshandlungen und sieht sich zu acht Tagen Gefängnis verurteilt. Ein paar Jahre später, in Cherbourg, an Bord des Schlachtschiffs *Die Atalante*, während eines Landgangs von vierundzwanzig Stunden, stiehlt er eine in der Sonne trocknende Schürze; auf frischer Tat ertappt flüchtet er, versteckt sich, geht erst nach neun Tagen wieder an Bord. Er erzählt, was ihm passiert ist, er besteht darauf, dass es die Wahrheit ist, der Kriegsrat zeigt sich, sagt er, wohlwollend, lässt die Desertation fallen und verurteilt ihn nur zu einem Jahr Gefängnis. In Rochefort, an Bord des Kanonenboots *Der Komet*, im Jahr 1870, wird ihm ein vierundzwanzigstündiger Landgang erlaubt.

Er flaniert durch die Straßen, als er vor der Tür eines Pâtissiers vorbeigeht, bemerkt er in einem Schrank einen Stapel weißer Schürzen, sehr sauber und ordentlich gefaltet. Da das Geschäft überwacht war, wagte er nicht, es zu betreten. Er lauert in der Straße, schwermütig. Traurig, aufmerksam darauf achtend, was vor sich geht, den Schrank nicht aus dem Blick verlierend und vom brennenden Wunsch verfolgt, diese Schürzen an sich zu nehmen. Die Stunden vergehen, die Nacht kommt, er verlässt seinen Posten nicht; letztlich schließt das Geschäft; nachdem die Lichter ausgegangen sind, kein Geräusch mehr zu hören ist, klettert er auf eine Mauer, steigt in den Hof hinab, dringt in das Geschäft ein, legt seine Hand auf die Schürzen und in dem Moment, wo er diese herausnimmt, wirft er ein Möbelstück um, der Lärm zieht Aufmerksamkeit auf sich; man läuft herbei, man nimmt ihn, seine Schürze haltend, fest.

Vor dem Kriegsrat verlangt der Anwalt eine gerichtsmedizinische Untersuchung, diese wird abgelehnt, er wird zu einem Jahr Gefängnis verurteilt. Nachdem er seine Strafe abgesessen hat, will er vor den Schürzen flüchten und engagiert sich auf einem Transatlantiker und verbringt fast zwei Jahre dort. Nach seiner Rückkehr ist er traurig, entmutigt, er fühlt sich unfähig, den Zwängen zu widerstehen und um neuerlichem Unglück zu entgehen, entwickelt er den Plan, ins Kloster von La Trappe einzutreten. Er wird nach inständigem Vorsprechen aufgenommen. Am Anfang sehr eifrig, nimmt er das Klosterleben mit Freude an: Er steht um zwei Uhr in der Früh auf; erlegt sich selbst Disziplin auf, reibt sich den Körper mit Brennnesseln ab, sticht sich Nadeln unter die Haut, und trotz dieses strengen Regimes genießt er eine relative Ruhe, da er nicht mehr gegen seine Zwänge kämpfen muss. Nach drei Jahren allerdings, nachdem sein religiöser Eifer abgeflaut ist, verlässt er das Kloster und während vier Jahren, von 1876 bis 1880, kommt er in Pensionen oder Internaten unter, als Kellner oder Schlafsaalwärter, und nach und nach kehrt er zu seinen alten Gewohnheiten zurück, mal eine weiße Schürze entwendend, mal indem er welche kauft und mit ihnen seine onanistischen Tätigkeiten wiederaufnimmt; manchmal schlief er sogar mit einer weißen Schürze in seinem Bett. Im April 1880 verlässt er seinen Arbeitsplatz, verbringt den Abend im Cabaret, und am Abend wird er in Bercy festgenommen, als er auf eine Mauer klettert, um in ein Haus einzudringen. Eine bei ihm durchgeführte Hausdurchsuchung führt zur Entdeckung einer Sammlung von weißen, mit Sperma befleckten Schürzen. Diesmal folgt auf eine gerichtsmedizinische Untersuchung eine Einstellung des Verfahrens und er wird am 23 Mai 1880 in Sainte-Anne aufgenommen.

Nach einem Aufenthalt von einem Jahr kommt er frei; aber er ist traurig, schwermütig, wird reizbar, und entwickelt manchmal Suizidpläne. Innerhalb von sechs Monaten hat er fünf Arbeitsplätze, und nach einer Depressionsperiode wird er in die Anstalt zurückgebracht. Er erzählt, dass er keine Schürzen mehr gestohlen hat, aber dass er, als er ein sexuelles Verhältnis mit einer Frau hatte, auf die Erinnerung an weiße Schürzen zurückgegriffen hatte und dass er diese Erinnerungen auch heraufbeschwor, wenn er sich der Onanie hingab.

Die Zwänge bei diesem Mann erreichen ein solches Ausmaß an Intensität, dass er sich nicht nur freiwillig einer der längsten Überwachungen unterzieht, sondern sich nicht davor scheut, sich großen Gefahren auszusetzen, um was zu erreichen? Die Eroberung einer weißen Schürze. Er nimmt mehrere Verurteilungen hin, weil er unfähig ist, seine Wünsche zu beherrschen, versucht es mit heroischen Methoden: Reisen auf dem Meer, dann Flucht in ein Kloster. Aber kaum ist er an Land, fängt er wieder damit an; kaum ist er aus dem Kloster ausgetreten, bemüht er sich darum, weiße Schürzen zu kaufen oder zu stehlen. Es ist dies ein Verhängnis, das den Unglücklichen verfolgt und mit ganzer Kraft auf seiner Existenz lastet. Hier handelt es sich allerdings bloß um ein ins Auge springendes krankhaftes, mit melancholischen Perioden assoziiertes Phänomen bei einem mit Degeneration behafteten Subjekt.

## Alfred Binet: *Le Fétichisme dans l'amour* (1887)

Auszüge aus: **Binet**, A. (1887): Le Fétichisme dans l'amour. In: *Revue Philosophique*. Band XXIV. (1887), 142–167; 252–274. (Alfred Binet, Der Fetischismus in der Liebe. Aus dem Französischen von Alexandra Besson, in: Fetischismus. Grundlagentexte vom 18. Jahrhundert bis in die Gegenwart, herausgegeben von Johannes Endres, S. 226–240. © Suhrkamp Verlag Berlin 2017. Alle Rechte bei und vorbehalten durch Suhrkamp Verlag Berlin AG.)

### Alfred Binet
### Der Fetischismus in der Liebe

#### Kapitel IV

Es genügt nicht, die Fakten zu sammeln, sie müssen verstanden und erklärt werden. Wir wollen versuchen, einige Schlüsse aus den Beobachtungen zu ziehen, die wir über den Fetischismus zusammengetragen haben.

Zuerst wollen wir untersuchen, welcher Ursprung dem erotischen Fetischismus zugewiesen werden kann.

Die gesamte Psychologie der Liebe wird von folgender Grundfrage beherrscht: Warum liebt man diese Person eher als jene? Warum möchte man eine schöne Frau besitzen, wenn man doch genau weiß, dass die Schönheit weder die Qualität noch die Intensität der genitalen Empfindung zu verstärken vermag? Dies beweist, dass die geliebte Person mehr ist als eine Quelle der Lust. Es wäre vollkommen lächerlich zu meinen, dass manche Männer aus Liebe zu einer Frau sterben, die sie nicht besitzen können, nur weil sie sich von ihr vergebens eine kleine physische Befriedigung erhofften, welche die erstbeste Frau ihnen hätte geben können. Man muss so unkundig sein wie Spinoza, um die Liebe einfach so zu definieren: *Kitzel, begleitet von der Idee einer äußeren Ursache.*[1] Was die Liebe anregt, ist also etwas anderes als die Suche nach einem körperlichen Eindruck: Es ist, allgemein ausgedrückt, *die Suche nach der Schönheit*; es versteht sich wohl, dass dieses Wort mehrere Bedeutungen hat, und jeder das Recht hat, es nach seiner Façon zu deuten.

Dieses Bedürfnis nach Schönheit, das in jeder Liebe zur Geltung kommt, die sich über das tierische Niveau erhebt, weist den sehr eigentümlichen Charakter auf, ein rein geistiges Bedürfnis zu sein, welches nicht imstande ist, eine unmittelbare materielle Befriedigung zu erlangen.

In dieses geistige Bedürfnis setzen wir den Ursprung des erotischen Fetischismus. Der erotische Fetischismus, wie wir ihn schon definiert haben, ist die

---

1 Spinoza, Ethik, IV, 44.

Verehrung von Dingen, die ungeeignet sind, unmittelbar den Zwecken der Fortpflanzung zu dienen.

Sofern es einen gewissen Fetischismus in der normalen Liebe gibt, ab wann wird dieser Fetischismus zu einer Liebeskrankheit?

Genau darauf müssen wir uns konzentrieren, denn das entscheidende psychologische Interesse dieser Studien – wir haben es gesagt, und wir wiederholen es nun – liegt ganz darin, den normalen Zustand mit seinen Abweichungen zu vergleichen.

Die Trennlinie kann hier nur schwer gezogen werden: In der guten Gesellschaft gilt schlicht als verliebte Extravaganz, was in Wahrheit eine sexuelle Perversion ist. Die Irrenärzte wissen es wohl; sie erinnern sich an die Geschichte jenes durch Liebe verrückt gewordenen psychisch Kranken, der Steine gegen die Fenster seiner Angebeteten warf und der auf Lasègues Gutachten hin eingewiesen wurde. Später, nach seiner Entlassung, klagte er Lasègue der willkürlichen Freiheitsberaubung an. Lasègue verteidigte sich selbst, und es kostete ihn einige Mühen, den Richtern die Ungleichartigkeit vor Augen zu führen, die den erotischen Wahn vom Liebesrausch unterscheidet.[2]

Nehmen wir den Fall, der dem Normalzustand am nächsten kommt, bei dem die sexuelle Perversion so geringfügig ist, dass man beinahe an ihrem Vorhandensein zweifeln könnte. So verhält es sich zum Beispiel mit Descartes, der von seiner ersten Liebe eine Neigung zu schielenden Augen behalten hat. Inwieweit hat diese Neigung etwas Pathologisches? Man kann schlechterdings sagen, dass sie dazu tendiert, einem unbedeutenden Detail der Anatomie einer Person eine übertriebene Wichtigkeit beizumessen.

So ergeht es auch den Liebhabern des Geruchs. Wenn ihr Hang zu stark ausgeprägt ist, neigen sie dazu, nur den Geruch zu suchen. Es kümmert sie wenig, dass die Frau alt, runzelig, dumm, sozial unterlegen ist; sie verströmt jenen Duft, das reicht. Und diese Eigenheit ihrer Haut wird zur Hauptsache, auf die sich alles reduziert, zum Anziehungspunkt aller sexuellen Begierden. Wenn derart alle Rücksichten des Alters, des Vermögens, des moralischen, des physischen Anstands und der sozialen Konvention den Freuden des Geruchsinns aufgeopfert werden, hat man es mit einer Perversion zu tun. Das ist noch nicht alles. Der krankhafte Grundzug jener Neigung wird auch durch die unwiderstehlichen Neigungen bestätigt, die sie auslöst: Der Kandidat, der an der gerade auf der Straße vorbeilaufenden Frau den begehrten Geruch erkennt, verspürt den unbezwingbaren Drang, dieser Frau zu folgen, und dieser Regung hat er so wenig entgegenzusetzen wie der Trunksüchtige dem Anblick eines Glases Wein.

---

2 Vgl. Benjamin Ball: L'.Encéphale. *Journal des maladies mentales et verveuses*, Paris 1887, S. 195f.

Somit können wir den Begriff des Fetischismus nun näher bestimmen: Er besteht darin, einem zweitrangigen und belanglosen Detail eine übermäßige sexuelle Bedeutung zu verleihen. Diese Bedeutung variiert übrigens von Fall zu Fall, und kann dazu dienen, den Grad der Perversion zu bestimmen. Wir merken an, dass Herr R..., der eine durchaus ausgeprägte Neigung zur weiblichen Hand aufweist, doch nicht so weit gekommen ist, dieser Hand den Rest der Person aufzuopfern; er würde sich nicht dazu herablassen, einer alten, faltigen und schmutzigen Frau den Hof zu machen, nur weil sie schöne Hände hat. Ein solcher Kontrast wäre ihm sogar sehr unangenehm. Bei anderen Kranken kommt der gegenteilige Fall sehr deutlich zum Vorschein. Wir können hier den Liebhaber der Augen anführen, dessen Geschichte von Herrn Ball berichtet wurde. Der berühmte Professor ließ ihn zu seiner Unterrichtsstunde vorladen und bat ihn darum, ein Frauenauge an eine schwarze Tafel zu malen. Der Kranke fügte sich der Aufforderung mit offensichtlichem Behagen, denn es gibt nichts Angenehmeres als die Beschäftigung mit dem, was man liebt. Nachdem er mit Kreide das oben erwähnte Motiv angezeichnet hatte, erklärte er unmissverständlich, dass sich die ganze Frau für ihn im Auge versammle und dass er nur dieses eine Organ liebe. Für diesen Kranken, der auf der Skala der sexuellen Perversion einen hohen Rang einnimmt, ist das Auge ein und alles, es lässt den ganzen Rest der physischen und moralischen Person verschwinden.

In dieser Hinsicht können wir diesen psychisch Gestörten mit dem normalen Liebenden vergleichen, der sich in die schönen Augen seiner Freundin verliebt. Als Molière jenen Bürger schilderte, der sich in eine Marquise verliebt hatte, ließ er ihn sich für seine Angebetete diesen an die Empfängerin seiner Gedanken gerichteten unvergesslichen Satz ausdenken: »Schöne Markise, Ihre schönen Augen machen mich vor Liebe sterben.«

Was unseren Kranken von diesem abgedroschenen und banalen Fall unterscheidet, ist schlicht und einfach der Grad der Verliebtheit, die der Bürger als Edelmann für die schönen Augen der Dorimène empfindet: Er mag ihre Augen lieben, aber er liebt auch den ganzen Rest ihrer Person, ihre schönen Manieren und ihren Adelstitel. In der normalen Liebe fehlt diese Art von Hypertrophie eines Elements, welches die Atrophie aller anderen herbeiführt.

Der erotische Fetischismus tendiert also dazu, das Objekt seines Kults ganz abzusondern und von allem, das es umgibt, zu isolieren; wenn dieses Objekt der Körperteil einer lebendigen Person ist, versucht der Fetischist aus diesem Teil ein eigenständiges Ganzes zu bilden. Die Notwendigkeit, diese kleinen und flüchtigen Gefühlsnuancen durch ein Wort festzulegen, das zu ihrer Bezeichnung dienlich sein kann, veranlasst uns, den Begriff der *Abstraktion* einzuführen. Der erotische Fetischismus hat eine Neigung zur Abstraktion. Dadurch grenzt er sich von der normalen Liebe ab, welche die Gesamtheit der Person anspricht.

Um die Stadien dieses Abstraktionsvorgangs genau zu verfolgen, müssen wir das untersuchen, was sich in der Liebe zu den leblosen Objekten ereignet. Der Ausgangspunkt dieser Abweichungen liegt in jenen reizenden Narrheiten, die die liebende Verehrung begleiten, in der Zärtlichkeit, mit der der Verliebte die Haare, Bänder, die tausend Reliquien der geliebten Person aufbewahrt. Wenn der Liebende diese reglosen Objekte abküsst, trennt er sie in seinem Geiste nicht von der Erinnerung an die Frau. Ihr Bild bleibt am Anblick dieser Objekte haften. Es hat sich kein Abstraktionsvorgang dazwischengeschaltet, um die zwei unzertrennlich verbundenen Objekte voneinander zu trennen. Nehmen wir nun an, dass der Liebhaber, der mit frommer Sorgfalt eine blonde Locke aufbewahrt, allgemein auf den Geschmack an blonden Haaren kommt und anfängt, sie zu sammeln; weiter oben haben wir die Stofftaschentuch- und Kleidungstückesammler erwähnt. Dies sind Übergangsformen von höchstem Interesse. Solche Kandidaten suchen wohl jene leblosen Objekte als Andenken an die Frauen, die sie gesehen haben, aber sie lieben diese Objekte auch als solche, als Stofftaschentücher, als Kleidungstücke. Bei Herrn L... ist die Abstraktion weniger weit fortgeschritten; für ihn wirkt ein italienisches Kostüm erst dann anziehend, wenn es vom Körper einer jungen und hübschen Frau belebt wird. Herr L... empfindet nur mäßiges Gefallen daran, den roten Rock, die blaue Schürze und die Spitze eines italienischen Kostüms auf einem Stuhl liegend zu betrachten; der Anblick des schlaffen, leblosen Stoffs erregt ihn nicht. Deshalb ist er auch nie auf die Idee gekommen, ein solches Kostüm zu kaufen, um sich an dessen Anblick bei sich zu Hause zu weiden. Er schien sich sehr zu wundern über die Frage, die ich ihm diesbezüglich stellte. Dagegen ist die Abstraktion beim Liebhaber der Stiefelettennägel ausgeprägter. Der Anblick eines solchen Nagels, den er in seinen Händen hält, und der Anblick einer mit Nägeln verzierten Stiefelette verschaffen ihm eine sehr intensive Erregung. So sehen wir ihn Frauenschuhe kaufen, sie zu sich nach Hause bringen, wo er Gefallen daran findet, sie selber mit Nägeln zu versehen. In diesem Fall kann die Verehrung des materiellen Objekts auf die Anwesenheit der Frau ganz verzichten, selbst wenn Letztere sie noch intensivieren würde. Diese Eigenständigkeit des Objekts nimmt beim Liebhaber der weißen Schürzen noch zu und erreicht ihren Höhepunkt. Keine Erinnerung an eine Frau scheint sich in seine Besessenheit einzumischen noch sie zu schmücken. Was er liebt, ist die weiße Schürze an und für sich. Er kann keine in der Sonne trocknend oder in einem Laden zusammengefaltet sehen, ohne sie entwenden zu wollen. Man hat bei ihm zuhauf gestohlene weiße Schürzen gefunden. In diesem letzten Fall hat der Fetischismus seine vollkommene Entfaltung erreicht, und es scheint sogar unmöglich, darüber hinauszugehen. Die Verehrung richtet sich lediglich auf ein materielles Objekt; zu keinem Zeitpunkt hat die Frau eingegriffen.[3]

---

3 Bei diesem Kranken wird der Zusammenhang der Gefühle durch eine an die eigene Person

Damit nicht genug. Es muss angemerkt werden, dass in der Entwicklung der sexuellen Perversion die Abstraktion zur *Verallgemeinerung* führt. Der psychisch Kranke bindet sich nicht ausschließlich an eine bestimmte Person, seine Liebe kennt keine Individuen.

Der Liebhaber des italienischen Kostüms ist nicht ausdrücklich in ein bestimmtes, von dieser oder jener Person getragenes Kostüm verliebt; was er liebt, ist kein Einzelobjekt, sondern ein *Genre*. Auch Jean-Jacques Rousseau sagt, was er bei seinen Mätressen suche, sei ein dominantes Verhalten. Er liebte also nicht eine einzelne Frau, sondern all diejenigen, die ihn dazu aufforderten, in die Knie zu gehen, und ihn züchtigten. Gleiches gilt vom Liebhaber der Stiefelettennägel, der alle Stiefelettennägel verehrt, d.h. eine Klasse von Objekten; und der Liebhaber der weißen Schürzen verehrt die ganze Klasse der weißen Schürzen.

Aus diesen Fakten lässt sich schließen, dass die sexuelle Perversion einen verallgemeinernden Charakter besitzt. Dadurch unterscheidet sie sich deutlich von der normalen Liebe, die dazu neigt, sich ganz auf eine einzige Person zu konzentrieren. Die normale Liebe führt immer zur Individualisierung, und das ist insofern verständlich, als sie die Fortpflanzung zum Ziel hat.

Wir müssen jetzt auf einige Seiteneffekte dieser Neigung des Fetischismus hinweisen, sich auf das Objekt seines Kults zu konzentrieren und kein anderes als dieses Objekt wahrzunehmen. Dies erweist sich als ein interessantes Studium, denn es befähigt uns dazu, an bestimmten Anzeichen zu erkennen, ob eine Person an einer sexuellen Perversion leidet oder nicht.

Wir machen zunächst darauf aufmerksam, dass in einigen Fällen die Beobachtungsperson eine umso lebhaftere sexuelle Erregung empfindet, je beträchtlicher der Umfang des Objekts ist. So wird uns berichtet, dass die Intensität des Spasmus beim Nagelfetischisten dann gesteigert ist, *wenn es viele Nägel sind, wenn die Nägel groß sind, wenn sie sich an Schuhen befinden statt an Stiefelchen.* Je größer also das Objekt dieser Art von Kult, umso flammender das Gefühl. Bei einer anderen Beobachtung, die des Herrn R... , stoßen wir auf eine analoge Tatsache. Dieser Kranke, der ein Liebhaber der weiblichen Hand ist, mag kleine Hände gar nicht; er zieht eine durchschnittliche oder sogar leicht überdurchschnittliche Größe vor. Aber es geht noch weiter: In der bemerkenswerten Beobachtung von Herrn Ball, die wir hier wiedergegeben haben, schätzt der Liebhaber weiblicher Augen nicht kleine Augen, sondern begehrt sehr große. Eines Tages verliebt er sich in eine junge Frau, weil er an ihr jenes ideale Auge entdeckt,

---

adressierte, egoistische Verliebtheit erzeuge. Es lassen sich wahrscheinlich Fälle finden, bei denen die eigene Person zum Objekt des Fetischismus wird. Die Fabel vom schönen Narziss ist ein poetisches Gleichnis dieser traurigen Perversion. In diesem Gebiet beggnen wir auch überall dem Einsatz der Dichtung, um das pathologische Verhaltensmuster zu verschleiern und zu verkleiden.

das er verehrt, und Herr Ball bemerkt, ohne vorab um die Bedeutung dieses Details zu wissen, dass das Mädchen riesige Augen hat.

Nicht umsonst verleihen wir diesem Punkt Nachdruck, der auf den ersten Blick unbedeutend scheinen mag. In Wahrheit gibt es in der Natur aber nichts Unwichtiges. Was als solches erscheint, wird bloß missverstanden. Um zu verstehen, dass der pathologische Vorfall, über den wir jetzt sprechen werden, von Interesse ist, genügt es, ihn mit normalen Begebenheiten in Beziehung zu setzen, die man tagtäglich selbst beobachten kann.

Darwin hat – Humboldt[4] folgend – festgestellt, dass die Wilden einen Hang dazu haben, die von ihnen wertgeschätzten natürlichen Eigentümlichkeiten des Körpers überzubetonen. Daher der Brauch bartloser Völker, jede verbleibende Spur von Haaren an Gesicht und Körper restlos auszumerzen. Die Ureinwohner der amerikanischen Nordwestküste drücken den Kopf so zusammen, dass er eine spitz zulaufende kegelförmige Gestalt annimmt; darüber hinaus stecken sie ihre Haare am Scheitel des Kopfes immer zu einem Knoten auf, um die erwünschte Kegelform optisch zu unterstützen. Die Chinesen haben von Natur aus sehr kleine Füße, und es ist allgemein bekannt, dass die Frauen der oberen Klassen ihre Füße verformen, um deren Größe weiter zu verringern. In unseren europäischen Kleidermoden erkennen wir dieselbe Tendenz, diejenigen Körpereigenschaften zu übertreiben, die uns gefallen.

Wenn der Schmuck häufig einen sexuellen Reiz ausübt, so liegt das daran, dass er durch eine Art von psychischer Täuschung die Wichtigkeit desjenigen Organs erhöht, welches er schmückt. Der Ring dient dazu, die Aufmerksamkeit auf den Finger zu lenken, das Gleiche leistet das Armband für den Arm und das Halsband für den Hals; all diese Fakten stimmen überein und bilden eine Kette. Kurzum, man kann die generelle Regel aufstellen, dass die Fetischisten alles suchen, was den physischen Umfang oder die psychische Bedeutung des materiellen Objektes steigert, das sie verehren. Der Gebrauch von Rouge und Schminke ist ein letztes Beispiel derselben Neigung. Er dient in der Tat der Überbetonung bestimmter Teile des Gesichts durch farbliche Kontraste. Der schwarze Lidstrich, mit dem die galanten Frauen ihr Auge hervorheben wie Schriftsteller, die ein wichtiges Wort unterstreichen, wirkt wie eine Vergrößerung des Organs und akzentuiert die weiße Farbe der Hornhaut. Man kann nicht anders, als an Fetischismus denken, wenn man an den ägyptischen Monumenten jene Frauenaugen sieht, die ein breiter Kajalstrich umringt. Viele Leute missbilligen den Einsatz von Schminke wie auch den übermäßigen Gebrauch von Parfüm; diese Kunstgriffe mögen in der Tat geschmacklos sein, aber an Nutzen fehlt es ihnen durchaus nicht, da sie eine unbestreitbare Wirkung auf die Sinne der Männer ausüben.

---

4 Charles Darwin: *La descendance de l'homme et la sélection sexuelle. D'après la seconde édition Anglaise,* trad. par Edmond Barbier, Paris 1881, S. 637.

Alles in allem sind der byzantinische Geschmack am Luxus, die Exzesse der Moden und der Missbrauch von Schminke unterschiedliche Erscheinungsformen eines unverwechselbaren und in unserem Zeitalter so verbreiteten Bedürfnisses, die Anlässe der Erregung und des Genusses zu vermehren. Die Geschichte und die Lebenswissenschaften lehren uns, dass dies Anzeichen der Schwächung und der Dekadenz sind. Das Individuum suche erst dann mit solcher Gier nach starken Reizen, wenn sein Reaktionsvermögen erschlafft.

Es bleibt noch, auf eine der wichtigsten Eigenschaften des erotischen Fetischismus hinzuweisen. Das Anschauen oder Berühren der geliebten Sache, sei sie ein weibliches Auge, ein Ohr oder ein regloses Objekt, wird von einer intensiven genitalen Erregung begleitet, so intensiv und vor allem so angenehm, dass sie bei vielen Kandidaten das übliche Vergnügen zu übertreffen scheint, welches den Koitus begleitet. Diese außernatürliche Liebe hat die Tendenz, Enthaltsamkeit hervorzubringen; besser gesagt, sie erzeugt eine Impotenz aus psychischen Gründen. Man braucht nur die vorhergehenden Beobachtungen durchzugehen und wird feststellen können, dass die Mehrzahl der Fetischisten enthaltsam ist, der Frauenaugenliebhaber ist sogar mit zweiunddreißig Jahren noch Jungfrau. Man lese auch die Beobachtung Rousseaus nochmals nach und diejenige des Liebhabers der weißen Schürzen.

Was läge mehr in der Natur der Sache als die Keuschheit des Fetischisten? Was er liebe, ist ein Einzelobjekt oder ein Fragment einer lebenden Person. Wie könnte dieses abweichende Liebesverhalten mit lasterhaften Einschlägen eine legitime Befriedigung im normalen Geschlechtsverkehr finden? Infolgedessen wird sich der Fetischist also nicht fortpflanzen. Auch das ist logisch, da die meisten dieser Kranken degeneriert sind und Degeneration üblicherweise Unfruchtbarkeit zur Folge hat.

Man darf aber nicht vergessen, dass die Enthaltsamkeit nur eine Folge des großen Fetischismus ist und somit den Grad der sexuellen Perversion bezeichnet, der erreicht worden ist. Meines Erachtens ergeht es den kleinen und mittleren Fetischisten nicht so. Sie sind nicht immer und notwendigerweise keusch. Aber sie werden fürwahr auch nie für gewöhnliche Genüsse zu haben sein; sie behalten in ihren sexuellen Beziehungen stets ein besonderes Erkennungszeichen zurück: Ihren Höhepunkt werden sie überwiegend vermittels ihrer Phantasie erreichen. Bei ihnen begleiten die Freuden der Einbildungskraft für immer das materielle Vergnügen, erhöhen es, verleihen ihm seinen vollen Wert.

Das Studium der psychischen Effekte jener Enthaltsamkeit verdient es, dass wir einen Augenblick innehalten. Wir wollen die Fakten in ihrer Gesamtheit betrachten und uns einen Überblick verschaffen. Am besten versteht man die Natur des sexuellen Instinkts, wenn man ihn mit einem organischen Bedürfnis, wie dem Hunger, vergleicht. Wie der Hunger tritt er periodisch auf; wenn er befriedigt wurde, beruhigt er sich für eine Weile, dann baut er sich allmählich wieder auf und wird letztlich umso drängender, je länger das Fasten dauert. Soweit folgen wir den physiologischen Regeln. Aber durch bestimmte Beobachtungen, wie z. B. die eines gewissen R..., lernen wir darüber hinaus, dass während der Zeit der Keuschheit nicht allein das organische sexuelle Bedürfnis an Intensität zunimmt, sondern auch die erotischen Ideen intensiver werden, die von der Phantasie abhängen. Die Enthaltsamkeit provoziert nicht nur – man möge uns diesen Ausdruck verzeihen – den Aufschrei des ausgehungerten Organs, sie regt auch die erotische Phantasie an. Das ist zumindest, was Personen passiert, die ein sinnliches Temperament haben und in einem aufreizenden Umfeld leben.[5] Jenen, die in der Enthaltsamkeit einen Zustand überlegener Reinheit im Vergleich zur regulären Praxis des Geschlechtsverkehrs sehen, sei es also nochmals mit Nachdruck gesagt, dass dieser Zustand der Reinheit nicht immer eintritt: Auch wenn die Keuschen im körperlichen Sinne rein bleiben, werden sie von einer um vieles verstörenderen Phantasie heimgesucht als praktizierende Patienten. Von der Wichtigkeit dieser – leider zu allgemeinen – Beobachtung überzeugt man sich, wenn man den Fall gewisser zugleich enthaltsamer und sinnlicher Mystiker sorgfältig unter die Lupe nimmt.

Wir werden das merkwürdige Geschäft der Einbildungskraft, die unter dem Einfluss der Enthaltsamkeit vor sich geht, mit dem Begriff des *erotischen Sinnierens des Keuschen* belegen.

Es wäre von hohem Interesse zu zeigen, wie manche Kranke zur Befriedigung ihrer genitalen Bedürfnisse in ihrem Kopf Liebesromane entwerfen. Dieses Verfahren beruht hauptsächlich auf der Ersetzung eines Gefühls durch ein Bild: Der Patient, der sich das den Geschlechtsverkehr begleitende genitale Vergnügen nicht verschaffen kann oder will, ersetzt es durch Bilder der gleichen Art, die eine ähnliche Lust erzeugen. So sehen wir Don César de Bazan sich an Liebesbriefen laben, die nicht an ihn gerichtet sind, am Geruch einer Küche riechend, die er nicht kosten wird.

Die Mehrheit der Perversen, von deren Geschichten wir berichtet haben, gehört zu dieser Klasse der erotischen Sinnierer. So ergeht es dem Liebhaber der Stiefelettennägel, der mehrere Stunden damit verbringt, sich selbst Liebesgeschichten zu erzählen. Die beiden Kranken, deren Beobachtungen ich zusammengetragen habe, haben mir gleichfalls gebeichtet, sich ähnlichen Träumereien mit lebhaftem Vergnügen hinzugeben. Der Liebhaber weiblicher Augen erquickt sich im Stillen an seinen erotischen Vorstellungen. Rousseau überlässt sich lüsternen Delirien, in denen er alle Frauen, die ihm gefallen, die Rolle der Mademoiselle Lambercier spielen lässt. Offenkundig haben wir es hier mit einem Symptom des großen Fetischismus zu tun.

---

5 Einen Vorbehalt gilt es nicht zu vergessen: Es scheint bewiesen zu sein, dass bei manchen Individuen die Vorteile der Keuschheit deren Nachteile überwiegen.

Wir haben nun die Hauptmerkmale zusammengetragen, an denen man den erotischen Fetischismus erkennt. Anhand dieser Kriterien werden wir sein Vorliegen mühelos feststellen können, denn es gibt ihn oft und überall. Die Literatur hat ihm wieder und wieder ein Lied gesungen. Zum Schluss wollen wir auf ein besonders eigentümliches Beispiel aufmerksam machen.

In einem wohlbekannten Roman, *Der Mund der Madame X...*, hat Herr Belot beschrieben, was wir »einen Mundliebhaber« nennen können.

Herr X..., so der Autor, befindet sich eines Tages in einem Freudenhaus in Gegenwart einer Frau, von der er nur die Nasenflügel, den Mund und das Kinn erblicken kann; der Rest ihres Gesichts ist von einer Kapuze aus schwarzem Satin und Spitze bedeckt. »Das war wenig«, sagt er, »und doch war ich von dieser verschleierten Frau sofort eingenommen... Diese augenblickliche Erregung wird sich leicht erklären lassen, wenn ich gebeichtet habe: was ich an einer Frau bevorzuge, was ich über alles schätze, das ist ihr Mund.«[6]

Schon dieser eine Satz unterrichtet uns darüber, dass wir es mit einem Fetischisten zu tun haben, denn alle drücken sich auf dieselbe Art aus, mit auffallender Eintönigkeit. Wir erinnern uns an das Wort des Zopfabschneiders: »Was ich liebe, ist nicht das Mädchen, sondern das Haar.« Jedes Mal, wenn wir einem solchen Satz begegnen und von seiner Aufrichtigkeit überzeugt sind, lässt sich das Vorhandensein des Fetischismus vermuten.

Dieser ersten Angabe des Autors folgen Erörterungen, die von einer sehr eigentümlichen Psychologie zeugen. Wir zweifeln unsererseits nicht daran, dass sein Buch auf wahren Begebenheiten beruht,[7] da seine künstlerische Imagination aber zweifellos die Geschehnisse verändert hat, geht es darum, den Punkt zu bestimmen, an dem die Beobachtung endet und die Phantasie beginnt. Unter diesem Gesichtspunkt nehmen wir nun eine Zergliederung des Buchs von Herrn A. Belot vor.

Die Fetischisten haben in der Regel ein sinnliches Temperament, dazu sind sie krank; ein Großteil von ihnen ist hereditär degeneriert, andere sind Nervenkranke, usw. Herr X..., der Protagonist des Buchs, fügt sich dieser Regel. Er fängt damit an, seine Autobiographie zu schreiben, und die Lektüre zweier Seiten reicht, um sich von der Sinnlichkeit seines Temperaments zu überzeugen. Über eine mögliche persönliche oder erblich bedingte Vorgeschichte spricht er nicht, was wir als einen Mangel empfinden, aber er berichtet, dass Herr Charcot, den er kenne, in ihm einen bemerkenswerten Fall sehe.[8]

---

6 Adolphe Belot: *La bouche de Madame X\*\*\**. Cinquante-cinquème édition, Paris 1885, S. 104.
7 Durch einen Brief des Autors haben wir inzwischen erfahren, dass wir uns nicht getäuscht hatten.
8 Der Verweis hat seinen Reiz: denn den Herren Charcot und Magnan hat man die trefflichsten Studien über den erotischen Fetischismus zu danken.

Lasst uns nun die eigentümlichen Erkennungszeichen der sexuellen Perversion genauer betrachten. Wir haben gesehen, dass der Fetischismus zur *Abstraktion* tendiert, d. h. zur Isolierung des geliebten Objekts, das sich – auch wenn es nur ein Fragment des Körpers einer Person ist – *zu einem eigenständigen Ganzen* konstituiert. Oder wie sagt Herr X...?: »Das Wort Mund bedeutet für mich *ein Ganzes*, ein Ensemble, bestehend aus Lippen, Zähnen, Zahnfleisch, Zunge und Gaumen.«

Die Fetischisten behaupten weiterhin, es kümmere sie wenig, dass eine Frau hässlich sei, solange nur das Objekt ihres Kultes schön ist. Der Mundfetischist sagt nichts anderes: »Eine Frau, die eine zu kräftige Nase hat, deren Gesichtszüge fehlerhaft sind, die als hässlich durchgeht, kann reizvoll sein, wenn ihr Mund gelungen ist. – Im Gegenzug sagt mir aber eine Frau trotz der Harmonie ihrer Gesichtszüge und ihres Rufes, eine Schönheit zu sein, gar nichts, wenn ihr Mund missraten ist.«

Der Fetischist möchte, dass das Objekt seines Kults von bedeutendem Umfang ist. Herr X... liebt Münder mit dicken, fleischigen Lippen. »Umso besser, wenn der Mund groß ist«, fügt er hinzu, »es gibt mehr Platz zum Küssen.«

Dem Fetischisten ist die sinnliche Wahrnehmung des geliebten Objekts Anlass zu einer Lust, größer selbst als die sexuelle Befriedigung. Ohne sich in der Sache offen zu erklären, verrennt sich Herr X... in Halb-Geständnisse, die uns seine Meinung erahnen lassen. So bekennt er, für manche Frauen sei der Kuss das Hauptgericht des Liebesmahls, das sie präferieren und das *ihren Hunger mitunter stillen* kann. Wahrscheinlich ist Herr X... mit diesen Frauen einer Meinung. – Mehr noch, er vertritt die reichlich komische Überzeugung, eine Frau, die einen Kuss bewilligt hat, sei eine Diebin, wenn sie das Weitere verwehrt: ein eklatanter Beweis der kapitalen Rolle, die er der Annäherung der Lippen beimisst. - - Wir wollen noch das charakteristische Detail hinzufügen, dass Herr X... den Mund, den er einmal gesehen und geliebt hat, unter tausend anderen wiedererkennen kann. Diese Wunderleistung des Gedächtnisses ist das Ergebnis einer Aufmerksamkeit, hervorgerufen durch ein Gefühl der leidenschaftlichen Liebe.

Hier setzt nun die Phantasie ein. Der Autor hat aus Herrn X... einen exzessiven Genussmenschen gemacht, einen eifrigen Gast der Freudenhäuser der guten Gesellschaft. Es scheint uns, der Charakter des Herrn X... ist mit einer etwas unsicheren Hand gezeichnet worden. Wenn es Herrn X... gibt, so muss er ein Mensch sein der, ohne den sinnlichen Genuss zu verachten, vor allem die Freuden der Phantasie schätzt; er muss ein erotischer Sinnierer sein.

Ungeachtet dieser Bemerkungen dürfen wir das übliche Vorgehen der Romanschreiber nicht aus den Augen verlieren. Als Zeugen einer Begebenheit im wirklichen Leben versuchen sie, diese aufzublähen, um sie den Lesern anschaulicher werden zu lassen. Der Autor, dessen Werk wir analysieren, wird wahrscheinlich einen Fall des leichten Fetischismus beobachtet haben und hat ihn für die Zwecke seines Romans übertrieben. Dabei hat er vergessen, auch den Ton mancher zweitrangiger und davon abhängiger Details anzupassen, wie den intellektuellen Charakter des Fetischisten.

Alles in allem ist es aber recht seltsam, dass diesem Buch der Vorwurf der Anzüglichkeit gemacht werden konnte, während es nicht weniger als einen Fall von Geisteskrankheit schildert. Der Autor hat sich dabei zuallererst selber hinters Licht geführt. Laut seinem Vorwort erklärt er, uns die Geschichte einiger gut angezogener, mondäner Laster zu präsentieren; was er uns aber vorgelegt hat, ist gut und gern ein Fall von sexueller Perversion.

Zu guter Letzt müssen wir noch zusammenfassen, was wir durch diese Liebeskrankheit über die normale Liebe lernen. Es gibt nichts am Fetischisten, das sich in abgeschwächter Form nicht auch im gewöhnlichen Leben finden lässt. Alle Liebenden schwärmen für die Augen ihrer Geliebten wie Herr Balls Kranker; sie geraten in Ekstase über die Schönheit ihrer Hand wie Herr R...; sie verehren ihre Haare, verzückt atmen sie ihr Lieblingsparfüm ein. Der Fetischismus unterscheidet sich von der normalen Liebe also nur graduell: Man kann sagen, er ist in der normalen Liebe im Keim enthalten, und es genügt, dass der Keim wächst, damit die Perversion zum Vorschein kommt.

> In Entfaltung dieses Gesichtspunkts wollen wir einige Worte über jene Nachrichten verlieren, die Darwin zusammengetragen hat, um seine berühmte Theorie der sexuellen Selektion zu belegen. Diese Nachrichten haben seitens des erlauchten Naturforschers eine Auslegung erfahren, die bis jetzt ohne Widerspruch aufgenommen wurde, wie uns scheint aber geringfügig modifiziert gehört. Es versteht sich von selbst, dass diese – rein psychologische – Modifikation keineswegs die allgemein anerkannte Theorie der sexuellen Selektion in Frage stellt.
> Darwin beobachtet, dass es unter den Männchen einer Großzahl von Tierarten einen Wettkampf um die Fortpflanzung gibt; teilweise handelt es sich dabei um eine blutige Auseinandersetzung, teilweise um einen künstlerischen Wettbewerb. Der künstlerische Wettbewerb, worauf sich unser
> Interesse hier ausschließlich richtet, kommt hauptsächlich unter Vögeln voll zur Entfaltung. Es beginnt mit einem Sängerkrieg: Der Gesang ist für das Männchen ein Mittel, die Weibchen anzulocken. Mal liefert sich das Männchen einen Sologesang, in der Nacht zum Beispiel, und das Weibchen fliegt dem besten Sänger zu; mal sind es wahrhaftige Gesangswettbewerbe. Die Männchen versammeln sich und der Reihe nach fängt jedes an zu singen. Dies betreiben sie mit solcher Inbrunst, dass einige beim Aus stoßen einer zu hohen Note den Geist aufgeben. Nachdem das Weibchen alle Bewerber angehört hat, entscheidet es sich. Bei anderen Vögeln findet der künstlerische Wettstreit nicht zwischen Sängern statt, der Wettbewerb wird um die Schönheit des Gefieders ausgetragen. Der Goldfasan breitet seinen Federkragen nur dann aus, wenn sich ein Weibchen nähere. Der Argusfasan verfügt über beträchtliche Armschwingen, mit Augenflecken und quer verlaufenden Streifenbändern; er weist eine Zeichnung auf, die eine Kombination aus Tiger- und Leopardenfell ist. Vor dem Weibchen öffnet er seine

Flügel, streckt sie nach vorne aus und verbirgt sich hinter diesem strahlenden Schild. Um sich der Wirkung, die er erzeugt, zu vergewissern, steckt er von Zeit zu Zeit seinen Kopf durch die Federn und schaut das Weibchen an.

Darwin räumt ohne weiteres ein, diese künstlerischen Wettkämpfe seien ein Beweis dafür, dass die Vögel ein Vermögen der Wertschätzung des Schönen haben, wie übrigens viele andere Tiere auch. Das mag sein, aber wir glauben nicht, dass die Wahl, die das Weibchen unter verschiedenen Männchen trifft, ausschließlich von einem ästhetischen Gefühl diktiert wird. Es gibt hier eine Nuance, die berücksichtigt werden muss. Wenn das Weibchen des Paradiesvogels zuschaut, wie das Männchen ein Rad schlägt, beurteilt es nicht nur wie eine Künstlerin die Schönheit seines Hochzeitskleids, es urteilt auch und vor allem als Weibchen. Auch das Weibchen des Gimpels, das das Männchen singen hört, empfindet dabei weniger ein musikalisches Wohlgefallen, ein Vergnügen des Gehörs, als eine genitale Lust. Gewiss, diese zwei Arten der Empfindung vermischen sich oft, an welchem Punkt es schwierig wird, sie voneinander zu unterscheiden, aber eine ist älter als die andere und wichtiger, und das ist zweifelsohne die genitale Empfindung. Ich glaube, manche Schlussfolgerungen Darwins sollten dahingehend korrigiert werden. Der Wettkampf, der die Paarung präludiert, ist kein künstlerischer, sondern ein erotischer Wettkampf.

Folgende Anekdote soll uns dazu verhelfen, die oben eingeführte Unterscheidung zwischen der ästhetischen und der sexuellen Empfindung zu präzisieren. Herr Amaury Duval, ein Schüler von Ingres, erzählt in einem Buch über das Atelier seines Meisters, dass eines Tages in der Akademie der schönen Künste eine Frau vollständig nackt mehreren Schülern Modell gesessen habe; sie habe sich nicht im Geringsten all der auf ihren Körper gerichteten Blicke geniert. Plötzlich, mitten in der Sitzung, löst sie sich, einen Schrei ausstoßend, aus ihrer Pose und stürzt sich auf ihre Kleider, um ihre Blöße zu bedecken: An der gegenüberliegenden Fensteröffnung hatte sie den Kopf eines Dachdeckers entdeckt, der sich herabneigte, um sie neugierig anzublicken.

Die normale Liebe scheint uns also das Ergebnis eines vielfältigen Fetischismus zu sein; man könnte behaupten – und von diesem Vergleich machen wir nur Gebrauch, um unseren Gedanken näher zu bestimmen –, dass in der normalen Liebe der Fetischismus polytheistisch ist; daraus ergibt sich nicht eine einfache Erregung, sondern eine Myriade von Erregungen: es ist eine Symphonie. Wann beginnt die Krankheit? Dann, wenn die Liebe irgendeinem Detail bis hin zur Ausblendung aller anderen den Vorzug gibt.

Die normale Liebe ist harmonisch; der Liebende liebt im selben Maße alle Bestandteile der geliebten Frau, all ihre Körperpartien und all ihre Gemütsbekundungen. In der sexuellen Perversion tritt alles in Allem kein neues Element auf. Allein die Harmonie ist durchbrochen; statt von der Gesamtheit der Person angeregt zu werden, wird die Liebe nur noch von einem Bruchstück ihrer stimuliert. Der Teil steht für das Ganze, das Nebensächliche wird zum Wesentlichen. Auf den Polytheismus antwortet der Monotheismus. Die Liebe des Perversen ist ein Theaterstück, in dem ein Statist auf der Rampe nach vorne schreitet und die Rolle der Hauptfigur an sich reißt.

## Max Dessoir: *Der Fetischismus der Liebe* (1888)

Max **Dessoir**, d.i.: Ludwig Brunn: *Der Fetischismus der Liebe.* Berliner Tageblatt vom 20. 8. 1888.

Der Fetischismus in der Liebe.
[Nachdruck verboten.]
Von
Ludwig Brunn.

### I.

Die Szene spielt zwischen drei Herren, die soeben ihre Skatpartie beendet haben und nun, behaglich in die Stühle zurückgelehnt, bei einem letzten Glase Pschorr über Dies und Das zu plaudern beginnen. Weiß Gott, wie es zugehen mag, aber bei solcher Gelegenheiten lenkt sich regelmäßig das Gespräch, in unmerklicher, aber unaufhaltsamer Wendung dem nie versiegenden Thema der Liebe zu, und so bemerkt auch bald Einer unserer Drei, ein junger hübscher Maler, daß er wieder einmal, diesmal jedoch ganz ernstlich verliebt sei. »Nun meine Herren, da wir unter uns sind, und ich demnächst in aller Form bei den Eltern um die Hand des Mädchens anhalten werde, so darf ich Ihnen wohl den Namen nennen: es ist Fräulein K.« Glückwünsche, Gläserklirren, unzählige Fragen und Antworten, Pause. Dann hebt der Gastgeber an, ein etwas ältlicher, allgemein beliebter Lieutenant: »Ich hoffe, mein lieber Freund, daß Sie die folgende Bemerkung nicht übel deuten, sondern so auffassen werden, wie sie gemeint ist, d. h. als eine rein sachliche, durchaus unpersönliche Erwägung. Aber in der That, ich kann nicht begreifen, wie Sie, ein an Formenschönheit gewöhnter Künstler, Ihr Herz einem Mädchen zuwenden können, das doch wirklich recht weniger, ja sagen wir offen, nichts von den Reizen besitzt, die uns sonst ein Weib begehrenswert erscheinen lassen.« – »Verzeihen Sie, Verehrtester, allein in diesem Falle irren Sie. Sehen wir ganz von den inneren Vorzügen ab und bleiben wir bei den äußeren, so muß ich doch gestehen, daß mir Ihr Urtheil ungerecht erscheint. Denn mag Martha auch weder durch üppige Figur, noch durch blendende Schönheit des Gesichts, noch durch besondere Grazie der Bewegungen auffallen – einen Reiz besitzt sie doch, der alle anderen für mich aufwiegt: die niedlichsten Hände von der Welt und die entzückendsten Füßchen, die ich je gesehen. Es ist kein leerer Wahn, wenn die Chirognomie in der »psychischen Hand« den schönsten Ausdruck es vollkommenen Menschen erblickte, keine bloße Tollheit, wenn der ritterliche Pole aus dem Schuh der Geliebten schäumenden Champagner trank. Zeigt nicht schon das Aschenbrödel-Märchen, welchen Werth man zu allen Zeiten auf die Schönheit des Fußes legte, und bekennt nicht Titian, daß eine edelgeformte Hand am seltensten zu finden sei?«

»Sonderbarer Schwärmer! Auf solche Gedanken wäre ich freilich nicht gekommen« Nur gut, daß noch des großen Friedrich Wort von der Façonseligkeit gilt, daß also unsereiner sich auch Hoffnungen machen kann! Denn, wissen Sie, ob ein Mädchen sehr kleine Füße und schlanke Hände hat, das ist mir ganz gleichgiltig, aber wenn ihre Augen schmal und matt sind, werde ich sie nie lieben können. Entsinnen Sie sich der schönen Stelle bei Molière: »Madame, vos beaux yeux me sont mourir d'amour«? Nun, mir ist oft genug so zu Muth gewesen. Als ich, kaum zum Fähnrich avancirt, in meine erste Garnison kam und mich dem Oberst in seiner Privatwohnung vorstellen wollte, traf ich dort die jüngste Tochter gerade mit einer Handarbeit beschäftigt. Im ersten Augenblick machte sie mit ihrem blassen Teint und aschblonden Haar keinen guten Eindruck auf mich, aber als sie die Augen aufschlug – ach! seit dieser Stunde wusste ich, was Liebe ist. Und diese beiden schier unergründlichen und doch so verlockend funkelnden Augensterne bannten mich von nun an unbarmherzig, sie ließen mich alle Wonnen und Qualen der ersten Liebe durchkosten und verloren ihren Zauber erst, als ein anders Augenpaar an ihre Stelle trat. Ich kann wohl sagen, daß im Spiegel der Seele, wie man mit Recht das Auge nennt, für mich jene magische Anziehungskraft liegt, mit der ein Weib uns zu fesseln weiß, und ich glaube, daß die meisten Dichter aller Zeiten und Nationen mit mir der gleichen Ansicht sind. Im Uebrigen, meine Herren, – de gustibus non est disputandum!«

»Ganz recht, ganz recht,« fällt nun der Dritte, ein bekannter Gelehrter, ein, »doch sei es mir gestattet, auch meine Ansicht in dieser Diskussion zur Geltung zu bringen. Ich habe ebenso wie Sie Beide meine besondere Schwärmerei, und zwar erstreckt diese sich auf die Haare. Sie wissen, daß es uralter Brauch ist, als erstes Pfand der Liebe den Kuß, als zweites und bleibendes eine Locke der geliebten Person zu fordern. Ich meine, dieser sinnreiche Brauch weist entschieden auf die hohe Bedeutung hin, welche die Haare in dem Liebesleben spielen; an die Loreley und ähnliche Sagen zu erinnern, dürfte überflüssig sein, vielleicht aber interessirt Sie der Ausspruch Poiriers, an seine Tochter geichtet. »Wenn Deine Mutter«, so sagt er, »in die Oper gehen wollte, so löste des Abends ihr Haar, und ich führte sie hin.« Gab nicht schon Homer der Liebesgöttin und der schönen Helena den Beinamen »schöngelockt«? Und wozu die Erinnerungen häufen? Jedermann wird zugeben, daß in dem nur der Frau eigenen Schmucke langer, seidenweicher Haare ein unbeschreiblicher Zauber liegt, mag nun die Farbe ein funkelndes Gold-blond oder ein mattes Blau-schwarz sein. Dadurch ist der Werth ihrer Argumente, meine Herren, natürlich nicht herabgesetzt; es bleibt eben einem Jeden überlassen, seinen persönlichen Neigungen zu folgen, dem Fetisch deas Auges, der Hand oder der Haare zu dienen. Mögen sich die Schriftsteller auch einmal mit derartigen Nußknackerfragen abquälen, der ernste Mann der Wissenschaft hat mit diesen lustigen Gebilden der eigenen Phantasie nichts zu thun und verzichtet darauf, das Warum des Warums zu ergründen. Ein Thor, der hier fragt, ein größerer, der hier antworten will.«

Im Ernst, der Mann hat nicht so Unrecht. Beruhigen wir uns doch bei gewissen Thatsachen, anstatt unablässig weiter zu forschen! Die Erde stützt sich, nach morgenländischer Sage, auf den Elephanten, dieser auf die Schildkröte, dieser auf die Schlange und diese? Nun auf die Schlange, eben auf die Urschlange! Die Rabbiner gründen die Welt auf den mit dem heiligen Namen versiegelten Schlußstein, und wer gottlos genug sein sollte, ihre Lehren zu prüfen, dem wird es so gehen wir jenen verwegenen Arbeitern, die bei Davids Tempelbau an dem Ebn Schatja zu rücken wagten und in den hervorsprudelnden Fluthen ohne Rettung ertränkt wurden. Gewiß müssen wir fürchten, auch unsererseits in dem Wirrsal quälender Gedanken zu vergehen, sobald wir den Schleier von einem der heiligsten Geheimnisse lüften, mit dem Secirmesser der Analyse die zarten Gewebe zerlegen, auf die der Mensch in seiner eitlen Nichtigkeit so stolz ist; aber dies ist nun einmal das Verhängniß, welches über der Religion der Wahrheit waltet, und kein ehrlicher Forscher darf vor den Konsequenzen seines Verfahrens zurückbeben. Versuchen wir daher, aus gewissen Erfahrungen des täglichen Lebens, von denen die angeführte nur ein beliebiges Beispiel ist, auf den Grund jener sonderbaren Erscheinungen zurückzugehen, indem wir uns auf die äußersten Umrisse einer psychologischen Skizze beschränken, und kümmern wir uns zunächst nicht um die Folgerungen solcher Untersuchung.[1])

Gespräche, wie das oben geschilderte, sind nicht sehr häufig, weil nur wenige Menschen ihre Gefühle zu beobachten und zu bekennen Lust haben. Wollten wir aber einmal ernstlich prüfen, so würden wir leichter kennen, wie sehr wir dem Fetischismus in der Liebe verfallen sind, wie sehr wir einem der drei vorgeführten Typen ähneln. Man kann geradezu behaupten, daß die normale Zuneigung der Geschlechter ein Element götzendienerischer Verehrung enthält und enthalten muß, ja daß ein Jeder sich seines Fetisches wohl bewußt ist. Wie versteht die Kokette, deren einzige Schönheit in den Augen liegt, dieselben zu gebrauchen! Mit welchen Mitteln versucht sie nicht, denselben erhöhte Reize zu verleihe! So zündet der afrikanische Schmied dem eigenen Hammer Weihrauch an, weil der die künstlichen Sachen zu arbeiten versteht, so bewahrt der Knabe die glückbringende Marmel gleich einem Heckepfennig auf, um sie bei kritischen Gelegenheiten siegesgewiß zum Vorschein zu bringen. Ueberall der Dienst des Fetisch, nicht als ein Kultus des Bumboriums, wie Max Müller das Wort deuten wollte, sondern als Anbetung eines bestimmten Gegenstandes, was noch heute

---

1 Bisher hat nur Binet das gleiche Thema behandelt. Revue philosophique, August, September 1887. So viel werthvolles, zum Theil von uns benutztes Material auch die Abhandlung enthält, so entspricht sie doch nicht den Anforderungen systematischer Anordnung und Ausbeutung, die man an eine streng wissenschaftliche Arbeit stellen muß.

der portugiesische Name Fetisso besagt. Wenn der Eine unüberwindlichen Abscheu gegen rothe Haare hegt, der Andere sich von dem Wohlklange einer Stimme gefangen nehmen läßt, der Dritte gar nach dem Geruch die Auswahl trifft, dann liegt stets dieselbe Erscheinung zu Grunde. Und für manche andere auffallende Ereignisse dürfte hier der Grund zu finden sein. Da heirathet ein reicher, vornehmer, intelligenter Mann eine Frau ohne Vermögen, Jugend, Schönheit oder Geist; Niemand begreift diese Heirath, weil Niemand den Punkt kennt, an den sich die Phantasie des Gatten angeklammert hat. Aber sicherlich hat die Frau eine Eigenschaft, welche ihm alle übrigen zu überstrahlen scheint und für ihn nun ein Magnet von unwiderstehlicher Anziehungskraft wird.

## II.

Daß der Geruch in diesen Wechselbeziehungen der Geschlechter eine größere Rolle spielen soll, erscheint zunächst für die den Lehren Jägers ferner Stehenden etwas wunderlich. Immerhin wird man zugestehen müssen, daß auch der Mensch etwas von dem Instinkt des Hundes hat, der nicht nur die Fährte des Herrn, sondern auch die diesem gehörigen Sachen mittels des Geruchsinns herausfindet und Wohlwollen oder Abneigung fremder Personen in gleicher Weise erräth. Uebertragen wir beide Vorgänge auf unseren Fall, so ergiebt sich erstens die Möglichkeit, daß Gegenstände aus der unmittelbaren Umgebung eines geliebten Wesens durch den ihnen eigenthümlichen, unbewußt wahrgenommenen Duft zum Fetisch werden, zweitens die Vermuthung, daß jene seltsame, bei der ersten Begegnung auftauchende Sympathie zweier Individuen auf ähnliche Prozesse zurückzuführen sei. Da der letzte Punkt zum Verständniß unserer Betrachtungen nicht beiträgt und außerdem von Jäger eingehend behandelt worden ist, berühren wir nur den ersten mit einigen Worten. Macé war es, der zuerst das Gebahren gewisser Individuen beschrieben hat, die den Damen aus Liebe Taschentücher stehlen und einen beträchtlichen Bruchtheil der Kleptomanen bilden. Wenn eins dieser Individuen, sagt er, ein Tuch entwendet hat, so drückt es dies mit einer leidenschaftlichen Bewegung an seine Lippen, athmet den Parfüm desselben wollüstig ein und entfernt sich schwankenden Schrittes, gleich einem Trunkenen. Man fand in der Wohnung eines Schneiders, der bei einem solchen Diebstahl ertappt worden war, mehr als dreihundert mit den verschiedensten Initialen versehene Taschentücher. So sicher hier ein krankhafter Zug hervortritt, so sicher ist indessen, daß in den Liebesperioden selbst des normalsten Menschen die mildere Form des gleichen Kultus sich findet; die Grenze zwischen der psychologischen Regel und der pathologischen Verirrung zu ziehen, dürfte überaus schwierig sein. Wer etwa geneigt sein sollte, derartige Erscheinungen als die Folge der krankhaften Erregung des Kulturmenschen aufzufassen, der sei auf die Berichte eines Bastian, Jagor und Anderer verwiesen. Die Eingeborenen der Philippinen besitzen, nach Jagor, einen sehr entwickelten

Geruchssinn; die Liebenden tauschen beim Abschied Leinenstücke aus, die sie tragen, und bedecken die Reliquie mit ihren Küssen, selig im Besitz derselben. Tout comme chez nous.

Neben diesen zarteren Beziehungen stehen gröbere. Nicht nur der Wissenschaft ist die starke Wirkung bekannt, welche gewisse Gerüche auf die Sinnlichkeit ausüben, sondern auch die Frauen aller Zeiten und Völker waren sich der Macht wohlduftender Salben bewußt. Von Homer und Horaz ganz zu schweigen, erinnern wir uns nur, wie Ruth auf den Rath der erfahrenen Naëmi sich schmückte, um Boas zu gefallen, und welchen Aufwand eine Laïs und eine Phryne mit köstlichem Oel trieben. Im Uebrigen haben ja die galanten Damen unserer Tage noch immer eine besondere Vorliebe für starke Parfüms beibehalten, eine Vorliebe, die um so unbegreiflicher ist, als die Geruchsnerven der Männer durchschnittlich empfindlicher sind, und allzu massige Eindrücke den Nervenkitzel erdrücken, den geringere Dosen erregen.

Kehren wir wieder zu einem der oben gegebenen Beispiele zurück, das wegen seiner reichen Nuancirung hervorragend interessant ist: zu dem Liebhaber der Haare. Welch' eine Stufenleiter zwischen Demjenigen, der in liebevoller Zärtlichkeit das reiche Haar der Geliebten bewundert oder sich der in süßer Stunde geschenkten Locke freut, und Demjenigen, der, einem unwiderstehlichen Drange folgend, ein fremdes Weib des Kopfschmuckes beraubt! Aus einer solcher Monomanen in dem Augenblick abgefaßt wurde, wo er einem jungen Mädchen einen prächtigen Zopf abzuschneiden im Begriff war, gab er auf Befragen die folgende, regelmäßig sich wiederholende Antwort:

»Es ist eine Leidenschaft; *für mich existirt das Kind nicht,* es sind nur ihre wundervollen Zöpfe, die mich locken und mir keine Ruhe lassen.« In diesem Selbstbekenntniß liegt ein werthvoller Hinweis auf die Grenze zwischen dem krankhaften und dem mehr normalen Fetischismus: während der Gesunde nur einen Theil des im Ganzen geliebten Wesens bevorzugt, schwärmt der Kranke ausschließlich für einen einzelnen Reiz, ohne sich um die sonstige Persönlichkeit zu kümmern, Derselbe Gradunterschied läßt sich bei jeder anderen Art des Fetischdienstes beobachten. Der gemäßigte Liebhaber der Hand hat eigentlich nur eine pikante Art und Weise, seiner Dame den Hof zu machen; nichts ärgert ihn so, wie der Handschuh; trägt die Dame, an die er sich wendet, einen solchen, so ist ihm zu Muthe, als sollte er einer Verschleierten seine Liebe erklären. Fällt der Handschuh, dann hat er nur Augen für den Gegenstand seiner Zuneigung; ihn zu umfassen und zu küssen ist die größte Wonne. Aber dabei ist er nicht umempfänglich für die sonstigen Vorzüge der Angebeten und würde sich nie dazu verstehen, ein altes häßliches Weib blos ihrer schönen Hände wegen zu lieben, wogegen der Unglückliche, bei dem die einseitige Anlage zur fixen Idee ausgeartet ist, nur in dem bestimmten Körperglied den Anlaß sinnlicher Erregung findet. Ja, diese Vergötterung eines Körpertheiles kann so weit gehen, daß der Betreffende sich nicht mehr von ihm zu trennen vermag. Der Gedanke, daß er selbst nach dem Tode seiner Frau fortfahren könnte, sich des Anblicks ihrer Locken oder ihrer Hände zu erfreuen, daß er sie gegen Verwesung schützen und mit dem Schein des Lebens umkleiden könne, dieser Gedanke wird ihm keineswegs sonderbar erscheinen, sondern er wird den Tod der Gattin verheimlichen, die Leiche an einen sichern Ort bringen, sie aufs Herrlichste bekleiden, mit Kostbarkeiten schmücken und ihr dann einen ausgedehnten Kultus widmen. (Binet.) Derartige Zwischenfälle ereignen sich in regelmäßigen Zwischenräumen und werfen ein merkwürdiges Streiflicht auf den Bilderdienst, den Manche ihren verstorbenen Angehörigen zu Theil werden lassen.

Letztere Erscheinung leitet uns zu einer anderen Art des Fetischismus über, die in noch höherem Grade den Charakter des Anormalen trägt, als die bisher betrachtete. Nicht nur Theile des Körpers der geliebten Person oder Gegenstände, die ihr gehören, sondern auch jedes Objekt, das in näherer Beziehung zu den beiden erstgenannten steht, tritt in den Kreis der krankhaften Verehrung.

Der Anblick eines Armbandes im Schaufenster des Juweliers bereitet dem Liebhaber der Hand ersichtliches Vergnügen, die Berührung eines Kammes versetzt den Liebhaber der Haare in Entzücken. Man sieht leicht, wie sich eine solche Verirrung entwickelt hat: sie ist sicherlich die Wirkung einer übermäßig starken Ideenassoziation und beruht auf einer unnatürlich einseitigen Verschmelzung zweier bestimmter Begriffe. Weil das Armband unter der Hand oder der Kamm im Haar der Geliebten schier unzertrennlich von der Vorstellung glücklicher Stunden erscheinen, erweckt nun *jedes* Armband, *jeder* Kamm die Vorstellung an solche und läßt keine andere Ideenverbindung aufkommen. In dem Liebesleben des Durchschnittsmenschen hingegen tritt dergleichen höchstens bei den der Geliebten wirklich eigenen oder durch Besonderheiten nothwendig an sie erinnernden leblosen Gegenständen ein.

Der Kultus des Fetischisten ist jedoch nicht auf einen Körpertheil einer geliebten Person oder ein todtes Objekt beschränkt, sondern er kann sich auch auf eine seelische Eigenschaft erstrecken. Da hierfür wohl jeder Leser aus eigener Erfahrung Beispiele herbeibringen, und diese dritte Klasse schon aus allgemeinen Gründen erschlossen werden kann, beschränken wir uns noch mehr als in den vorangegangenen Fällen auf die Skizzirung eines Beispieles. Jean Jacques Rousseau ist der Typus dessen, was wir die Vergötterung des Hochmuthes oder die Wonne der Erniedrigung nennen möchten. Schon in seinem achten Lebensjahre, als er in Bossey bei der Schwester des Ministers Lambercier zur Erziehung war, zeigten sich die ersten Regungen jener Leidenschaft; eine von Fräulein Lambercier, die damals dreißig Jahre zählte, empfangene körperliche Züchtigung verursachte ihm weniger Schmerz als ein eigenthümliches Wohlgefühl und führte ihn auf jene abschüssige Bahn, der er stets treu geblieben ist. »Zu den Knieen einer stolzen Angebeteten zu liegen, ihren Befehlen zu gehorchen, sie um Gnade anflehen zu dürfen, das waren für mich die süßesten Freuden, und je mehr meine lebhafte Einbildungskraft mir das Blut entflammte, um so mehr glich ich einem verschmähten Liebhaber,« wie er selbst in den »Confessions« es ausdrückt. Was nun Rousseau an den Frauen liebt, ist nicht nur die majestätische Haltung, der stolze Blick, die erhobene Hand, sondern auch der Gemüthszustand, dessen äußere Umsetzung die erwähnten Merkmale sind, d. h. er liebt das stolze, herrische Weib, zu dessen Füßen er unter der Last ihres königlichen Zorns vergehen möchte, und wählt sich somit eine psychische Eigenschaft zum Fetisch. In der That ruht der Talisman, der den Frauen die Herrschaft über die Männer sichert, nicht etwa blos in körperlicher Schönheit, sondern ebenso sehr in geistigen Vorzügen, wenn anders wir dies Wort gebrauchen dürfen. Hochmuth, Demuth, Keuschheit, Sinnlichkeit können gleichermaßen zu Anziehungspunkten werden, und nichts ist thörichter, als wenn man in der sogenannten »reinen« Liebe etwas Höheres sieht: auch der »gute Charakter«, den so Viele ausschließlich zu lieben vorgeben, ist nur ein fetischartiger Anreiz sinnlicher Erregung. Von diesem Ueberrest mittelalterlicher[2]), paulinistischer Besinnung an anderer Stelle mehr. Hier sei noch der Ausartung jener durch Rousseau vertretenen Schwärmerei gedacht, die in den Schriften Sacher-Masochs ihren treffendsten und darum widerlichsten Ausdruck erhalten hat. Schon Rousseau sehnte sich glühend nach einer – wir wählen absichtlich das doppeldeutige französische Wort – maîtresse, die ihn schlüge, und wagte niemals seine Leidenschaft den geliebten Frauen zu gestehen. Aber wie männlich erscheint er gegenüber jenen elenden, marklosen Kreaturen, die vor der peitschenschwingenden »Venus im Pelz« sich im Staube wälzen und den physischen Schmerz der Schläge wie den moralischen Schmerz der Demüthigung mit wollüstigem Behagen hinnehmen!

So sehen wir, Jedermann hat seine eigene Art, zu lieben, wie seine eigene, zu denken, zu gehen, zu athmen; offen zu Tage treten freilich nur die gemeinsamen Merkmale der Leidenschaft, während die individuellen Nüancen im tiefsten Grunde des Herzens verborgen bleiben. Wie solche persönlichen Eigenthümlichkeiten entstehen, ist schwer zu sagen. Meist werden sie wohl durch einen gleichgiltigen Anlaß hervorgerufen, aber in einer Zeit, wo die junge Seele für Eindrücke dieser Art besonders empfänglich ist und sie mit nervöser Zähigkeit festhält. Auch beim Wilden findet sich die Gemüthsverfassung, in der er mit vollem Glauben seinen Fetisch zu wählen verstand, am vollkommensten angebahnt in dem Entwicklungszustande der Pubertät, wo die während des zersetzenden Gährungszustandes körperlicher Organe aufgenommenen Begriffe sich nicht nur kombiniren, sondern gleichsam in die Gewebe hineinwachsen. Von

---

2 »Nonne est bene magnum meritum quod sic stemus, osculando, amplexando, tangendo et tamen non consentiamus in perpetratione carnalis peccati?« heißt es noch 1642 in den Prozeßakten der Inquisition von Toulouse.

Descartes wissen wir, daß er zeitlebens eine Vorliebe für schielende Augen behielt, weil die erste Person, die er, kaum mannbar geworden, liebte, diesen Fehler besaß; und uns persönlich ist ein Herr bekannt, der aus gleichem Grunde sich nur für Frauen begeistert, welche große Freundinnen von Thieren sind. Und wer will den Einfluß der Gewohnheit auf unsere Schätzung der Schönheit streiten? Wer die Macht ableugnen, welche die zuerst von Schopenhauer behauptete Ergänzung der Gegensätze ausübt?

Fassen wir zusammen. Die normale Liebe erscheint uns also als eine Symphonie, die sich aus Tönen aller Art zusammensetzt; sie resultirt aus den verschiedensten Anreizen; sie ist gleichsam polytheistisch. Der Fetischismus kennt nur die Klangfarbe eines einzigen Instrumentes; er entsteht aus einem bestimmten Anreiz; er ist monotheistisch. Der Fetischismus artet ins Krankhafte aus, sobald die Bevorzugung des Details – sei dies nun lebloser Gegenstand, körperliche oder seelische Eigenschaft – so in den Vordergrund tritt, daß darüber alles Andere verschwindet. Ursachen und Folgen des Fetischdienstes in der Liebe entziehen sich zunächst noch genauerer Schilderung.

## Richard von Krafft-Ebing: *Psychopathia sexualis mit besonderer Berücksichtigung der conträren Sexualempfindung. Eine klinisch-forensische Studie* (1890 ff.)

Auszüge aus: **Krafft-Ebing**, R. (1890 ff.): *Psychopathia sexualis mit besonderer Berücksichtigung der conträren Sexualempfindung. Eine klinisch-forensische Studie.* (S. 16–22, 174–179; ein Abgleich zwischen 9. und 14. Auflage [spätere Textteile in eckigen Klammern])

Richard von Krafft-Ebing
Psychopathia sexualis.
Mit besonderer Berücksichtigung der konträren Sexualempfindung.
Eine medizinisch-gerichtliche Studie für Ärzte und Juristen

### I. Fragmente einer Psychologie des Sexuallebens

[...]
Man spricht dann von sogenanntem *Fetisch* und *Fetischismus*. Unter Fetisch pflegt man Gegenstände oder Teile oder blosse Eigenschaften von Gegenständen zu verstehen, die vermöge assoziativer Beziehungen zu einer lebhafte Gefühle, bzw. wichtiges Interesse hervorrufenden Gesamtvorstellung oder Gesamtpersönlichkeit eine Art Zauber (»fetisso« portugiesisch) bilden, mindestens *einen*

*sehr tiefen, dem äußeren Zeichen (Symbol, Fetisch) an und für sich nicht zukommenden,*[1] *weil individuell eigenartig betonten Eindruck bewirken.*

Die individuelle Wertschätzung des Fetisch bis zur Schwärmerei seitens einer von demselben affizierten Persönlichkeit nenne man Fetischismus. Diese psychologisch interessante Erscheinung, erklärbar aus einem empirischen assoziativen Gesetz: der Beziehung einer Teilvorstellung zur Gesamtvorstellung, wobei das Wesentliche aber die individuell eigenartige Gefühlsbetonung der Teilvorstellung im Sinne von Lustgefühlen ist, findet sich vornehmlich in zwei verwandten psychischen Gebieten – dem der religiösen und der erotischen Gefühle und Vorstellungen. Der religiöse Fetischismus hat andere Beziehung und Bedeutung als der sexuelle, insofern er seine ursprüngliche Motivierung in dem Wahn fand und findet, dass der als Fetisch imponierende Gegenstand oder das Götzenbild göttliche Eigenschaften besitze, nicht bloss Sinnbild sei, oder, insofern dem Fetisch besondere wundertätige (Reliquien) oder schutzkräftige (Amulette) Eigenschaften abergläubischerweise zugeschrieben werden.

Anders der *erotische* Fetischismus, welcher seine psychologische Motivierung darin findet, dass physische oder auch psychische Qualitäten einer Person, ja selbst blosse Gegenstände ihres Gebrauchs u. dergl. zum Fetisch werden, indem sie mächtige assoziative Vorstellungen zur Gesamtpersönlichkeit jeweils wecken und überdies mit einer lebhaften sexuellen Lustempfindung jederzeit betont werden. Analogien mit dem religiösen Fetischismus ergeben sich immerhin insofern, als auch bei diesem nach Umständen recht unbedeutende Gegenstände (Nägel, Haare u.s.w.) Fetisch sind und mit Lustgefühlen bis zur Ekstase sich verbinden.

Bezüglich der Entwicklung physiologischer Liebe ist es wahrscheinlich, dass ihr Keim immer in einem individuellen Fetischzauber, welchen die Person des einen Geschlechts auf eine des anderen ausübt, zu suchen und zu finden ist.

Am einfachsten ist der Fall, dass mit einer sinnlichen Erregung der Anblick einer Person des anderen Geschlechts zeitlich zusammenfällt und dieser Anblick die sinnliche Erregung steigert.

Gefühls- und optischer Eindruck treten in assoziative Verknüpfung und diese festige sich in dem Masse, als das wiederkehrende Gefühl das optische Erinnerungsbild weckt oder dieses (Wiedersehen) neuerlich sexuelle Erregung auslöst, möglicherweise bis zu Orgasmus und Pollution (Traumbild).

In diesem Falle wirkt die *körperliche* Gesamterscheinung als Fetisch.

---

1 Vgl. Max Müller [*Vorlesungen über den Ursprung und die Entwickelung der Religion, mit besonderer Rücksicht auf die Religionen des alten Indiens*, Straßburg 1880], der das Wort »Fetisch« etymologisch von factitus (künstlich, *unbedeutendes* Ding) ableitet [siehe hier S. 127].

Wie *Binet* u.a. hervorhebt, können es aber auch Teile des Ganzen, blasse Eigenschaften und zwar körperliche oder auch blass seelische sein, welche die Person des anderen Geschlechts als Fetisch beeinflussen, indem ihre Wahrnehmung mit einer (zufälligen) sexuellen Erregung zusammenfällt (oder eine solche hervorruft).

Dass über diese seelische Assoziation der Zufall entscheidet, dass der Gegenstand des Fetisch ein individuell höchst verschiedenartiger sein kann, dass daraus die sonderbarsten Sympathien (und umgekehrt Antipathien) entstehen, ist allbekannte Tatsache der Erfahrung.

Aus dieser psychologischen Tatsache des Fetischismus erklären sich die individuellen Sympathien zwischen Mann und Weib, die Bevorzugung einer bestimmten Persönlichkeit vor allen anderen desselben Geschlechts. Da der Fetisch ein ganz individuelles Lokalzeichen darstellt, wird es begreiflich, dass er nur ganz individuell wirkt. Da er von höchst mächtigen Lustgefühlen betont ist, führt er dazu, über die etwaigen Fehler des Gegenstands der Liebe hinwegzutäuschen (»die Liebe macht blind«) und eine Exaltation hervorzurufen, welche nur individuell begründet, anderen Personen unbegreiflich, nach Umständen selbst lächerlich erscheine. So erklärt es sich, wie der Nüchterne seinen verliebten Mitmenschen nicht begreifen kann, während dieser sein Idol vergöttert, mit ihm einen wahren Kultus treibt, ihm Eigenschaften andichtet, welche dasselbe, objektiv betrachtet, keineswegs besitzt. So erkläre es sich, dass die Liebe bald mehr als eine Leidenschaft, bald als ein förmlicher psychischer Ausnahmszustand sich darstellt, in welchem das Unerreichbare erreichbar, das Hässliche schön, das Profane erhaben erscheint, jegliches sonstiges Interesse, jegliche Pflicht verschwunden ist.

Mit Recht macht auch *Tarde* (Archives de l'anthropologie criminelle, 5. Jahrg. Nr. 30) geltend, dass nicht bloss individuell, sondern auch national der Fetisch verschieden sein kann, jedoch das Ideal der Gesamtschönheit bei den Kulturvölkern derselben Zeit dasselbe bleibt.

*Binet* hat sich das grosse Verdienst erworben, diesen *Fetischismus der Liebe* genauer studiert und analysiert zu haben.

Aus ihm bestehen die besonderen Sympathien. So fühlt sich der eine zu schlanken, der andere zu dicken, zu brünetten oder zu blonden Schönen hingezogen. Für den einen ist ein besonderer Ausdruck des Auges, für den anderen ein besonderer Klang der Stimme oder der eigenartige Geruch, selbst ein artifizieller (Parfüm) oder die Hand, der Fuss, das Ohr usw. der individuelle Fetischzauber, der Ausgangspunkt einer komplizierten Kette von seelischen Vorgängen deren Gesamtausdruck Liebe, d.h. die Sehnsucht nach dem physischen und seelischen Besitz des Gegenstands der Liebe darstellt.

Mit dieser Tatsache ist eine wichtige Bedingung für die Statuierung eines noch physiologischen Fetischismus erwähnt.

Der Fetisch mag dauernd seine Bedeutung behalten, ohne pathologisch zu sein, aber nur dann, *wenn er von der Teilvorstellung zur Gesamtvorstellung vorschreitet*, wenn die durch ihn erschlossene Liebe als ihren Gegenstand die gesamte seelische, und physische Persönlichkeit umfasst.

Die normale Liebe kann nur Synthese, Generalisation sein. Geistreich sagt *Max Desso*ir (pseudonym Ludwig Brunn)[2] in einem Aufsatz »der Fetischismus in der Liebe«:

»Die normale Liebe erscheint uns also als eine Symphonie, die sich aus Tönen aller Art zusammensetzt. Sie resultiert aus den verschiedensten Anreizen. Sie ist gleichsam polytheistisch. Der Fetischismus kennt nur die Klangfarbe eines einzigen Instruments; er besteht aus einem bestimmten Anreiz, er ist monotheistisch.«

Wer nur einigermassen darüber nachdenkt, wird zur Erkenntnis kommen, dass von wirklicher Liebe (dieses Wort wird nur zu oft missbraucht) nur dann die Rede sein darf, wenn die ganze Person zugleich leiblich und seelisch Gegenstand der Verehrung ist.

Ein sinnliches Element muss jede Liebe haben, d. h. den Drang, den Gegenstand der Liebe zu besitzen und mit ihm vereint Gesetzen der Natur zu dienen.

Aber wenn jemand bloss der Körper der Person des anderen Geschlechts Gegenstand der Liebe ist, wenn er bloss Sinnengenuss befriedigen will, ohne die Seele zu besitzen und seelisch gemeinsam zu geniessen, dann ist seine Liebe keine echte, so wenig als die des Platonikers, der nur die Seele liebt und sinnlichen Genuss verschmäht (manche konträre Sexuale). Für den einen ist der blosse Körper, für den anderen die blosse Seele ein Fetisch, die Liebe blosser Fetischismus.

Derartige Existenzen stellen jedenfalls Uebergangsfälle zum pathologischen Fetischismus dar.

Diese Annahme trifft um so mehr zu, als als weiteres Kriterium wirklicher Liebe *seelische*[3] Befriedigung durch den Geschlechtsakt gefordert werden muss.

---

2 Deutsches Montagsblatt [Berliner Tageblatt], Berlin 20. 8. [18]88 [S. 7–8].
3 Der »spinal cerebral posterieur« [Valentin] *Magnans*, welcher bei jedem Weibe Genuss empfindet und dem auch jedes Weib recht ist, vermag bloss seine Wollust zu befriedigen. Gekaufte oder geschundene Liebe ist keine eigentliche Liebe ([Paolo] Mantegazza). Wer das Sprichwort erfunden hat: »wird die Lampe hin weggenommen, so ist kein Unterschied unter den Frauen« muss ein arger Zyniker gewesen sein. Potenz des Mannes, den Liebesakt überhaupt zu leisten, ist keine Gewähr, dass dieser auch wirklich den höchsten Liebesgenuss vermittelt. Gibt es doch Urninge, die dem Weib gegenüber potent sind, Männer, die ihr Weib nicht lieben und gleichwohl die eheliche »Pflicht« zu leisten vermögen. In den meisten Fallen wird in solcher Situation sogar das Wollustgefühl ausbleiben; handelt es sich doch wesentlich um eine Art onanistischen Aktes, vielfach nur ermöglicht durch die Zuhilfenahme der Phantasie, die ein anderes geliebtes Wesen unterschiebt. Durch diese Täuschung kann dann allerdings ein Wollusrgefühl erzielt werden, aber diese rudimentäre psychische Befriedigung entstammt

Innerhalb der physiologischen Erscheinungen des Fetischismus bleibt die interessante Tatsache zu besprechen, dass unter der grossen Zahl von Dingen, die zum Fetisch werden können, es einzelne gibt, die eine solche Bedeutung bei einer grösseren Zahl von Personen gewinnen.

Als solche sind zu erwähnen für den *Mann* das *Haar*, die *Hand*, der *Fuss des Weibes, der Ausdruck seines Auges*. Einzelne derselben gewinnen in der Pathologie des Fetischismus eine bemerkenswerte Bedeutung. Diese Tatsachen spielen offenbar in der Seele des Weibes sogar eine unbewusste bis bewusste Rolle.

Eine Hauptsorge des Weibes ist die Kultur seines *Haares*, dem es oft ungebührlich viel Zeit und Geld widmet. Mit welcher Sorge pflegt schon beim kleinen Mädchen die Mutter das Haar! Welche Rolle spielt die Frisur! Ausgehen des Haares setzt jugendliche Frauenzimmer in Verzweiflung. Ich erinnere mich einer eitlen Frau, die darüber gemütskrank wurde und mit Selbstmord endigte. Frauenzimmer sprechen mit Vorliebe von Coiffuren, beneiden andere um ihren schönen Haarwuchs.

Schönes Haar ist ein mächtiger Fetisch für viele Männer. Schon in der Sage von der Loreley, die Männer ins Verderben lockt, erscheint das »goldene Haar«, das sie mit goldenem Kamme kämmt, als Fetisch. Nicht minder Anziehungskraft besitzen vielfach *Hand* und *Fuss*, wobei freilich oft (aber keineswegs immer) masochistische und sadistische Gefühle die besondere Art des Fetisch bestimmen helfen.

In übertragenem Sinne, durch Ideenassoziation, kann der *Handschuh* oder der *Schuh* Fetischbedeutung gewinnen.

Max *Dessoir* (op. cit.) weist mit Recht darauf hin, dass bei den mittelalterlichen Sitten das Trinken aus dem Schuh einer schönen Frau (noch heute in Polen üblich) eine bemerkenswerte Rolle als Galanterie, Huldigung spielte. Auch im Märchen vom Aschenbrödel spielt der Schuh eine hervorragende Rolle.

Besonders wichtig als den Funken der Liebe entzündend ist der *Ausdruck des Auges*. Ein neuropathisches Auge wirkt vielfach als Fetisch. »Madame, ihre schönen Augen machen mich vor Liebe sterben« (Stelle bei Moliere [*Der Bürger als Edelmann*]).

An Beispielen, dass die *Ausdünstung* des Körpers Fetisch werden kann, herrscht Ueberfluss.

Auch diese Tatsache wird in der Ars amandi des Weibes bewusst oder unbewusst verwertet. Schon die Ruch im alten Testament suchte Booz an sich zu

---

einem psychischen Kunstgriff, ganz wie bei der solitären Onanie, dem vielfach die Phantasie zuhilfe kommen muss, um ein Wollustgefühl zu erzielen. Ueberhaupt scheint derjenige Grad von Orgasmus, mit Hilfe dessen es zu einem Wollustgefühl kommt, nur da erzielbar, wo die Psyche interveniert. Da wo psychische Impedimente bestehen (Gleichgültigkeit, Widerwille, Ekel, Angst vor Ansteckung, Schwängerung usw.) scheint das Wollustgefühl überhaupt auszubleiben.

fesseln, indem sie sich parfümierte. Die Demimonde der alten und neuen Zeit konsumierte und braucht viel Wohlgerüche. *Jäger*, in seiner »Entdeckung der Seele« [Leipzig 1884] gibt manche Hinweise auf Geruchssympathien.

Bekannt sind Fälle, wo jemand ein hässliches Weib heiratete, nur weil ihm dessen Geruch unendlich sympathisch war.

Dass auch die *Stimme* zum Fetisch werden mag, macht *Binet* wahrscheinlich. Auch *Belots* Roman »les baigneuses de Trouville« [1875] spricht für diese Annahme. *Binet* vermutet, dass so manche Heirat, welche mit Sängerinnen geschlossen wurde, auf Fetischzauber ihrer Stimme beruhte.

Er macht noch auf die interessante Tatsache aufmerksam, dass bei den Singvögeln die Stimme die gleiche sexuelle Bedeutung hat wie bei den Vierfüssern der Geruch.

So locken die Vögel durch ihren Gesang, und demjenigen Vogel, welcher am schönsten singt, fliegt nachts das angelockte Weibchen zu.

Dass auch *seelische* Eigenschaften als Fetisch in einem weiteren Sinne wirken können, ergibt sich aus den pathologischen Tatsachen des Masochismus und des Sadismus.

So erklärt sich die Tatsache der Idiosynkrasien und erhält sich der alte Satz »de gustibus non est disputandum« [»über Geschmack lässt sich nicht streiten«] in Kraft.

[Ueber den Fetischismus beim *Weibe* lassen sich wissenschaftlich nur Vermutungen gewinnen.[4] Dass er eine analoge Rolle spielt, wie in der Vita sexualis des Mannes und der Herbeiführung sexueller Sympathien zum Weib, kann schon aus dem Umstand, dass jener eine physiologische Erscheinung ist, mit Sicherheit gefolgert werden. Detaillierte Einblicke in die weibliche Vita sexualis lassen sich nur erwarten, wenn Aerztinnen an dieses Studium herantreten werden.

Sicher sind es sowohl körperliche als seelische Eigenschaften der Männer, die für Weiber zum Fetisch werden. Für die meisten sind es wohl körperliche Vorzüge[5] des Mannes, die solche Bedeutung gewinnen, ohne dass daraus gerade auf bewusste Sinnlichkeit geschlossen werden könnte. In manchen Fällen ist es aber nicht des Leibes Wohlgestalt, die sogar viel zu wünschen übrig lassen kann, als

---

4 S. die Beobachtung S. 22 [siehe hier S. 248], welche einen Fall von weiblichem Fetischismus vorstelle.
5 Die Aesthetik hat bei dieser elektiven Erscheinung wohl keinen Einfluss, denn der Begriff des sinnlich Schönen ist ein relativer, ganz individueller. Es mag sich hierbei vielmehr um einen unbewussten Drang nach Ergänzung handeln, um einen Instinkt, für die Prokreation möglichst günstige Eigenschaften des Konsors aufzusuchen. Havelock Ellis dürfte recht haben mir seiner Annahme, dass für das Weib in erster Linie körperliche Vorzüge des Mannes ins Auge fallen. Er verweist auf Chateaubriand, der einmal den Ausspruch tat: »Es ist bekannt, dass das Weib zu einem grossen kräftigen Mann sich mehr hingezogen fühle, als zu dem schwächlichen kleinen, und ich habe irgendwo gelesen, dass ein Mädchen, das zwischen Herkules und Adonis zu wählen hat, erröten und Herkules die Hand reichen wird.«

vielmehr die geistige Bedeutung des Mannes, welche das Weib anzieht. Auf hoher Kultur- und Intelligenzstufe findet sich diese Erscheinung sogar auffallend häufig, auch ohne die Vermittlung blaustrümpfiger Erziehung und Geschmacksrichtung und ohne den bewussten Gedanken einer durch geistige Vorzüge des Mannes bereits erreichten höheren Lebensstellung oder zu gewärtigenden glänzenden sozialen Karriere.

Dieser Fetischismus des Leibes oder der Seele ist nicht ohne Bedeutung für die Deszendenz, insofern er eine Zuchtwahl begünstigt und die Vererbung von seelischen oder körperlichen Vorzügen ermögliche.

Im allgemeinen imponieren dem Weib beim Manne und wirken anziehend Körperkraft, Mut, Edelsinn, Ritterlichkeit, Selbstvertrauen, eventuell selbst ein gewisser Uebermut, und ein Betonen der Rolle des Starken und Herrschenden gegenüber dem schwachen Geschlecht.

Selbst das Renommé eines Don Juan macht vielfach den Mann interessant und anziehend für das Weib, gleich als läge darin eine Gewähr für die Potenz desselben, wobei freilich das unerfahrene Mädchen keine Ahnung hat, welche Gefahren auf dasselbe in Gestalt von Lues und chronischer Urethritis durch eine eheliche Verbindung mit dem interessanten Sünder lauern können.

Auf Backfische, aber auch auf reifere Weiber übt der vom Beifall der Menge beglückte Schauspieler und Sänger, nach Umständen auch der Zirkusreiter und Athlet oft einen faszinierenden Einfluss aus, wenigstens werden derlei Künstler allenthalben von der Damenwelt angeschwärmt und oft mit Liebesbriefen überschüttet.

Unbestritten ist das Faible der meisten Weiberherzen für das Militär (»zweierlei Tuch«), wobei der Kavallerist unbedingt einen Vorzug vor dem Infanteristen behauptet.

Zweifellos hat auch das Haar des Mannes beim Weib eine Fetischbedeutung, natürlich das Barthaar, als Signum der Virilität und als hervorragendes sekundäres Geschlechtsmerkmal. Gleichwie beim Weibe Kopfhaar, speziell Zopf, spielt in der Toilette derjenigen Männer, welche dem schönen Geschlecht gefallen möchten, die Pflege des Bartes und ganz besonders die des Schnurrbarts, eine ganz hervorragende Rolle.

Dass auch das Auge Bedeutung hat, ergibt sich aus der auffälligen Häufigkeit, mit welcher Liebes- und Eheleute von neuropathischem Auge sich zusammenfinden.

Der Zauber der Stimme des Mannes gilt auch dem Weibe gegenüber. Bedeutende Sänger haben leichtes Spiel mit Weiberherzen. In der Zahl der ihnen zukommenden Billetdoux drückt sich dieser Fetischzauber aus. Tenore sind entschieden im Vorteil Baryton- oder gar Bassstimmen gegenüber.

*Binet* (op. cit.) teilt eine bezügliche Beobachtung von Dumas mit, welche dieser in seiner Novelle (»[Therese.] La maison du vent« [1875]) verwertete. Sie betraf eine Frau, welche sich in die Stimme eines Tenors verliebte und darüber ihrem Manne untreu wurde. Ueber pathologischen Fetichismus beim Weibe gelang es mir bisher nicht, Erfahrungen zu sammeln.]

## IV. Allgemeine Neuro- und Psychopathologie des Sexuallebens

### Verbindung der Vorstellung von einzelnen Körperteilen oder Kleidungsstücken des Weibes mit Wollust. – Fetischismus

Schon in den Betrachtungen über die Psychologie des normalen Sexuallebens, welche dieses Werk einleiten (s. oben p.16 [siehe hier S. 241)), wurde dargetan, dass noch innerhalb der Breite des Physiologischen die ausgesprochene Vorliebe, das besondere konzentrierte Interesse für einen bestimmten Körperteil am Leibe der Personen des entgegengesetzten Geschlechts, insbesondere für eine bestimmte Form dieses Körperteils, eine grosse psychosexuale Bedeutung gewinnen kann. Ja, es kann geradezu diese besondere Anziehungskraft bestimmter Formen und Eigenschaften auf viele, ja die meisten Menschen, als das eigentliche Prinzip der Individualisierung in der Liebe angesehen werden.

Diese Vorliebe für einzelne bestimmte physische Charaktere an Personen des entgegengesetzten Geschlechts – neben welcher sich auch ebenso eine ausgesprochene Bevorzugung bestimmter psychischer Charaktere konstatieren lässt – habe ich in Anlehnung an *Binet* (du Fétichisme dans l'amour, Revue philosophique 1887) und *Lombroso* (Einleitung der italienischen Ausgabe der 2. Aufl. dieses Buches) »Fetischismus« genannt, weil tatsächlich das Schwärmen für und das Anbeten von einzelnen Körperteilen (oder selbst Kleidungsstücken) auf Grund sexueller Dränge vielfach an die Verehrung von Reliquien, geweihten Gegenständen usw. in religiösen Kulten erinnert. Dieser physiologische Fetischismus wurde bereits oben p.16ff. ausführlich erörtert.

Es gibt jedoch auf psychosexualem Gebiet, neben diesem physiologischen, noch einen unzweifelhaft *pathologischen erotischen Fetischismus*, über welchen bereits eine reichhaltige Kasuistik vorliegt, und dessen Erscheinungen ein hohes klinisch-psychiatrisches, unter Umständen auch forensisches Interesse bieten. Dieser pathologische Fetischismus bezieht sich nicht allein auf bestimmte Körperteile, sondern selbst auf leblose Gegenstände, welche jedoch fast immer Teile der weiblichen Kleidung sind und damit in naher Beziehung zum Körper des Weibes stehen.

Dieser pathologische Fetischismus schliesst sich in allmählichen Uebergängen an den physiologischen an, so dass es (wenigstens für den Körperteil-Fetischismus) beinahe unmöglich ist, eine scharfe Grenze zu ziehen, wo die Perversion beginnt. Dazu kommt noch, dass das gesamte Gebiet des Körperteil-Fetischismus eigentlich nicht ausserhalb des Kreises der Dinge fällt, die normaliter als Reize für den Geschlechtstrieb wirken, sondern innerhalb desselben. *Das Ab-*

*norme liegt hier nur darin, dass ein Teileindruck vom Gesamtbilde der Person des anderen Geschlechts alles sexuelle Interesse auf sich konzentriert, so dass daneben alle anderen Eindrücke verblassen und mehr oder minder gleichgültig werden.* Deshalb ist der Körperteil-Fetischist nicht als ein Monstrum per excessum zu betrachten, wie z. B. der Sadist oder Masochist, sondern eher als ein Monstrum per defectum. Nicht was auf ihn als Reiz wirkt, ist im allgemeinen abnorm, sondern eher das, was auf ihn nicht als Reiz wirkt, die Einschränkung des Gebietes sexuellen Interesses, die für ihn eingetreten ist. Freilich pflegt dieses eingeengte sexuelle Interesse auf dem engen Gebiet mit um so grösserer, mit ganz abnormer Intensität aufzutreten.

Es würde sich wohl empfehlen, als Grenze des pathologischen Fetischismus den Umstand anzunehmen, ob das Vorhandensein des Fetisch conditio sine qua non für die Möglichkeit den Koitus zu vollziehen ist oder nicht. Aber die nähere Betrachtung der Tatsachen ergibt, dass diese Grenze eben nur scheinbar eine scharfe ist. Es gibt so zahlreiche Fälle, in denen der Koitus, trotz Abwesenheit des Fetisch, zwar noch möglich ist, aber eben ein unvollkommener, erzwungener (oft mit Hilfe von Phantasiebildern, die sich auf den Fetisch beziehen), besonders ein unbefriedigender und erschöpfender ist, dass auch hier sich alles bei näherer Betrachtung der entscheidenden *subjektiven*, psychischen Sachlage in Uebergänge auflöst, die einerseits zur blassen, noch physiologischen Vorliebe, andererseits zur psychischen Impotenz in Abwesenheit des Fetisch führen.

So ist es vielleicht besser, das Kriterium für das Pathologische auf dem Gebiete des Körperteil-Fetischismus auf ganz subjektivem psychischem Boden zu suchen. Die Konzentration des sexuellen Interesses auf einen bestimmten Körperteil, welcher – das ist hier hervorzuheben – *nie eine direkte Beziehung zum Sexus hat* (wie Mammae, äussere Genitalien) – führt die Körperteil-Fetischisten oft dahin, dass sie als eigentliches Ziel ihrer geschlechtlichen Befriedigung nicht den Koitus betrachten, sondern irgend eine Manipulation an dem betreffenden, als Fetisch wirksamen Körperteil. Dieser verirrte Trieb kann nun wohl beim Körperteil-Fetischisten als das Kriterium des Krankhaften angesehen werden, gleichgültig, ob dabei noch wirklicher Koitus möglich ist oder nicht.

Der *Gegenstands- oder Kleidungs-Fetischismus* aber kann wohl in allen Fällen als eine pathologische Erscheinung angesehen werden, da sein Objekt ausserhalb des Kreises normaler Reize für den Geschlechtstrieb fällt.

Auch hier besteht zwar in den Erscheinungen eine gewisse äussere Uebereinstimmung mir Vorgängen der psychisch normalen Vita sexualis; der innere Zusammenhang und Sinn des pathologischen Fetischismus ist aber ein ganz anderer. Auch auf dem Gebiete der schwärmerischen Liebe eines psychisch nicht abnormen Menschen können das Taschentuch, der Schuh, Handschuh, Brief, die Blume, »die sie ihm gab«, die Haarlocke usw. Gegenstand abgöttischer Verehrung sein, aber nur, weil sie ein Erinnerungszeichen an die abwesende oder gestorbene geliebte Person darstellen, deren Gesamtpersönlichkeit damit reproduziert wird. Der pathologische Fetischist hat keine derartigen Beziehungen. Für ihn ist der Fetisch der ganze Vorstellungsinhalt. Wo er desselben gewahr wird, tritt die sexuelle Erregung ein und macht der Fetisch seine Wirkung geltend.[6]

Pathologischer Fetischismus scheint nach aller bisherigen Erfahrung nur auf dem Boden der (meist hereditären) psychopathischen Veranlagung oder bestehender psychischer Erkrankung vorzukommen.

So kommt es, dass er nicht selten mit den anderen (originären) Perversionen des Geschlechtssinns, welche demselben Boden entstammen, kombiniert erscheint. Bei konträr Sexualen, bei Sadisten und Masochisten kommt Fetischismus in den verschiedensten Gestaltungen nicht selten vor. Ja, gewisse Formen des Körperteil-Fetischismus (Hand- und Fuss-Fetischismus) haben sogar mit den zwei zuletzt genannten Perversionen wahrscheinlich mehr oder minder dunkle Zusammenhänge (s. unten).

Beruht nun aber auch der pathologische Fetischismus auf einer angeborenen allgemeinen psychopathischen Disposition, so ist doch diese Perversion selbst nicht (wie die bisher behandelten) in ihrem Wesen originärer Natur; sie ist nicht fertig angeboren, wie wir es wohl vom Sadismus und Masochismus annehmen können.

Während in den bisher dargestellten Gebieten der sexuellen Perversionen dem Forscher durchaus Fälle originären Charakters entgegentreten, begegnet man hier durchaus *erworbenen* Fällen. Abgesehen davon, dass beim Fetischismus die veranlassende Gelegenheit der Erwerbung oft nachweisbar ist, fehlen hier die physiologischen Tatsachen, die auf dem Gebiete des Sadismus und des Masochismus durch eine allgemeine sexuelle Hyperästhesie auf die Höhe einer Perversion gehoben werden und damit die Annahme originären Ursprungs rechtfertigen. Es bedarf im Gebiet des Fetischismus für jeden einzelnen Fall noch eines Geschehnisses, das den Stoff der Perversion liefert.

Es gehört allerdings – wie oben gesagt – zum physiologischen Geschlechtsleben, für dies und jenes an der Frau und um sie zu schwärmen; aber gerade die Konzentration des gesamten sexuellen Interesses auf einen solchen Teileindruck ist hier das Wesentliche und diese Konzentration muss für jedes damit behaftete Individuum einen individuellen Erklärungsgrad haben.

Man kann sich daher der Ansicht *Binets* anschliessen, *dass im Leben eines jeden Fetischisten ein Ereignis anzunehmen ist, welches die Betonung gerade dieses einzigen Eindrucks mit Wollustgefühlen determiniert hat*. Dieses Ereignis

---

6 Ganz anders ist der Fall in *Zolas* Therese Raquin [1867/73], wo der betreffende Mann die Stiefel der Geliebten mehrmals küsst, gegenüber jenen Schuh- und Sriefelfetischisten, die beim Anblick eines jeden Stiefels an beliebiger Dame, oder auch ohne solche, in wollüstige Ekstase geraten bis zur Ejakulation.

wird in die früheste Jugend zurückzuversetzen sein und in der Regel mit dem ersten Erwachen der Vita sexualis zusammenfallen. Die Gelegenheit, bei welcher die Assoziation entstanden ist, wird in der Regel vergessen. Nur das Resultat der Assoziation bleibt bewusst. Die auffällige Tatsache, dass Gegenstand des Fetischismus alle möglichen Objekte[7] werden können, findet ihre Erklärung darin, dass der individuelle Fetisch durch zufällige äussere Eindrücke, die zeitlich eben mit einem sexualen Erregungszustand zusammenfallen und mit diesem assoziative Knüpfung erfahren, determiniert wird. Dass aber eine solche Assoziation haftet, immer wieder reproduziert wird, ausschliesslich die Vita sexualis dominiert, keine weiteren bezüglichen Assoziationen aufkommen lässt, ist das Befremdende und an und für sich die Signatur des Pathologischen an sich Tragende. Eine solche Reaktions- und Wirkungsweise ist nur denkbar im Rahmen einer besonderen pathologischen Konstitution, die ätiologisch wieder ihre Begründung in einer psychischen Degeneration findet, die sexuelle Hyperästhesie und solch abnorme und dauernde Gedankenverbindungen vermittelt.[8]

Wie die bisher behandelten Perversionen, so kann auch der erotische (pathologische) Fetischismus sich äusserlich in den seltsamsten unnatürlichen und selbst verbrecherischen Akten manifestieren: Befriedigung am Leibe des Weibes loco indebito, Diebstahl und Raub von Gegenständen, die als Fetisch wirken, Polluierung solcher usw. Es hängt auch hier von der Intensität des perversen Triebes und der relativen Stärke der ethischen Gegenmotive ab, ob und wie weit es zu dergleichen Akten kommt.

Diese perversen Akte der Fetischisten können, ebenso wie die anderer geschlechtlich perverser Individuen, entweder die gesamte Vita sexualis allein ausmachen, oder neben dem normalen geschlechtlichen Akt einhergehen, je nachdem die physische und psychische Potenz, die Erregbarkeit für normale

---

7 Vgl. m(eine) »Arbeiten« IV, p. 172, Fall von Ringfetischismus; p. 174, Trauerflorfetischismus bei einem Homosexuellen.
8 Wenn dagegen *Binet* op. cit. behauptet, jede sexuelle Perversion, ohne Ausnahme, beruhe auf einem solchen »Ereignis, das auf ein prädisponiertes Individuum einwirkt« (wobei unter dieser Prädisposition nur Hyperästhesie im allgemeinen verstanden wird), so ist eine solche Annahme für die anderen sexuellen Perversionen, ausserhalb des Fetischismus, wie schon oben p. 163 dargelegt worden ist, weder erforderlich noch genügend. Es ist nicht abzusehen, wie auf ein selbst sehr erregbares Individuum der Anblick der Züchtigung eines anderen gerade sexuell erregend wirken soll, wenn nicht die physiologische Nachbarschaft von Wollust und Grausamkeit im übernormal erregbaren Individuum zum *originären* Sadismus geworden ist. Aber auch die Assoziationen, auf denen der erotische Fetischismus beruht, sind nicht *ganz* zufällige. Wie die sadistischen und masochistischen Assoziationen durch die Nachbarschaft der diesbezüglichen Elemente in der Psyche des *Subjekts* präformiert sind, so ist die Möglichkeit fetischistischer Assoziationen durch die Beschaffenheit der Objekte vorbereitet und dadurch leichter erklärlich. Es sind ja fast immer Teileindrücke der weiblichen Gesamterscheinung (inklusive Kleidung), um die es sich hier handelt.

Reize noch mehr oder minder erhalten ist. Im letzten Falle dient nicht selten der Anblick oder die Berührung des Fetisch als notwendiger präparatorischer Akt.

Die grosse praktische Wichtigkeit, welche den Tatsachen des pathologischen Fetischismus zukommt, liegt nach dem Gesagten in zwei Momenten.

Erstens ist der pathologische Fetischismus nicht selten eine Ursache psychischer Impotenz.[9] Da der Gegenstand, auf welchem das sexuelle Interesse des Fetischismus sich konzentriert, an und für sich in keiner unmittelbaren Beziehung zum normalen Geschlechtsakt steht, so geschieht es oft, dass der Fetischist durch seine Perversion die Erregbarkeit für normale Reize einbüsst, oder wenigstens den Koitus nur mittelst Konzentration der Phantasie auf seinen Fetisch leisten kann. Auch liegt in dieser Perversion und in der Schwierigkeit ihrer adäquaten Befriedigung, gerade so wie bei den anderen Perversionen des Geschlechtssinns, namentlich für jugendliche Individuen, und gerade für solche, welche infolge ethischer und ästhetischer Gegenmotive vor der Verwirklichung ihrer perversen Gelüste zurückschrecken, die beständige Verlockung zur psychischen und physischen Onanie, welche wieder deletär auf Konstitution und Potenz zurückwirkt.

Zweitens ist der Fetischismus von grosser forensischer Bedeutung. So wie der Sadismus zu Mord und Körperverletzung ausarten kann, so kann der Fetischismus zum Diebstahl und selbst zum Raub der betreffenden Gegenstände führen.

Der erotische Fetichismus hat zum Gegenstande entweder einen bestimmten Körperteil des entgegengesetzten Geschlechts, oder ein bestimmtes Kleidungsstück desselben oder einen Stoff der Bekleidung. (Es sind bis jetzt nur Fälle von pathologischem Fetischismus des Mannes bekannt, deshalb ist hier nur von weiblichem Körperteilen und weiblichen Kleidungsstücken die Rede.)

Danach zerfallen die Fetischisten in drei Gruppen.

[...]

---

9 Es kann als eine Art (psychischen) Fetischismus im weiteren Sinne betrachtet werden, dass, was häufig geschieht, junge Ehemänner, die viel mit Prostituierten verkehrt haben, sich der Keuschheit ihrer jungen Ehefrauen gegenüber impotent sehen. Einer meiner Klienten war niemals potent seiner jungen, schönen, züchtigen Frau gegenüber, weil er an die laszive Weise der Prostituierten gewöhnt war. Versuchte er ab und zu einen Koitus bei Puellis, so war er vollkommen potent. Einen ganz ähnlichen interessanten Fall berichtet [William A.] Hammond op. cit. [*Sexuelle Impotenz beim männlichen und weiblichen Geschlecht*. Autorisirte deutsche Ausgabe von Dr. Leo Salinger, Berlin 1889) 48 und 49. Freilich spielen in derartigen Fällen meistens schlechtes Gewissen und hypochondrische Angst vor Impotenz eine grosse Rolle.

**Auguste Forel: *Die sexuelle Frage. Eine naturwissenschaftliche, psychologische, hygienische und soziologische Studie für Gebildete* (1905)**

Auszüge aus: **Forel**, A. (1905): *Die sexuelle Frage. Eine naturwissenschaftliche, psychologische, hygienische und soziologische Studie für Gebildete*. München: Ernst Reinhardt Verlagsbuchhandlung. (S. 131–132 und 243–246)

*c) Fetischismus.* »Unter Fetisch pflegt man Gegenstände oder Teile oder auch blosse Eigenschaften von Gegenstanden zu verstehen, die vermöge associativer Beziehungen zu einer lebhafte Gefühle, beziehungsweise wichtiges Interesse hervorrufenden Gesamtvorstellung oder Gesamtpersönlichkeit eine Art Zauber, mindestens einen sehr tiefen, dem äusseren Zeichen (symbolischer Fetisch) an und für sich nicht zukommenden, weil individuell eigenartig betonten Eindruck bewirken« (v. Krafft-Ebing). Der Fetischismus ist die bis zur Schwärmerei gehende Wertschatzung des Fetischs und spielt bekanntlich bei vielen Religionen (Reliquien, Amulets etc.) eine grosse Rolle. Als erotischen Fetischismus bezeichnen Binet, v. Krafft-Ebing und andere den Zauber, den in gleicher Weise gewisse Gegenstände oder Körperteile auf die sexuelle Begierde und auf die Liebe dadurch ausüben, dass ihre Vorstellung mit der erotisch gefärbten Vorstellung einer bestimmten Person oder mit einer bestimmten Art von sexueller Regung mächtig associiert ist. Für den Mann wie für das Weib können Kleidungsstücke, Haare, gewisse Gerüche, aber auch Körperteile, ein Fuss, eine Hand der geliebten Person zu Fetischen werden. Auch einzelne geistige Eigenschaften, Gesichtsausdrücke und Blicke können als Fetische wirken. Weibliche Haare, Hände, Füsse und Kleidungsstücke spielen bei den Männern vielfach die Rolle erotischer Fetische.

In der normalen Liebe spielt der Fetisch hauptsachlich die Rolle eines associativen Reizes, der die Gesamtvorstellung der geliebten Person hervorruft. Immerhin kann er auch da nicht selten besonderer Gegenstand der Libido sexualis werden. Bei pathologischer Entartung dagegen (siehe später Kapitel VIII) wird oft der Fetisch selbst zum ausschliesslichen Gegenstand einer sexuellen Begierde, die mit der Liebe wenig Aehnlichkeit mehr hat.

Aus dem, was wir sagten, geht deutlich genug hervor, dass die normale Liebe auf einer hochkomplizierten Synthese, auf einer wahren Symphonie von Gefühlen und Vorstellungen beruht, die sich aus Tönen aller Art zusammensetzt, wie dies Ludwig Brunn (nach v. Krafft-Ebing) richtig bemerkt.

[…]

Als »larvierten Masochismus« bezeichnet v. Krafft-Ebing die Falle von Fetischismus, bei denen die Art des Fetisches, der die sexuelle Erregung auslöst, und die Manier seiner Handhabung beweisen, dass beim Fetischisten zugleich ein

Bedürfnis der Demütigung vor dem Weibe und der Misshandlung durch dasselbe vorhanden ist. Hierher gehört vor allem der Schuh- und Fussfetischismus. Bei den Vertretern dieser Spezialität werden Wollustgefühle vor allem ausgelöst, wenn sie sich von weiblichen Füssen und Schuhen treten lassen. Solche Individuen träumen nur von Stiefeletten schöner Frauen und dergleichen mehr. Einige lassen sich nach innen vortretende Nägel in die Schuhe schlagen, weil der Schmerz, den diese ihnen verursacht, sie wollüstig erregt. Schliesslich können ihnen weibliche Schuhe und die Berührung ihres Gliedes mit denselben genügen, um sich sexuell zu reizen. Noch andere larvierte Masochisten erregen sich an den Sekreten, sogar an den Exkrementen von Weibern u. dergl.

Ist der Masochismus beim Manne eine häufige Erscheinung, so tritt er beim Weibe mehr als Andeutung innerhalb der normalen Geschlechtsempfindung auf, weil er mit ihrer normalen passiven Rolle vielfach übereinstimmt. Das Weib mag den schwachen, unterwürfigen Mann nicht; sie will einen starken Herrn haben, an dem sie hinaufschauen kann. Im ganzen haben es auch normale Frauen gerne, wenn ihr Mann sie nicht zu viel zu Rate zieht, nicht zweifelt und zaudert, sondern wenn er entschieden befiehlt und selbst etwas herrisch, wenn auch nicht bösartig auftritt. Es ist sprichwörtlich, dass viele Frauen sogar von ihren Männern geschlagen werden *wollen* und nicht zufrieden sind, wenn es nicht geschieht. Es soll dies in Russland besonders oft vorkommen. Im übrigen sind ausgesprochene pathologische Formen des Masochismus beim Weibe sehr selten.

Der Masochismus zeigt offenbar eine gewisse Analogie mit der religiösen Ekstase der Fakire, der religiösen Flagellanten, die sich selber geisseln u. dgl. m. Offenbar steigern sich diese Leute in eine gewisse Verzückung, durch die Idee mit ihrer Marter Gott wohlgefällig zu sein, den Himmel zu verdienen u. dgl. m. Erwähnen wir noch zum Schluss, dass der Masochismus, so gut wie der Sadismus, bei konträr Sexuellen genau in den gleichen Formen auftritt, sich aber natürlich hier auf das eigene Geschlecht statt auf das andere bezieht. Ich habe selbst einen alten hochgebildeten Herrn gekannt, für den sein ganzes Leben lang der einzige wollusterregende Reiz in einer Tracht Prügel bestand. Als Knabe suchte er daher mit allerlei List und Ungezogenheiten derartige Strafen wie Rousseau) für sich zu erwirken. Als er erwachsen war und das nicht mehr anging, veranlasste er in raffinierter Weise die Schulknaben, einander zu prügeln, indem er sich den Schein gab, sich darüber zu ärgern und ihnen Vorwürfe deswegen machte. Dieses reizte natürlich die Buben zu Scheinprügeleien, mit denen sie ihn aufzubringen und zu ärgern meinten. Dadurch allein gelang es ihm nun, sein Leben lang sich wollüstige Erektionen und Samenentleerungen zu verschaffen. Andere sexuelle Reizungen blieben ihm im übrigen ebenso unbekannt, wie die sexuelle Liebe.

c) *Fetischismus* (Auslösung von Wollustgefühlen durch einzelne Körperteile oder Kleidungsstücke des Weibes, oder durch deren blosse Vorstellung). Wir haben dieses Symptom bereits besprochen und sahen die besondere Rolle, die er bei gewissen Formen des Masochismus spielt. Wir sahen ferner schon, dass ein gewisser Fetischismus dem normalen Sexualtrieb anhaftet, insofern bestimmte Körperteile; Kleidungsstücke, Gerüche etc. von vielen Personen als besonders starke Reize für den Sexualtrieb empfunden werden. Die in normaler Weise sexuell erregenden Körperteile, wie die weiblichen Brüste und die Geschlechtsteile, sowie deren Vorstellung können daher nicht zum pathologischen Fetischismus gerechnet werden; ebensowenig die Entblössung für gewöhnlich bekleideter weiblicher Körperteile.

Der richtige Fetischist ist ein recht pathologischer Mensch, dessen ganzer Sexualtrieb oft sogar mitsamt seinen Ausstrahlungen in höhere Liebesgefühle, soweit dies hier in Betracht kommen kann, auf bestimmte Gegenstände beschränkt bleibt, die mit der Weiblichkeit in Verbindung stehen. Als gewöhnlichste Fetische wirken weibliche Taschentücher, Damenschuhe und Handschuhe, besonders auch Samtstoffe u. dgl., sowie auch weibliche Körperteile, wie Haarzöpfe, die Hand, der Fuss usw. Man darf diesen als Fetisch wirkenden Objekten aber ja nicht dieselbe Rolle zuschreiben, die sie in der normalen Liebe spielen, wo sie durch Ideenassociation die Vorstellung des geliebten Weibes hervorrufen. Davon ist beim Fetischist nicht im geringsten die Rede. Er liebt nur seinen Fetisch und durchaus nicht das Weib, dem er gehört. Der Anblick des Fetisches, seine Berührung, ihn ans Herz zu pressen oder an die Geschlechtsteile, das allein ruft beim Fetischisten Erektionen, Wollust und Samenentleerungen hervor. Es gibt sogar Fetischisten, die allein an bestimmten Gebrechen von Frauen, an schielenden Augen, an missgestalteten Füssen etc. sich sexuell aufregen. Die Zopfabschneider sind berühmt; derartige Individuen suchen in Menschengedrängen Frauenzöpfe abzuschneiden, um damit zu masturbieren. Sogar zu Gedichten auf das Frauenhaar können solche Zopffetischisten sich begeistern. Bestimmte weibliche Trachten werden ebenfalls zu Fetischen und deshalb in Prostitutionshäusern gehalten, um Individuen, die danach Verlangen tragen, zu befriedigen. Der beim Masochismus bereits genannte Schuhfetischismus ist noch häufiger als der Kleider- und Taschentuchfetischismus. Der Fetischismus ist der Hauptsache nach eine männliche Perversion. Von Krafft-Ebing erwähnt einen typischen Fall psychischer Ausstrahlung bei einem Schuhfetischisten. Derselbe empfand die Ausstellung von Damenstiefeletten in Schaufenstern als höchste Unmoralität. Andere erröten wenigstens beim Anblick solcher Schaufenster. Der nackte weibliche Körper ist ihnen dagegen völlig gleichgültig.

# Rainer über Freud

Seit seiner Jugend beschäftigt sich Arnulf Rainer, einer der bedeutendsten österreichischen Künstler der Gegenwart, mit den Schriften Sigmund Freuds, vor allem mit der Traumdeutung. Für das Freud-Jahr 2006 schuf Rainer einen Zyklus, mit dem er »Freud ins Gesicht blicken will«. Dazu wählte er 27 Portraits aus den verschiedenen Lebensphasen Freuds aus, die er übermalte. Enthüllen – Verdecken – Bloßlegen – Verdeutlichen – Vertiefen sind künstlerische Parallelverfahren zum analytischen Prozess, den Freud in seinen Schriften entwickelte und formulierte. Damit bietet Rainer einen neuen Blick auf den Begründer der Psychoanalyse. Die Bilder waren u. a. im Rahmen einer Ausstellung im Wiener Sigmund-Freud-Museum 2006/2007 zu sehen. Rainer hat diese Bilder nun den Herausgebern der Reihe zur Gestaltung der Einbände zur Verfügung gestellt.

# Namenregister

Abraham, Karl   25, 27, 29, 38–40, 47, 69, 87
Adler, Alfred   13, 83–85

Bak, Robert C.   44f.
Bal, Mieke   12
Barthes, Roland   50
Bass, Alan   10f., 84
Baudrillard, Jean   51f.
Becker, Sophinette   40
Bettinger, Elfi   46, 56
Bhabha, Homi K.   54–56
Binet, Alfred   10, 12, 18–21, 24, 26, 30f., 43, 56, 72, 75, 140, 154, 157, 161, 164–166, 168f., 171
Bion, Wilfred   36
Bischoff, Doerte   50, 56
Blanchot, Maurice   50
Blättler, Christine   50
Bloch, Iwan   22, 26, 75f., 79
Böhme, Hartmut   11, 15, 50, 58f.
Bonnafé, Pierre   13
Brosses, Charles de   13–16, 20, 52, 109, 119–123, 128
Brunn, Ludwig (siehe auch Dessoir, Max)   20f., 152, 162, 171
Butler, Judith   46, 56f.

Charcot, Jean-Martin   18–20, 133, 148
Chasseguet-Smirgel, Janine   27f., 35, 47–49
Comte, Auguste   16

Deleuze, Gilles   50
Derrida, Jacques   51–53

Dessoir, Max (siehe auch Brunn, Ludwig)   20f., 152, 162f., 171
Dhawan, Nikita   56
Dimen, Muriel   11
do Mar Castro Varela, María   56
Dorey, Roger   44

Endres, Johannes   11, 14, 50, 56, 59, 140
Engel, Antke   57

Federn, Ernst   28–30, 82f., 91, 93
Feldman, Michael   46
Ferenczi, Sándor   41
Fink, Bruce   46
Forel, August   22, 26, 56, 75, 171
Foucault, Michel   50
Funk, Julika   46, 56

Garber, Marjorie   56f.
Gillespie, W. H.   44
Goethe, Johann Wolfgang von   23
Gradiva   24
Granoff, Wladimir Alexandre   46
Greenacre, Phyllis   45
Grosz, Elizabeth   46
Grubrich-Simitis, Ilse   35

Hanold, Norbert   24
Hegel, Georg Wilhelm Friedrich   16, 52
Hook, Derek   11
Hug-Hellmuth, Hermine von   39f.

Jensen, Wilhelm   24

Joseph, Betty 45f.
Jung, Carl Gustav 41

Kant, Immanuel 16
Katan, Maurits 45
Khan, Masud 45
Klein, Melanie 36, 44, 47
Kofman, Sarah 53, 56
Krafft-Ebing, Richard von 18, 21f., 26, 56, 75f., 79, 82, 84, 159, 171, 173

Lacan, Jacques 46, 50, 52, 57
Laforgue, René 33, 96
Laplanche, Jean 33
Latour, Bruno 58f.
Lauretis, Teresa de 56f.
Leonardo da Vinci 28, 96
Leuzinger-Bohleber, Marianne 25
Lévi-Strauss, Claude 46
Lobner, Hans 25
Lombroso, Cesare 18, 166
Luepnitz, Deborah 46

Magnan, Victor 18f., 133, 148, 162
Marx, Karl 13, 16, 51
Mauss, Marcel 12, 17
McClintock, Ann 56
Meiners, Christoph 16, 125
Midgley, Nick 25
Mitchell, Juliet 28
Money-Kyrle, Roger 49
Müller, Friedrich Max 16f., 20, 118, 154, 160

Nunberg, Hermann 28–30

Öhlschläger, Claudia 57

Payne, Sylvia 44
Pistorius, Christian Brandanus Hermann 13

Pontalis, Jean-Bertrand 10, 12, 31–33, 35, 37, 43f., 50
Pouillon, Jean 12

Rank, Otto 25, 91, 93
Riesenberg-Malcolm, Ruth 47
Rohde-Dachser, Christa 28
Rose, Louis 25
Rosenfeld, Herbert 45
Rosolato, Guy 9
Rousseau, Jean-Jacques 19, 144, 146f., 157f., 172

Sacher-Masoch, Leopold von 50, 158
Sade, Marquis de 50
Sadger, Isidor 39f., 83, 91, 93
Saussure, Ferdinand de 46
Schmieder, Falko 50
Schor, Naomi 56
Schultze, Fritz 16, 125
Serres, Michel 58
Smirnoff, Victor 45
Steiner, John 8, 48f., 82, 91f.
Stekel, Wilhelm 27, 40–42, 80, 84
Swales, Stephanie S. 46
Sweet, Alistair D. 11

Timms, Edward 42

Vellacott, Philip Humphrey 49

Weder, Christine 13, 16, 50
Welldon, Estela V. 40
Whitehead, Alfred North 58
Winnicott, Donald 36, 44f.
Wittels, Fritz 41f.

Young, Robert 56

Zizek, Slavoj 46